Steuerberaterverband Niedersachsen · Sachsen-Anhalt e. V. (Hrsg.)

Aktuelles Steuerrecht Special
Band 3

Erbschaftsteuerrecht

Dr. Norbert Bolz, Richter am FG, Hannover
Dr. Michael Messner, Notar, RA, FAStR und FAErbR, Hannover

3., überarbeitete Auflage, 2012

Bibliografische Information der Deutschen Nationalbibliothek | Die Deutsche Nationalbibliothek verzeichnet diese Publikation in der Deutschen Nationalbibliografie; detaillierte bibliografische Daten sind im Internet über www.dnb.de abrufbar.

3. Auflage, 2012

ISBN 978-3-415-04830-0

© 1999 Richard Boorberg Verlag

Das Werk einschließlich aller seiner Teile ist urheberrechtlich geschützt. Jede Verwertung, die nicht ausdrücklich vom Urheberrechtsgesetz zugelassen ist, bedarf der vorherigen Zustimmung des Verlages. Dies gilt insbesondere für Vervielfältigungen, Bearbeitungen, Übersetzungen, Mikroverfilmungen und die Einspeicherung und Verarbeitung in elektronischen Systemen.

Koordination und Skriptbetreuung: scope & focus Service-Gesellschaft Freie Berufe mbH, Zeppelinstraße 8, 30175 Hannover | Druck und Bindung: Kessler Druck + Medien GmbH & Co. KG, Michael-Schäffer-Straße 1, 86399 Bobingen

Richard Boorberg Verlag GmbH & Co KG | Scharrstraße 2 | 70563 Stuttgart
Stuttgart | München | Hannover | Berlin | Weimar | Dresden
www.boorberg.de

Inhaltsverzeichnis

Abkürzungsverzeichnis VII

Vorwort XI

I. Teil: Zivilrechtliche Grundlagen, Besteuerungsfolgen und Gestaltungen 1

- A. Systematische Grundzüge des Erbschaftsteuergesetzes 3
  - I. Prinzipien 3
    1. Erbanfallsteuer 3
    2. Maßgeblichkeit des Zivilrechts 3
    3. Bereicherungsprinzip 3
    4. Stichtagsprinzip 4
  - II. Systematische Gliederung des Erbschaftsteuergesetzes 5
    1. Steuerpflicht, §§ 1 - 9 5
    2. Wertermittlung, §§ 10 - 13b 5
    3. Berechnung der Steuer, §§ 14 - 19a 5
    4. Steuerfestsetzung und Erhebung, §§ 20 - 35 6
    5. Ermächtigungs- und Schlussvorschriften, §§ 36 - 37a 6
  - III. Prüfungsschema 7
    1. Sachliche Steuerpflicht 7
    2. Persönliche Steuerpflicht 7
    3. Bemessungsgrundlage 8
    4. Festsetzung der Erbschaft-/Schenkungsteuer 8
  - IV. Eckpunkte 8
    1. Sachliche Steuerbefreiungen 9
    2. Steuerklassen 14
    3. Persönliche Steuerbefreiungen 15
  - V. Steuertarif 17
    1. Allgemeines 17
    2. Progressionsvorbehalt, § 19 Abs. 2 ErbStG 18
    3. Härteausgleich, § 19 Abs. 3 ErbStG 18
- B. Grundsätze der gesetzlichen Erbfolge 19
- C. Besonderheiten beim Ehegattenerbrecht 22
  - I. Gütertrennung 23
  - II. Gütergemeinschaft 24
  - III. Zugewinngemeinschaft 25
    1. Allgemeines 25
    2. Erbquoten 26
    3. Ermittlung des Zugewinns 31
- D. Güterstandswahl und ihre Konsequenzen 33
  - I. Erbschaftsteuerrecht 33
    1. Erbrechtliche Lösung, § 5 Abs. 1 ErbStG 35
    2. Güterrechtliche Lösung, § 5 Abs. 2 ErbStG 40
    3. Ehegatten-Innenverhältnis, Erlöschen der Steuer 50
  - II. Ertragsteuerliche Konsequenzen 52
  - III. Insolvenzrechtliche Konsequenzen 54
  - IV. Pflichtteilsreduzierung 55
  - V. Fazit 57

Inhaltsverzeichnis

- E. Testament und Erbvertrag 58
    - I. Gewillkürte Erbfolge 58
    - II. Testament 59
        - 1. Testamentserrichtung 59
        - 2. Berliner Testament 60
    - III. Testamentsvollstreckung 70
    - IV. Erbvertrag 71
        - 1. Zivilrecht 71
        - 2. Steuerrecht 72
- F. Vermächtnis 74
    - I. Zivilrechtliche Grundlagen 74
        - 1. Allgemeines 74
        - 2. Vermächtnisarten 75
    - II. Erbschaftsteuerliche Auswirkungen 77
        - 1. Allgemeines 77
        - 2. Stichtagsproblematik 78
        - 3. Bewertungsfragen 79
- G. Pflichtteil 89
    - I. Zivilrechtliche Grundlagen 89
    - II. Erbschaftsteuerliche Auswirkungen 92
        - 1. Allgemeines 92
        - 2. Bewertungsfragen 92
- H. Ausschlagung 95
    - I. Zivilrechtliche Grundlagen 95
    - II. Erbschaftsteuerliche Auswirkungen 96
        - 1. Allgemeines 96
        - 2. Ausschlagung gegen Abfindung 98
- I. Besonderheiten bei Personen- und Kapitalgesellschaften 99
    - I. Gesellschaftsrecht und Erbrecht 99
        - 1. Alleinerbschaft mit Nachfolgeberechtigung 99
        - 2. Mehrere Rechtsnachfolger von Todes wegen 99
    - II. Steuerliche Folgen des Ausscheidens eines Gesellschafters
        und Besteuerung der Mitgesellschafter 100
        - 1. Fortsetzungs- und Einziehungsklauseln 100
        - 2. Qualifizierte Nachfolgeklausel 102

II. Teil: Schenkungen/Vorweggenommene Erbfolge 109

- A. Schenkung, vorweggenommene Erbfolge 111
    - I. Vorbemerkung 111
    - II. Berücksichtigung früherer Erwerbe, § 14 ErbStG 116
        - 1. Grundsätze der Zusammenrechnung 117
        - 2. Anrechnung der Steuer auf den Vorerwerb 118
        - 3. Quantitative und qualitative Steuerbefreiung 120
        - 4. Sich überschneidende Zehnjahreszeiträume 121
        - 5. Negative Erwerbe, § 14 Abs. 1 S. 5 ErbStG 124
    - III. Mittelbare Grundstücksschenkung 124

Inhaltsverzeichnis

B. Sonderformen der Schenkung 128
    I. Gemischte Schenkung 128
    II. Schenkung unter Auflage 130
    III. Kettenschenkung 132
    IV. Übernahme der Schenkungsteuer durch den Schenker, § 10 Abs. 2 ErbStG 133
C. Nießbrauch 135
    I. Das Ende des § 25 ErbStG 135
    II. Nachweis eines niedrigeren gemeinen Wertes für
        ein nießbrauchbelastetes Grundstück, § 146 Abs. 6 BewG 140
    III. Veräußerung/Verzicht auf Nießbrauchsrecht 143
    IV. Fernwirkungen auf die Grunderwerbsteuer 145
    V. Nießbrauchsvorbehalt versus Versorgungsleistungen 146
    VI. Besonderheiten bei Betriebsvermögen 149
D. Einkommensteuerliche Behandlung von Versorgungsleistungen 151
    I. Einschränkung des Sonderausgabenabzugs auf die Vermögensübergabe
        gegen Versorgungsleistungen bei Unternehmen, § 10 Abs. 1 Nr. 1a EStG 151
    II. BMF-Schr. v. 11.3.2010 – IV C 3 – S 2221/09/10004, BStBl I 2010, 227
        (Rentenerlass) – Begünstigte Vermögensübergabe gegen
        Versorgungsleistungen 154
        1. Unentgeltliche Vermögensübergabe gegen Versorgungsleistungen 154
        2. Entgeltliche Vermögensübertragung gegen wiederkehrende Leistungen 168
        3. Anwendungsregelung 174
E. Besonderheiten bei Lebensversicherungen 176
    I. Allgemeines 176
    II. Leistungen aus einer befreienden Lebensversicherung 176
    III. Steuerliche Gestaltungsmöglichkeiten 177
        1. Schenkung vor Fälligkeit 177
        2. Versicherungsnehmer und Begünstigter sind identisch 177
        3. Prämienzahlungen durch den Bezugsberechtigten 178
        4. Gegenseitige Lebensversicherungen 179
    IV. Anzeigepflichten 180

III. Teil: Aktuelle Brennpunkte des Erbschaftsteuerrechts 183

A. BFH-Beschl. v. 5.10.2011 – II R 9/11, BStBl II 2012, 125 184
B. Beitreibungsrichtlinie-Umsetzungsgesetz 187
    I. § 2 Abs. 3 ErbStG – fiktiv unbeschränkte Steuerpflicht auf Antrag 187
    II. § 7 Abs. 8, § 15 Abs. 4 ErbStG, disquotale Einlagen und vGA 189
        1. § 7 Abs. 8 S. 1 ErbStG 191
        2. § 7 Abs. 8 S. 2 ErbStG 192
        3. § 15 Abs. 4 ErbStG 193
C. Erbschaftsteuerrichtlinien 195
    I. Begünstigung von Betriebsvermögen, §§ 13a, b, 19a ErbStG 195
        1. Begünstigtes Vermögen 195
        2. Verschonungstechnik 203
        3. Verwaltungsvermögen 205
        4. Lohnsummenregelung 214
        5. Übertragung mehrerer wirtschaftlicher Einheiten 221
        6. Nachversteuerung und Vorsorgemaßnahmen 224

Inhaltsverzeichnis

II.	Verschonung von Immobilien	236
	1. Selbstgenutztes Familienheim	236
	2. Wertabschlag	245
	3. Stundung	247
III.	Bewertung	248
	1. Grundsätzliches	248
	2. Einzelpunkte	249
IV.	Berücksichtigung privater Steuererstattungsansprüche/ Steuerschulden des Erblassers	251
V.	Anwendungsregelung	253

IV. Teil: Anhang 1 - 6 257

Abkürzungsverzeichnis

a.A.	- anderer Ansicht	BfF	- Bundesamt für Finanzen
a.a.O.	- am angegebenen Ort	BGB	- Bürgerliches Gesetzbuch
a.F.	- alte Fassung	BGBl	- Bundesgesetzblatt
a.o.	- außerordentlich(er)	BGH	- Bundesgerichtshof
ABL EU	- Amtsblatt der Europäischen Union	BGHZ	- Entscheidungen des Bundesgerichtshofs in Zivilsachen (Zeitschrift)
Abs.	- Absatz		
Abschn.	- Abschnitt	BilMoG	- Gesetz zur Modernisierung des Bilanzrechts
abzgl.	- abzüglich	BiRiLiG	- Bilanzrichtliniengesetz
AdV	- Aussetzung der Vollziehung	Bj.	- Baujahr
AEAO	- Anwendungserlass zur Abgabenordnung v. 10.3.2005	BKGG	- Bundeskindergeldgesetz
		BMF	- Bundesminister der Finanzen
AEErbSt	- Anwendungserlass zur ErbSt	BMG	- Bemessungsgrundlage
AfA	- Absetzung für Abnutzung	BMI	- Bundesminister des Innern
AfaA	- Absetzung für außergewöhnliche Abnutzung	BNotO	- Bundesnotarordnung
AFG	- Arbeitsförderungsgesetz	Bp	- Betriebsprüfung (Betriebsprüfer)
AG	- Aktiengesellschaft(en)	BR	- Bundesrat
AK	- Anschaffungskosten	BRAO	- Bundesrechtsanwaltsordnung
AktG	- Aktiengesetz	BReg	- Bundesregierung
AktHR	- Aktuelles Handelsrecht	BSHG	- Bundessozialhilfegesetz
AktStR	- Aktuelles Steuerrecht	Bsp.	- Beispiel
AltEinkG	- Alterseinkünftegesetz	bspw.	- beispielsweise
AnfG	- Anfechtungsgesetz	BStBl	- Bundessteuerblatt
Anm.	- Anmerkung	BT	- Bundestag
AnVNG	- Angestelltenversicherungs-Neuregelungsgesetz	BStBK	- Bundessteuerberaterkammer
		Buchst.	- Buchstabe
AO	- Abgabenordnung	BUrlG	- Bundesurlaubsgesetz
Ap	- Außenprüfung	BuStra	- Bußgeld- und Strafsachenstelle
AR	- Aufsichtsrat	BV	- Betriebsvermögen
AR.	- Allgemeine Registratur	BVerfG	- Bundesverfassungsgericht
ArbG	- Arbeitgeber	BVerfGE	- Entscheidungen des Bundesverfassungsgerichtes
ArbGG	- Arbeitsgerichtsgesetz		
ArbN	- Arbeitnehmer	BVerfGG	- Gesetz über das Bundesverfassungsgericht
Art.	- Artikel	BVerwG	- Bundesverwaltungsgericht
ASt(in)	- Antragsteller(in)	II. BV	- Verordnung über wohnwirtschaftliche Berechnungen
AStBV	- Anweisung für das Straf- und Bußgeldverfahren		
		BW	- Buchwert
ATG	- Altersteilzeitgesetz	BWL	- Betriebswirtschaftslehre
AuslG	- Ausländergesetz	BZSt	- Bundeszentralamt für Steuern
AusInvestmG	- Auslandinvestment-Gesetz	bzw.	- beziehungsweise
AV	- Anlagevermögen		
AVB	- Allgemeinen Vertragsbedingungen	d.h.	- das heißt
Az	- Aktenzeichen	DA-FamEStG	- Dienstanweisung zur Durchführung des steuerlichen Familienleistungsausgleichs
BA	- Betriebsausgaben	DB	- Der Betrieb (Zeitschrift)
BaFin	- Bundesanstalt für Finanzdienstleistungsaufsicht	DBA	- Doppelbesteuerungsabkommen
		demn.	- demnächst
BAG	- Bundesarbeitsgericht	DG	- Dachgeschoss
BAnz	- Bundesanzeiger	DHH	- Doppelhaushälfte
BAT	- Bundesangestelltentarifvertrag	Diss.	- Dissertation
BauGB	- Baugesetzbuch	DNotz	- Deutsche Notar-Zeitschrift
BayObLG	Bayerisches Oberlandesgericht	Drucks.	- Drucksache
BB	- Betriebs-Berater (Zeitschrift)	DStI	- Deutsches Steuerberaterinstitut
BBG	- Bundesbesoldungsgesetz	DStJG	- Deutsche Steuerjuristische Gesellschaft e.V.
BBiG	- Berufsbildungsgesetz	DStR	- Deutsches Steuerrecht (Zeitschrift)
Bd.	- Band	DStRE	- Deutsches Steuerrecht, Entscheidungsdienst (Zeitschrift)
BE	- Betriebseinnahmen		
BeamtVG	- Beamtenversorgungsgesetz	DStV	- Deutscher Steuerberaterverband e.V.
Beil.	- Beilage	DStZ	- Deutsche Steuer-Zeitung (Zeitschrift)
BeitrRLUmsG	- Beitreibungsrichtlinie-Umsetzungsgesetz	DVBl	- Deutsches Verwaltungsblatt
Bekl.	- Beklagte(r)		
betr.	- betreffend	EAV	- Ergebnis-Abführungsvertrag
BetrAVG	- Gesetz zur Verbesserung der betrieblichen Altersversorgung	EEG	- Erneuerbare Energien Gesetz
		EF	- Ehefrau
bespr.	- besprochen	EFG	- Entscheidungen der Finanzgerichte
BetrVG	- Betriebsverfassungsgesetz	EFH	- Einfamilienhaus (-häuser)
BewG	- Bewertungsgesetz	EFZG	- Entgeltfortzahlungsgesetz
BFH	- Bundesfinanzhof	EG	- Europäische Gemeinschaft
BFH/NV	- Sammlung amtlich nicht veröffentlicher Entscheidungen des Bundesfinanzhofs (Zeitschrift)	EGV	- Vertrag zur Gründung der Europäischen Gemeinschaft
		EG-R	- EG-Richtlinie
Bf(in)	- Beschwerdeführer(in)	EigZul(G)	- Eigenheimzulage(Gesetz)
BfA	- Bundesversicherungsanstalt für Angestellte	Eiln.	- Eilnachrichten

Bolz/Messner – AktStR Special 2012 – ErbStR

Abkürzungsverzeichnis

einschl.	- einschließlich	GrSt	- Grundsteuer
EK	- Eigenkapital	GrStG	- Grundsteuergesetz
EMRK	- Europäische Menschenrechtskonvention	GStB	- Gestaltende Steuerberatung (Zeitschrift)
entspr.	- entsprechend	GuV	- Gewinn- und Verlustrechnung
Entw.	- Entwurf	GWG	- geringwertige(-s) Wirtschaftsgut (-güter)
ErbbRVO	- Erbbaurechtsverordnung		
ErbStB	- Erbschaft-Steuer-Berater	h.M.	- herrschende Meinung
ErbSt(G)	- Erbschaftsteuer(Gesetz)	HB	- Handelsbilanz
ErbStR	- Erbschaftsteuerrichtlinien	HFR	- Höchstrichterliche Finanzrechtsprechung
ErbStRG	- Erbschaftsteuerreformgesetz	HGB	- Handelsgesetzbuch
ErgBil	- Ergänzungsbilanz(en)	HK	- Herstellungskosten
Erl.	- Erlass	HR	- Handelsregister
ESt	- Einkommensteuer	HRefG	- Gesetz zur Neuregelung des Kaufmanns- und Firmenrechts und zur Änderung anderer handels- und gesellschaftsrechtlicher Vorschriften
EStDV	- Einkommensteuer-Durchführungsverordnung		
EStG	- Einkommensteuergesetz		
EStH	- Einkommensteuer-Handbuch		
EStR	- Einkommensteuer-Richtlinien	HRG	- Hochschulrahmengesetz
ETW	- Eigentumswohnung(en)	HRV	- Handelsregisterverfügung
EU	- Europäische Union	HS.	- Halbsatz
EÜR	- Einnahmen-Überschuss-Rechnung		
EuGH	- Europäischer Gerichtshof	i.d.F.	- in der Fassung, in dem Fall
EuGHMR	- Europäischer Gerichtshof für Menschenrechte	i.d.R.	- in der Regel
EURLUmsG	- EU-Richtlinien-Umsetzungsgesetz	i.d.S.	- in diesem Sinne
evtl.	- eventuell	i.e.S.	- im engeren Sinne
EWWU	- Europäische Wirtschafts- u. Währungsunion	i.H.d.	- in Höhe der (des)
		IHK	- Industrie- und Handelskammer
F	- Fach	i.H.v.	- in Höhe von
FA(Ä)	- Finanzamt(-ämter)	i.L.	- in Liquidation
FAFuSt	- Finanzamt für Fahndung und Strafsachen	incl.	- inclusiv(e)
FamRZ	- Zeitschrift für das gesamte Familienrecht (Zeitschrift)	InvStG	- Investmentsteuergesetz
		i.R.(d.)	- im Rahmen (der/des)
f.(f)	- (fort)folgende	i.R.e.	im Rahmen eines (r)
FG	- Finanzgericht(e)	i.S.	- in Sachen
FGO	- Finanzgerichtsordnung	i.S.d.	- im Sinne der/des/dieser
FinMin	- Finanzministerium	i.S.v.	- im Sinne von
FinVerw	- Finanzverwaltung	i.Ü.	- im Übrigen
FK	- Fremdkapital	i.V.m.	- in Verbindung mit
Fn	- Fußnote	i.v.H.	- in voller Höhe
FörderG	- Fördergebietsgesetz	i.w.S.	- im weiteren Sinn(e)
FR	- Finanz-Rundschau (Zeitschrift)	ID-Nr.	- Identifikationsnummer
FVG	- Finanzverwaltungsgesetz	INF	- Die Information über Steuer und Wirtschaft (Zeitschrift)
GBO	- Grundbuchordnung	InvStG	- Investmentsteuergesetz
GBp	- Großbetriebsprüfung	InvZul(g)	- Investitionszulage(-ngesetz)
GbR	- Gesellschaft bürgerlichen Rechts	insb.	- insbesondere
GdE	- Gesamtbetrag der Einkünfte	insg.	- insgesamt
gem.	- gemäß	InsO	- Insolvenzordnung
Ges.-GF	- Gesellschafter-Geschäftsführer	IStR	- Internationales Steuerrecht
GewErtrSt	- Gewerbeertragsteuer		
GewKap	- Gewerbekapital	JA(Ä)	- Jahresabschluss, (-abschlüsse)
GewKapSt	- Gewerbekapitalsteuer	JStErgG	- Jahressteuer-Ergänzungsgesetz
GewO	- Gewerbeordnung	JStG	- Jahressteuergesetz
GewSt	- Gewerbesteuer	JÜ	- Jahresüberschuss
GewStG	- Gewerbesteuergesetz		
GewStR	- Gewerbesteuer-Richtlinien	KAGG	- Gesetz über Kapitalanlagegesellschaften
GF	- Geschäftsführer(in)	KapAEG	- Kapitalaufnahmeerleichterungsgesetz
GG	- Grundgesetz	KapESt	- Kapitalertragsteuer
ggf.	- gegebenenfalls	KapG	- Kapitalgesellschaft(en)
ggü.	- gegenüber	KapKto	- Kapitalkonto
GKG	- Gerichtskostengesetz	KAV	- Kindergeldauszahlungs-Verordnung
GKV	- Gesetzliche Krangenversicherung	Kfm.	- Kaufmann
GmbH	- Gesellschaft mit beschränkter Haftung	kfm.	- kaufmännisch(e)
GmbHG	- Gesetz betr. d. Gesellschaften mbH	KFR	- Kommentierte Finanzrechtsprechung (Zeitschrift)
GmbHR	- GmbH-Rundschau (Zeitschrift)		
GmbH-StB	- Der GmbH-Steuerberater (Zeitschrift)	KG	- Kommanditgesellschaft
GoB	- Grundsätze ordnungsmäßiger Buchführung	KGaA	- Kommanditgesellschaft(en) auf Aktien
GoF	- Geschäfts- oder Firmenwert	KiSt	- Kirchensteuer
grds.	- grundsätzlich	Kj	- Kalenderjahr
GrdStVG	- Grundstücksverkehrsgesetz	Kl(in).	- Kläger(in)
GrESt	- Grunderwerbsteuer	KM	- Kontrollmitteilungen
GrEStG	- Grunderwerbsteuergesetz	km	- Kilometer
GrS	- Großer Senat	KO	- Konkursordnung

Abkürzungsverzeichnis

Kom.	- Kommentar		PSV	- Pensionssicherungsverein
KonTraG	- Gesetz zur Kontrolle und Transparenz im Unternehmensbereich		PublG	- Publizitätsgesetz
KÖSDI	- Kölner Steuerdialog (Zeitschrift)		PV	- Privatvermögen
KSchG	- Kündigungsschutzgesetz			
KSI	- Krisen-, Sanierungs- und Insolvenzberatung (Zeitschrift)		RA(in)	- Rechtsanwalt (Rechtsanwältin)
KSt	- Körperschaftsteuer		R E	- Richtlinie zum ErbStG
KStG	- Körperschaftsteuergesetz		RL	- Richtlinie(n)
KV	- Krankenversicherung		Rev.	- Revision
KWG	- Kreditwesengesetz		RFH	- Reichsfinanzhof
KWKG	- Kraft-Wärme-Kopplungs-Gesetz		RiBFH	- Richter am BFH
			rkr.	- rechtskräftig
LG	- Landgericht		Rn	- Randnummer(n)
lfd.	- laufend(e)		RS	- Rechtssache
Lj	- Lebensjahr(e)		Rspr.	- Rechtsprechung
Lkw	- Lastkraftwagen		RV	- Rentenversicherung
LPartG	- Lebenspartnerschaftsgesetz		RVG	- Rechtsanwaltsvergütungsgesetz
LSt	- Lohnsteuer		Rz	- Randziffer
LStR	- Lohnsteuer-Richtlinien			
LSW	- Lexikon des Steuer- und Wirtschaftsrechts		S.	- Satz
lt.	- laut		s.(a.)	- siehe (auch)
LuF	- Land- und Forstwirtschaft		SA	- Sonderausgaben
LV	- Lebensversicherung(en)		SachBezV	- Sachbezugsverordnung
			SBV	- Sonderbetriebsvermögen
MA	- Musterabkommen		Schr.	- Schreiben
max.	- maximal(e)		SchSt	- Schenkungsteuer
m.E.	- meines Erachtens		SchwarzArbG	- Schwarzarbeitbekämpfungsgesetz
MFH	- Mehrfamilienhaus (-häuser)		SE	- Societas Europaea (Europäische Gesellschaft)
Mio.	- Millionen		SEEG	- Gesetz zur Einführung der Europäischen Gesellschaft
MiStra	- Mitteilungen in Strafsachen		SEStEG	- Gesetz über steuerrechtliche Begleitmaßnahmen zur Einführung der Europäischen Gesellschaft und zur Änderung weiterer steuerrechtlicher Vorschriften
MoMiG	- Gesetz zur Modernisierung des GmbH-Rechts und zur Bekämpfung von Missbräuchen			
MoRaKG	- Gesetz zur Modernisierung der Rahmenbedingungen für Kapitalgesellschaften		SGB	- Sozialgesetzbuch
Mrd.	- Milliarden		sog.	- sogenannte(r)
MU	- Mitunternehmer(in)		SolZ	- Solidaritätszuschlag
m.w.N.	- mit weiteren Nachweisen		Sonder-BA	- Sonderbetriebsausgaben
MwStSystRL	- Mehrwertsteuersystemrichtlinie		Sonder-BE	- Sonderbetriebseinnahmen
			SozV	- Sozialversicherung
n.F.	- neue Fassung		StÄndG	- Steueränderungs-Gesetz
n.v.	- nicht veröffentlicht		StB	- Steuerberater
Nd	- Nutzungsdauer		StBereinG	- Steuerbereinigungsgesetz
Nds. (FG)	- Niedersachsen, niedersächsisch, Niedersächsisches (Finanzgericht)		StBerG	- Steuerberatungsgesetz
neg.	- negativ(e)		Stbg	- Die Steuerberatung (Zeitschrift)
NJW	- Neue Juristische Wochenschrift (Zeitschrift)		StBG	- Steuerberatungsgesellschaft
NJW-RR	- Neue Juristische Wochenzeitung – Rechtsprechungs-Report		StBGebV	- Steuerberatergebührenverordnung
			StBil	- Steuerbilanz
Nr.	- Nummer(n)		StC	- SteuerConsultant (Zeitschrift)
nrkr.	- nicht rechtskräftig		StGB	- Strafgesetzbuch
NRW	- Nordrhein-Westfalen		StbJb	- Steuerberater-Jahrbuch
NWB	- Neue Wirtschafts-Briefe (Zeitschrift)		StBP	- Die steuerliche Betriebsprüfung (Zeitschrift)
NZB	- Nichtzulassungsbeschwerde		StBV	- Steuerberaterverband
NZI	- Neue Zeitschrift für Insolvenz		StC	- SteuerConsultant (Zeitschrift)
			StEindämmG	- Gesetz zur Eindämmung missbräuchlicher Steuergestaltungen
o.g.	- oben genannte(n)		StEntlG	- Steuerentlastungsgesetz
OFD	- Oberfinanzdirektion		StEd	- Steuerlicher Eildienst (Zeitschrift)
OG	- Obergeschoß		StEK	- Steuererlasse in Karteiformat
OHG	- Offene Handelsgesellschaft		SteuerStud	- Steuer & Studium
OLG	- Oberlandesgericht		StGB	- Strafgesetzbuch
OVG	- Oberverwaltungsgericht		Steufa	- Steuerfahndung
			StJ	- Steuerliches Journal (Zeitschrift)
p.a.	- per annum		StKl.	- Steuerklasse
PartG	- Partnerschaftsgesellschaft		StMBG	- Missbrauchsbekämpfungs- und Steuerbereinigungsgesetz
PartGG	- Gesetz zur Schaffung von Partnerschaftsgesellschaften		StPO	- Strafprozessordnung
PersG	- Personengesellschaft(en)		stpfl.	- steuerpflichtig(e)
PKH	- Prozesskostenhilfe		Stpfl.	- Steuerpflichtige(r)
PKW	- Personenkraftwagen		str.	- streitig (strittig)
pos.	- positiv(e)		StraBEG	- Strafbefreiungserklärungsgesetz

Abkürzungsverzeichnis

StSenkergG	-	Steuersenkungsergänzungsgesetz
StSenkG	-	Steuersenkungsgesetz
StuB	-	Steuern und Bilanzen (Zeitschrift)
StVj	-	Steuerliche Vierteljahresschrift (Zeitschrift)
StWa	-	Steuer-Warte (Zeitschrift)
SV	-	Sozialversicherung
SvEV	-	Sozialversicherungsentgeltverordnung
SZ	-	Säumniszuschläge
TKG	-	Telekommunikationsgesetz
TVG	-	Tarifvertrags-Gesetz
TW	-	Teilwert
Tz	-	Textziffer(n)
u.a.	-	unter anderem(n)
u.E.	-	unseres Erachtens
u.U.	-	unter Umständen
u.z.	-	und zwar
UmwBericht	-	Umwandlungsbericht
UmwG	-	Umwandlungsgesetz
UmwStG	-	Umwandlungssteuergesetz
UntRefG	-	Unternehmensreformgesetz
UntStFG	-	Gesetz zur Fortentwicklung des Unternehmenssteuerrechts
UntStRefG	-	Unternehmensteuerreformgesetz
UPE	-	unverbindliche Preisempfehlung
UR	-	Umsatzsteuer-Rundschau (Zeitschrift)
URefSenkG	-	Unternehmenssteuerreform- und Steuersenkungsgesetz
Urt.	-	Urteil
USt	-	Umsatzsteuer
UStB	-	Der Umsatzsteuer-Berater (Zeitschrift)
UStG	-	Umsatzsteuergesetz
UStR	-	Umsatzsteuer-Richtlinien
USt-VA	-	Umsatzsteuer-Voranmeldung
UV	-	Umlaufvermögen
UVR	-	Umsatzsteuer- und Verkehrsteuer-Recht (Zeitschrift)
v.H.	-	vom Hundert
VA	-	Verwaltungsakt
VAG	-	Versicherungsaufsichtsgesetz
VDR	-	Verband deutscher Rentenversicherungsträger
vEK	-	verwendbares Eigenkapital
VerlustBeschrG	-	Gesetz zur Beschränkung der Verlustrechnung im Zusammenhang mit Steuerstundungsmodellen
VermG	-	Vermögensgesetz
Vfg.	-	Verfügung
VG	-	Vermögensgegenstand (-gegenstände)
vGA	-	verdeckte Gewinnausschüttung(en)
VGFG EntlG	-	Entlastungsgesetz für die Verwaltungs- und Finanzgerichtsbarkeit (bis 31.12.1992)
vgl.	-	vergleiche
VN	-	Versicherungsnehmer
VO	-	Verordnung
VSt	-	Vermögensteuer
VStG	-	Vermögensteuergesetz
VStR	-	Vermögensteuer-Richtlinien
VuV	-	Vermietung und Verpachtung
VwVfG	-	Verwaltungsverfahrensgesetz
VwZG	-	Verwaltungszustellungsgesetz
VZ	-	Veranlagungszeitraum
Vz	-	Vorauszahlung(en)
WE	-	Wirtschaftseinheit
WertV	-	Wertermittlungsverordnung (VO über die Grundsätze für die Ermittlung der Verkehrswerte von Grundstücken v. 16.12.1988)
WG	-	Wirtschaftsgut (-güter)
Whg.	-	Wohnung
wistra	-	Zeitschrift für Wirtschafts- und Steuerstrafrecht
Wj	-	Wirtschaftsjahr
WK	-	Werbungskosten
WM	-	Wertpapiermitteilungen (Zeitschrift)
WoBauFG	-	Wohnungsbauförderungsgesetz
II. WoBauG	-	Zweites Wohnungsbaugesetz
WoGG	-	Wohngeldgesetz
WPO	-	Wirtschaftsprüferordnung
Wp	-	Wertpapier(e)
WP	-	Wirtschaftsprüfer
WPg	-	Die Wirtschaftsprüfung (Zeitschrift)
ZASt	-	Zinsabschlagsteuer
z.B.	-	zum Beispiel
ZIV	-	Zinsinformationsverordnung
zvE	-	zu versteuerndes Einkommen
z.Zt.	-	zur Zeit
ZDG	-	Gesetz über den Zivildienst der Kriegsdienstverweigerer
ZErb	-	Zeitschrift für den Erbrechtspraktiker
ZEV	-	Zeitschrift für Erbrecht und Vermögensnachfolge (Zeitschrift)
ZFH	-	Zweifamilienhaus
ZIV	-	Zinsinformationsverordnung
ZIP	-	Zeitschrift für Wirtschaftsrecht (Zeitschrift)
ZPO	-	Zivilprozessordnung
ZR	-	Zivilrechtssenat (des BGH)
ZRFG	-	Zonenrandförderungsgesetz
ZSteu	-	Zeitschrift für Steuern und Recht
zzgl.	-	zuzüglich

Vorwort

Das Erbschaftsteuerrecht kommt nicht zur Ruhe. Die FinVerw hat ihre ErbStR 2011 veröffentlicht. Sie ersetzen die ErbStR 2003. Mit den ErbStR 2011 reagiert die FinVerw auf die in den letzten Jahren erfolgten Gesetzesänderungen und neuere Rspr. Gleichwohl mag die allseits erhoffte Planungssicherheit für die Beraterschaft nicht eintreten. Hierfür sorgt u.a. der BFH, der mit seiner Aufforderung an das BMF, einem aktuellen Verfahren beizutreten, für Unruhe gesorgt hat. Der BFH lässt Zweifel an der Verfassungsmäßigkeit der derzeitigen Regelungen der Unternehmensnachfolge erkennen. Daher wird die vom Gesetzgeber statuierte Steuerfreistellung des BV in naher Zukunft erneut auf dem Prüfstand des BVerfG stehen. Zwar ist nach der bisher geübten Praxis nicht zu befürchten, dass das BVerfG die jetzige gesetzliche Regelung rückwirkend für verfassungswidrig erklärt. Im Hinblick auf den für eine sorgfältig geplante Unternehmensnachfolge benötigten Zeitraum drängt gleichwohl die Zeit. Dem Jahr 2012 kommt deshalb sowohl für Unternehmer als auch für deren steuerliche Berater besondere Bedeutung zu. Sie müssen vor dem Hintergrund der neuen ErbStR 2011 zeitnah Nachfolgeregelungen treffen, um von der zurzeit noch günstigen Besteuerung des BV zu profitieren.

Erfahrungsgemäß wird das Thema Unternehmensnachfolge von dem davon betroffenen Personenkreis nur allzu gern verdrängt. Umso wichtiger ist es für den Berater, einerseits einfühlsam andererseits aber auch beharrlich auf eine optimale Nachfolgeregelung hinzuwirken. Eine zielgerichtete Vermögensübergabe setzt nicht nur erbschaft- und schenkungsteuerliche Kenntnisse, sondern auch Verständnis für die zivilrechtlichen Grundlagen voraus. Das Seminar soll hierzu Hilfestellung leisten. Das AktStR Special – ErbStR vermittelt erbrechtliches Grundlagenwissen. Zugleich werden im Anschluss hieran die jeweiligen Besteuerungsfolgen umfassend dargestellt. Die neuen ErbStR 2011 werden anhand von zahlreichen Beispielsfällen erläutert; ergänzend werden unter Berücksichtigung der neueren Rspr. des BFH praxisnahe Gestaltungshinweise erteilt. Damit kann das Special vom ambitionierten Berater sowohl als Kompendium für erbrechtliche Fragen als auch als Nachschlagewerk für steuerliche Gestaltungen im Zusammenhang mit der Nachfolgeregelung genutzt werden.

Dr. Norbert Bolz
Richter am Nds. FG

Dr. Michael Messner
RA Notar FAStR FAErbR

I. Teil: Zivilrechtliche Grundlagen, Besteuerungsfolgen und Gestaltungen

A. Systematische Grundzüge des Erbschaftsteuergesetzes

B. Grundsätze der gesetzlichen Erbfolge

C. Besonderheiten beim Ehegattenerbrecht

D. Güterstandswahl und ihre Konsequenzen

E. Testament und Erbvertrag

F. Vermächtnis

G. Pflichtteil

H. Ausschlagung

I. Besonderheiten bei Personen- und Kapitalgesellschaften

I. Teil: Zivilrechtliche Grundlagen, Besteuerungsfolgen und Gestaltungen

A. **Systematische Grundzüge des Erbschaftsteuergesetzes**
  I. Prinzipien
   1. Erbanfallsteuer
   2. Maßgeblichkeit des Zivilrechts
   3. Bereicherungsprinzip
   4. Stichtagsprinzip
  II. Systematische Gliederung des Erbschaftsteuergesetzes
   1. Steuerpflicht, §§ 1 - 9
   2. Wertermittlung, §§ 10 - 13b
   3. Berechnung der Steuer, §§ 14 - 19a
   4. Steuerfestsetzung und Erhebung, §§ 20 - 35
   5. Ermächtigungs- und Schlussvorschriften, §§ 36 - 37a
  III. Prüfungsschema
   1. Sachliche Steuerpflicht
   2. Persönliche Steuerpflicht
   3. Bemessungsgrundlage
   4. Festsetzung der Erbschaft-/Schenkungsteuer
  IV. Eckpunkte
   1. Sachliche Steuerbefreiungen
   2. Steuerklassen
   3. Persönliche Steuerbefreiungen
  V. Steuertarif
   1. Allgemeines
   2. Progressionsvorbehalt, § 19 Abs. 2 ErbStG
   3. Härteausgleich, § 19 Abs. 3 ErbStG

B. **Grundsätze der gesetzlichen Erbfolge**

C. **Besonderheiten beim Ehegattenerbrecht**
  I. Gütertrennung
  II. Gütergemeinschaft
  III. Zugewinngemeinschaft
   1. Allgemeines
   2. Erbquoten
   3. Ermittlung des Zugewinns

D. **Güterstandswahl und ihre Konsequenzen**
  I. Erbschaftsteuerrecht
   1. Erbrechtliche Lösung, § 5 Abs. 1 ErbStG
   2. Güterrechtliche Lösung, § 5 Abs. 2 ErbStG
   3. Ehegatten-Innenverhältnis, Erlöschen der Steuer

Zivilrechtliche Grundlagen, Besteuerungsfolgen und Gestaltungen

    II. Ertragsteuerliche Konsequenzen
    III. Insolvenzrechtliche Konsequenzen
    IV. Pflichtteilsreduzierung
    V. Fazit

E. Testament und Erbvertrag

    I. Gewillkürte Erbfolge
    II. Testament
        1. Testamentserrichtung
        2. Berliner Testament
    III. Testamentsvollstreckung
    IV. Erbvertrag
        1. Zivilrecht
        2. Steuerrecht

F. Vermächtnis

    I. Zivilrechtliche Grundlagen
        1. Allgemeines
        2. Vermächtnisarten
    II. Erbschaftsteuerliche Auswirkungen
        1. Allgemeines
        2. Stichtagsproblematik
        3. Bewertungsfragen

G. Pflichtteil

    I. Zivilrechtliche Grundlagen
    II. Erbschaftsteuerliche Auswirkungen
        1. Allgemeines
        2. Bewertungsfragen

H. Ausschlagung

    I. Zivilrechtliche Grundlagen
    II. Erbschaftsteuerliche Auswirkungen
        1. Allgemeines
        2. Ausschlagung gegen Abfindung

I. Besonderheiten bei Personen- und Kapitalgesellschaften

    I. Gesellschaftsrecht und Erbrecht
        1. Alleinerbschaft mit Nachfolgeberechtigung
        2. Mehrere Rechtsnachfolger von Todes wegen
    II. Steuerliche Folgen des Ausscheidens eines Gesellschafters und Besteuerung der Mitgesellschafter
        1. Fortsetzungs- und Einziehungsklauseln
        2. Qualifizierte Nachfolgeklausel

A. Systematische Grundzüge des Erbschaftsteuergesetzes

I. Prinzipien

1. Erbanfallsteuer

Die ErbSt und SchSt ist eine **Erbanfallsteuer**, d.h., sie erfasst die Bereicherung des einzelnen Erben bzw. des Beschenkten durch Anknüpfung an den Rechtsübergang.

Anfallsteuer

Das vor allem in den anglo-amerikanischen Staaten vorkommende **Gegenstück** einer Erbanfallsteuer ist eine **Erbnachlasssteuer**. Bei der Erbnachlasssteuer wird die Nachlassmasse als solche besteuert; auf das Verwandtschaftsverhältnis zwischen Erblasser und Erben kommt es nicht an.

Gegenteil Nachlasssteuer

2. Maßgeblichkeit des Zivilrechts

Ein wesentlicher Unterschied des Erbschaftsteuerrechts ggü. anderen Steuerarten, bei denen gerade seitens der Vertreter des Fiskus nur zu gerne mit der „wirtschaftlichen Betrachtungsweise" argumentiert wird, ist die **Anknüpfung an das Zivilrecht**. Das ErbStG hat in den §§ 3 - 7 zivilrechtliche Termini als erbschaftsteuerliche Tatbestandsmerkmale gewählt und die zugehörigen zivilrechtlichen Normen sogar ausdrücklich genannt. Es gilt deshalb der Grundsatz der **„Maßgeblichkeit des Zivilrechts"**, der an sich für eine wirtschaftliche Betrachtungsweise keinen Raum lässt und nur in seltenen Ausnahmefällen vom BFH durchbrochen wird.

Maßgeblichkeit des Zivilrechts

3. Bereicherungsprinzip

Das in § 10 Abs. 1 ErbStG formulierte Bereicherungsprinzip ist einer der tragenden Gedanken des ErbSt-Rechts. Nach § 10 Abs. 1 S. 1 ErbStG gilt als stpfl. Erwerb die Bereicherung des Erwerbers, soweit sie nicht steuerfrei bleibt. Aufgrund der Konzeption als Erbanfallsteuer ist es notwendig, in den Fällen des Erwerbes von Todes wegen (§ 3 ErbStG) die **Bereicherung** – etwa durch Berücksichtigung von Gegenleistungen des Empfängers – schon auf der **Tatbestandsebene** und nicht erst auf der Bewertungsebene festzustellen.

Tatbestandsmerkmal Bereicherung

Systematische Grundzüge des Erbschaftsteuergesetzes

Bei der Schenkung stellt sich die Frage nach der Bereicherung nicht erst i.R.d. ErbSt-Rechts, da i.R.d. § 516 BGB die Bereicherung bereits zu den Voraussetzungen des Rechtsgeschäftes gehört.

Bereicherungs-Vorprüfung Bei allen Tatbeständen des ErbSt-Rechts ist die Bereicherung im Ergebnis tatbestandliche Voraussetzung und deshalb vor der konkreten steuerlichen Berechnung gesondert zu prüfen **(Bereicherungs-Vorprüfung)**.

4. Stichtagsprinzip

Die notwendige Ergänzung zum Bereicherungsprinzip ist das **Stichtagsprinzip.** Werte verändern sich, ein Bezugspunkt ist erforderlich. Der Stichtag ist der Zeitpunkt der Entstehung der Steuerschuld, § 9 ErbStG. **Wertveränderungen nach diesem Termin** sind für die Bemessung der Steuerschuld **unerheblich.** Bedeutung hat der Stichtag u.a. für die Frage der persönlichen Steuerpflicht (§ 2), für die Wertermittlung (§ 11), für die Steuerklasse (§ 15), für die Anrechnung ausländischer ErbSt (§ 21) und für die Steuerermäßigung bei mehrfachem Erwerb desselben Vermögens (§ 27).

Systematische Grundzüge des Erbschaftsteuergesetzes

II. Systematische Gliederung des Erbschaftsteuergesetzes

1. Steuerpflicht, §§ 1 - 9

- Stpfl. Vorgänge, § 1
- Persönliche Steuerpflicht, § 2
- Erwerb von Todes wegen, § 3
- Fortgesetzte Gütergemeinschaft, § 4
- Zugewinngemeinschaft, § 5
- Vor- und Nacherben, § 6
- Schenkungen unter Lebenden, § 7
- Zweckzuwendungen, § 8
- Entstehung der Steuer, § 9

2. Wertermittlung, §§ 10 - 13b

- Stpfl. Erwerb, § 10
- Bewertungsstichtag, § 11
- Bewertung, § 12
- Steuerbefreiungen, § 13
- Ansatz von BV, § 13a, b

3. Berechnung der Steuer, §§ 14 - 19a

- Berücksichtigung früherer Erwerbe, § 14
- Steuerklassen, § 15
- Freibeträge, § 16
- Versorgungsfreibetrag, § 17
- Mitgliederbeiträge, § 18
- Steuersätze, § 19
- Tarifbegrenzung für BV, § 19a

Systematische Grundzüge des Erbschaftsteuergesetzes

4. Steuerfestsetzung und Erhebung, §§ 20 - 35

- Steuerschuldner, § 20
- Anrechnung ausländischer Erbschaftsteuer, § 21
- Kleinbetragsgrenze, § 22
- Besteuerung von Renten, Nutzungen etc., § 23
- Verrentung der Steuerschuld bei § 1 Abs. 1 Nr. 4, § 24
- Besteuerung bei Nutzungs- oder Rentenlast (aufgehoben ab 1.1.2009), § 25
- Ermäßigung bei Aufhebung Familienstiftung o. Verein, § 26
- Mehrfacher Erwerb desselben Vermögens, § 27
- Stundung, § 28
- Erlöschen der Steuer in bes. Fällen, § 29
- Anzeige des Erwerbs, § 30
- Steuererklärung, § 31
- Bekanntgabe des Steuerbescheides an Vertreter, § 32
- Anzeigepflichten, Zuständigkeit, §§ 33 – 35

5. Ermächtigungs- und Schlussvorschriften, §§ 36 - 37a

Systematische Grundzüge des Erbschaftsteuergesetzes

III. Prüfungsschema

1. Sachliche Steuerpflicht

- Erwerbe von Todes wegen, § 1 Abs. 1 Nr. 1
- Schenkungen unter Lebenden, § 1 Abs. 1 Nr. 2
- Zweckzuwendungen, § 1 Abs. 1 Nr. 3
- Vermögen einer Familienstiftung/-Verein jeweils alle 30 Jahre, § 1 Abs. 1 Nr. 4

2. Persönliche Steuerpflicht

a) Person

- Erwerber bei Erwerb von Todes wegen, § 20 Abs. 1
- bei Schenkungen Erwerber und Schenker, § 20 Abs. 1
- der mit der Auflage Beschwerte, § 20 Abs. 1
- Stiftung/Verein, § 20 Abs. 1

b) Umfang

- Inländer: unbeschränkt stpfl. mit dem ges. Vermögensanfall, § 2 Abs. 1 Nr.1, 2
- Nicht-Inländer: beschränkt stpfl. nur mit dem Inlandsvermögen, § 1 Abs. 1 Nr. 3 i.V.m. § 121 BewG

Systematische Grundzüge des Erbschaftsteuergesetzes

3. Bemessungsgrundlage

Ausgangspunkt

Bereicherung (§ 10 Abs. 1), zu bewerten nach Maßgabe der §§ 11, 12 ErbStG und BewG

+	frühere Erwerbe (§ 14 – Zehn-Jahres-Frist)
./.	Zugewinn (§ 5)
./.	sachliche Steuerbefreiung (§ 13, § 13a)
./.	Freibeträge (§ 16)
./.	Versorgungsfreibeträge (§ 17)
./.	Mitgliederbeiträge (§ 18)
=	stpfl. Erwerb

4. Festsetzung der Erbschaft-/Schenkungsteuer

„Brutto"-Erbschaftsteuer = stpfl. Erwerb x Steuersatz (nach StKl.)

./.	ausländische Erbschaftsteuer (§ 21)
./.	Ermäßigung (§§ 26, 27)
=	festzusetzende Erbschaftsteuer

IV. Eckpunkte

keine negative Schenkung Vorstehendes Berechnungsschema gilt nach seinem audrücklichen Wortlaut nur für den **Erwerb von Todes wegen**, (§ 10 Abs. 1 S. 2 ErbStG verweist lediglich auf die in § 3 ErbStG geregelten Erwerbe von Todes wegen); es findet jedoch wegen der Generalverweisung in § 1 Abs. 2 ErbStG nach h.M. auch auf **Schenkungen** Anwendung.[1]

negativer Erwerb von Todes wegen Gelegentlich kommt es bei **Erwerben von Todes wegen zu negativen Werten**, etwa dann, wenn der Nachlass überschuldet ist. Das ErbStG kennt jedoch keinen stpfl. negativen Erwerb, so dass derartige Erwerbe erbschaftsteuerlich unbeachtlich sind.

---

[1] *Weinmann* in Moench/Weinmann, ErbStG-Kom., § 10 Rz 6

Systematische Grundzüge des Erbschaftsteuergesetzes

Negative Schenkungen sind bereits begrifflich zivilrechtlich nicht denkbar. Hingegen ist eine **freigebige Zuwendung** eines VG mit **negativem Steuerwert** möglich, z.B. bei Zuwendung eines Gesellschaftsanteils an einer PersG, deren BV negativ ist. Da eine Saldierung von **verschiedenen** Erwerben positiven und negativen Werts nicht möglich ist (vgl. § 14 Abs. 1 S. 4 ErbStG), empfiehlt es sich aus steuerlichen Gründen für den Schenker, den steuerlich negativ bewerteten VG **gemeinsam in einer einheitlichen Zuwendung** mit positiv bewerteten Gegenständen zu übertragen.[2]

1. Sachliche Steuerbefreiungen

Ist die Bereicherung des Erwerbers nach dem obigen Berechnungsschema zutreffend ermittelt worden, ist sodann zu prüfen, ob Steuerbefreiungstatbestände eingreifen. Das ErbStG enthält in § 13 zahlreiche **sachliche Befreiungsvorschriften,** von denen hier nur die wichtigsten genannt werden sollen.

a) Hausrat, § 13 Abs. 1 Nr. 1 ErbStG

Der Erwerb von Hausrat einschl. Wäsche und Kleidungsstücke ist bis zu einem **Freibetrag von 41.000 EUR** sowohl für Erben als auch für Vermächtnisnehmer bei Erwerben in der **StKl. I** steuerfrei. Für **andere bewegliche Gegenstände** wird **ein zusätzlicher Freibetrag von 12.000 EUR** gewährt (§ 13 Abs. 1 Nr. 1b ErbStG). Für die Erwerber der StKl. II und III kommt hingegen nur ein einheitlicher Freibetrag von 12.000 EUR in Betracht.

StKl. I
Hausrat 41.000 EUR
Sonstiges 12.000 EUR

Unter die Befreiungsvorschrift fällt die gesamte Wohnungseinrichtung, also etwa Porzellan, Bücher, Fernsehgeräte, etc. Nicht hierunter fallen Zahlungsmittel, Wertpapiere, Münzen, Edelmetalle, Edelsteine und Perlen sowie Gegenstände, die zum land- und forstwirtschaftlichen Vermögen, zum Grundvermögen oder zum BV gehören (§ 13 Abs. 1 S. 2 ErbStG).

---

[2] *Weinmann* in Moench/Weinmann, ErbStG-Kom., § 10 Rz 7

Systematische Grundzüge des Erbschaftsteuergesetzes

b) Gegenstände, deren Erhaltung im öffentlichen Interesse liegt, § 13 Abs. 1 Nr. 2 und 3 ErbStG

Kunstgegenstände und -sammlungen, deren Erhaltung **im öffentlichen Interesse liegt**, sind unter bestimmten Voraussetzungen entweder zu 60 % ihres Wertes oder in vollem Umfang steuerbefreit. Gleiches gilt für öffentlich zugänglich gemachten Grundbesitz.

c) Selbstgenutztes Familienwohnheim, § 13 Abs. 1 Nr. 4a - c ErbStG

§ 13 Abs. 1 Nr. 4a Schenkung Familienwohnheim an Ehegatten

§ 13 Abs. 1 Nr. 4a ErbStG stellt die lebzeitige Zuwendung des selbstgenutzten Familienwohnheims an den Ehegatten bei Erwerben unter Lebenden steuerfrei.

§ 13 Abs. 1 Nr. 4b Erwerb von Todes wegen durch Ehegatten

§ 13 Abs. 1 Nr. 4b ErbStG erweitert seit 2009 die Steuerfreiheit der Übertragung des Familienwohnheimes auf den Ehegatten oder eingetragenen Lebenspartner auf Fälle des Übergangs **von Todes wegen** unter gewissen zusätzlichen, **einschränkenden Voraussetzungen.**

§ 13 Abs. 1 Nr. 4c Erwerb von Todes wegen durch Kinder

Die ebenfalls 2009 eingefügte Vorschrift des § 13 Abs. 1 Nr. 4c ErbStG gewährt erstmals eine **Steuerfreistellung** für den Erwerb des Familienwohnheimes durch **Kinder** oder **Kinder vorverstorbener Kinder**. Begünstigt ist auch hier ausschließlich der **Erwerb von Todes wegen**. Die **Steuerfreiheit** wird allerdings nur gewährt, **soweit** die **Wohnfläche 200 qm nicht übersteigt**. Eine darüber hinausgehende Wohnfläche führt zur ErbSt-Festsetzung nur auf den übersteigenden Teil **(Freibetrag).**

d) Erwerbe durch erwerbsunfähige und ihnen gleichgestellte Personen, § 13 Abs. 1 Nr. 6 ErbStG

Nach dieser Vorschrift ist steuerbefreit

– ein Erwerb durch Eltern, Adoptiv-, Stief- oder Großeltern

– der **41.000,00 EUR** zusammen mit dem übrigen Vermögen des Erwerbers **nicht übersteigt**

– sofern der **Erwerber** infolge körperlicher oder geistiger Gebrechen als **erwerbsunfähig** anzusehen ist

– oder durch die Führung eines Haushalts mit erwerbsunfähigen oder in der Ausbildung befindlichen Kindern **an der Ausübung einer Erwerbstätigkeit gehindet** ist.

Systematische Grundzüge des Erbschaftsteuergesetzes

Bei Überschreiten der 41.000 EUR-Grenze greift gem. Satz 2 eine Härteregelung ein.

Die Vorschrift hat praktische Bedeutung nur noch für **Schenkungen** an Eltern, Adoptiveltern, Großeltern und Stiefeltern sowie für Erwerbe von Todes wegen durch Stiefeltern, weil Eltern, Adoptiveltern und Großeltern bei **Erwerben von Todes wegen** bereits ein persönlicher Freibetrag von 100.000 EUR zusteht.

Bedeutung bei Schenkungen

Hinweis

Soll also der Unterhalt dieses Personenkreises sichergestellt werden, empfiehlt es sich, dies über laufende Zuwendungen zu tun, da diese nach § 13 Abs. 1 Nr. 12 ErbStG steuerfrei sind.[3]

e) Pflegeleistungen, § 13 Abs. 1 Nr. 9 ErbStG

Nach dieser Vorschrift ist der Erwerb von Vermögen durch Personen, die den Erblasser **unentgeltlich** oder **ohne zureichendes Entgelt gepflegt** oder **unterhalten** haben, bis zu **20.000 EUR** steuerfrei.

Der Freibetrag kommt nicht bei Erwerbern in Betracht, die **gesetzlich zur Pflege** (z.B. Ehegatten nach § 1353 BGB) oder zum Unterhalt (z.B. Ehegatten nach § 1360 BGB oder Verwandte in gerader Linie nach § 1601 BGB) **verpflichtet** sind.

Der Freibetrag wird bei einem Erwerb von Todes wegen nicht gewährt, wenn die Aufwendungen gem. § 10 Abs. 5 ErbStG als **Nachlassverbindlichkeiten** abzugsfähig sind, da § 13 Abs. 1 Nr. 9 ErbStG insoweit nachrangig ist. Der Abzug als **Erblasserschuld** setzt allerdings voraus, dass die letztwillige Zuwendung ganz oder zum Teil als **Entgelt für eine aufgrund eines nachgewiesenen Dienstleistungsverhältnisses** (§ 611 BGB) vertraglich geschuldete und erbrachte Dienstleistung (z.B. Pflege) **anzusehen ist**.

kein Freibetrag bei gesetzlicher Verpflichtung

---

[3] *Meincke,* ErbStG-Kom., 15. Aufl., § 13 Rz 28

Systematische Grundzüge des Erbschaftsteuergesetzes

Hinweis

Will man den späteren Abzug als Nachlassverbindlichkeit erreichen, sind entsprechende Vereinbarungen zwischen Erblasser und Erben nötig, die den Leistungen Entgeltcharakter verleihen. Hierzu bietet sich ein **Erbvertrag** oder ein **Schuldanerkenntnis** an. Die Betreuungsleistungen können auch aufgrund eines **Dienst- oder Geschäftsbesorgungsvertrags** (§§ 611, 675 BGB) erbracht werden. Bei fehlender Vereinbarung über die Höhe der Vergütung ist die taxmäßige oder übliche Vergütung anzusetzen (§ 612 BGB). Hierbei ist allerdings zu bedenken, dass dann die Vergütung **einkommensteuerpflichtig** ist.

f) Weitergabe von Pflegegeld, § 13 Abs. 1 Nr. 9a ErbStG

Gem. § 37 SGB XI können pflegebedürftige Personen ein Pflegegeld erhalten, wenn sie ihre erforderliche Betreuung durch eine Pfelgeperson selbst sicherstellen. **Gibt** die **pflegebedürftige Person** ihr **Pflegegeld** als Anerkennung für solche Betreuungsleistungen **an eine Pflegeperson weiter,** ist diese Zuwendung **steuerfrei.**

g) Rückerwerb von Todes wegen, § 13 Abs. 1 Nr. 10 ErbStG

Haben Eltern oder Voreltern ihren Abkömmlingen durch Schenkung oder Übergabevertrag etwas zugewandt und fällt ihnen das Zugewandte infolge des Todes des Abkömmlings wieder zurück, ist dieser Rückerwerb von der Steuer befreit. Die Vorschrift findet nur beim **Rückerwerb von Todes wegen Anwendung,** nicht hingegen bei Rückschenkungen.

Außerdem ist die Identität des zugewendeten mit dem zurückfallenden VG Voraussetzung für die Steuerbefreiung. **Surrogate,** die im Austausch der zugewendeten Gegenstände in das Vermögen des Beschenkten gelangt sind, sind demnach **von der Steuerbefreiung nicht erfasst**. Etwas anderes gilt nur, wenn zwischen dem zugewendeten und dem zurückfallenden VG **bei objektiver Betrachtung Art- und Funktionsgleichheit** besteht.

h) Aufwendungen für angemessenen Unterhalt oder für die Ausbildung, § 13 Abs. 1 Nr. 12 ErbStG

laufende Zuwendungen   Die Steuerbefreiung gilt nur für Schenkungen unter Lebenden, nicht für Erwerbe von Todes wegen. Sie greift nur ein bei **fehlender gesetzlicher Unterhaltspflicht,** da nur freiwillige Zahlungen überhaupt steuerbar sind.

Systematische Grundzüge des Erbschaftsteuergesetzes

Nach der Rspr. des BFH[4] erfasst die Vorschrift nur **laufende Zuwendungen**, nicht hingegen **Einmalbeträge**, weil dann nicht sichergestellt sei, dass das Zugewendete zweckgerecht für den angemessenen Unterhalt und für die Ausbildung verwendet wird.

Angemessen i.S.d. Vorschrift ist eine Zuwendung, die den Vermögensverhältnissen und der Lebensstellung des Bedachten entspricht. Eine dieses Maß übersteigende Zuwendung ist in vollem Umfang stpfl. (§ 13 Abs. 2 ErbStG).

i) Übliche Gelegenheitsgeschenke, § 13 Abs. 1 Nr. 14 ErbStG

Es handelt sich hierbei um den am häufigsten angewendeten Befreiungstatbestand. Auch übliche Gelegenheitsgeschenke müssen dem FA innerhalb von drei Monaten gem. § 30 Abs. 1 ErbStG angezeigt werden. Die Praxis zeigt jedoch, dass dieser Pflicht häufig nicht nachgekommen wird. Da die **Festsetzungsverjährung** für die SchSt jedoch nicht **vor Ablauf des Todesjahres des Schenkers** bzw. erst bei **Kenntnis des FA von der vollzogenen Schenkung beginnt** (§ 170 Abs. 5 Nr. 2 AO), kann es vorkommen, dass das FA erst nach dem Tode des Schenkers dahingehende Ermittlungen anstellt.

Für die Frage, ob ein Geschenk bei einer entsprechenden Gelegenheit (z.B. Hochzeiten, Geburtstage, Weihnachten, Jubiläen etc.) üblich ist, kommt es auf die allgemeine Anschauung der Bevölkerung an, wobei in erster Linie die Vermögensverhältnisse des Schenkers und des Beschenkten sowie das Verwandtschaftsverhältnis und die soziale Schicht der Beteiligten maßgebend ist.[5]

j) Begünstigungen für Betriebsvermögen, §§ 13a, b, 19a ErbStG

Die seit 2009 geltende Verschonungsregelung der §§ 13a, b ErbStG sieht eine **zweigleisige Verschonungstechnik** für begünstigtes BV sowie eine **Optionsmöglichkeit** vor, die sich im Überblick wie folgt darstellt:

zweigleisige Verschonungstechnik

---

[4] BFH-Urt. v. 13.2.1985 – II R 22/81, BStBl II 1985, 333
[5] *Kien-Hümbert* in Moench/Weinmann, ErbStG, § 13 Rz 85

Systematische Grundzüge des Erbschaftsteuergesetzes

	Regelverschonung (Abs. 1)	Verschonungsoption (Abs. 8)
Verschonungsabschlag auf begünstigtes BV	85 %	100 %
Verwaltungsvermögen	max. 50 %	max. 10 %
Gleitender Abzugsbetrag	max. 150.000	-
I. Behaltefrist	5 Jahre	7 Jahre
Verstoßfolge	Nachversteuerung bzgl. Verschonungsabschlag pro-rata-temporis	
	Wegfall Abzugsbetrag	-
II. Lohnsumme (Überprüfung am Ende der Behaltefrist)	400 % der Ausgangslohnsumme über 5 Jahre	700 % der Ausgangslohnsumme über 7 Jahre
Verstoßfolge	Nachversteuerung im Verhältnis des Unterschreitens der Lohnsumme	

Tarifbegrenzung Hinzu kommt über § 19a ErbStG eine **Tarifbegrenzung** beim Erwerb begünstigten BV, land- und forstwirtschaftlichen Vermögens und begünstigten Anteilen an KapG. Hiernach werden Erwerber begünstigten Vermögens, die an sich der StKl. II oder III angehören, wie Angehörige der StKl. I behandelt.

2. Steuerklassen

I		II	III
Ehegatte/ Lebenspartner Kinder Stiefkinder	Abkömmlinge von lebenden Kindern und Stiefkindern	Eltern und Voreltern bei Schenkung	Alle übrigen Erwerber
Kinder verstorbener Kinder und Stiefkinder	Eltern und Voreltern bei Erwerb von Todes wegen	Geschwister und deren Abkömmlinge 1. Grades	Zweckzuwendungen
		Stiefeltern	
		Schwiegerkinder und -eltern	
		geschiedene Ehegatten	

Systematische Grundzüge des Erbschaftsteuergesetzes

3. Persönliche Steuerbefreiungen

a) Allgemeiner persönlicher Freibetrag, § 16 ErbStG

Das ErbStG enthält in § 16 einen **allgemeinen persönlichen Freibetrag,** der jedem Erwerber ohne Rücksicht auf den Gegenstand oder Zweck eines Erwerbs gewährt wird. Hierdurch wird die BMG der ErbSt in entsprechender Höhe gekürzt.

persönliche Freibeträge

Es gelten bei unbeschränkter Stpfl. folgende Freibeträge

Steuerklasse		EUR
I	Ehepartner	500.000
I	Kinder	400.000
I	Enkel	200.000
I	Sonstige Personen	100.000
II	Eltern, Großeltern, Geschwister, Nichten, Neffen	20.000
III		20.000
	Ausnahme: Lebenspartner	500.000
Beschränkt Stpfl.		2.000

Hinweise

Seit der Neuregelung besitzen folgende **Gestaltungen** erhöhtes Gewicht:

Gestaltungen

– Steuerklassenänderung (Heirat, Adoption)

Erheblicher Einfluss auf die Besteuerung kann zunächst durch **Gestaltung der rechtlich relevanten Eigenschaften** und Verhältnisse der Beteiligten ausgeübt werden, so dass hier viele Gestaltungsempfehlungen ansetzen.

Steuerklassenänderung

Die **Heirat** bzw. die **Adoption** führt dazu, dass anstelle der StKl. II oder III für die ErbSt die StKl. I zur Anwendung kommt. Insb. die **Volljährigenadoption** – etwa von Nichten und Neffen – aber auch Dritten – erhält eine **deutlich größere Bedeutung.** Sofern der Altersunterschied zwischen Annehmenden und Anzunehmenden nicht zu gering ist, etwa weniger als 15 Jahre beträgt, werden derartige Adoptionen von den Gerichten i.d.R. genehmigt.

– Überspringen einer Generation

Gerade nach der Vervierfachung der Freibeträge für Enkel kann die **generationsüberspringende Übertragung** noch mehr als schon im alten Recht insb. bei größeren Vermögen sinnvoll sein.

Generationensprung

Systematische Grundzüge des Erbschaftsteuergesetzes

— Generationensprung mit Nießbrauchseinräumung oder -vermächtnis

Renaissance des Nießbrauchs

Einer direkten Übertragung auf die Enkel stehen häufig das **Versorgungsbedürfnis der mittleren Generation** im Alter und Zweifel an der Reife der jüngeren Generation ggü.. Es kann deshalb auch eine **Übertragung auf die Enkel** unter Zuwendung des **Nießbrauchs an die mittlere Generation** sinnvoll sein.[6] Dies wird nicht nur möglicherweise den beiden o.a. Aspekten gerecht, sondern kann auch auch steuerlich am günstigsten sein. Dies beruht letztlich darauf, dass auf beide Erwerbe nunmehr derselbe Steuersatz Anwendung findet (Progressionsvorteil) und im Gegensatz zur ausschließlichen Übertragung an den Enkel zwei Freibeträge zur Anwendung kommen.

b) Besonderer Versorgungsfreibetrag, § 17 ErbStG

Neben dem allgemeinen Freibetrag des § 16 ErbStG gewährt § 17 ErbStG einen **besonderen Freibetrag,** der vornehmlich dem überlebenden Ehegatten bei seinem Erwerb von Todes wegen zugutekommt, der sich aber auch zugunsten von Kindern des Erblassers auswirken kann. Er ist vor dem Hintergrund des § 3 Abs. 1 Nr. 4 ErbStG zu sehen, wonach **vertraglich begründete Renten erbschaftsteuerpflichtig sind,** während **gesetzlich begründete Versorgungsrenten erbschaftsteuerfrei sind.** Durch den Freibetrag soll die unterschiedliche steuerliche Behandlung ausgeglichen werden. Dies erfolgt dadurch, dass die steuerfreien Versorgungsbezüge den Versorgungsfreibetrag kürzen und damit letztlich indirekt besteuert werden.[7]

Verminderung um erbschaftsteuerfreie Versorgungsbezüge

Der Versorgungsfreibetrag des überlebenden Ehegatten beträgt **256.000 EUR.** Er **vermindert sich** gem. § 17 Abs. 1 S. 2 ErbStG um den erbschaftsteuerlich anzusetzenden **Kapitalwert** der **Versorgungsbezüge, die nicht der ErbSt unterliegen.** Hierzu gehören:

— Versorgungsbezüge der Hinterbliebenen von **Beamten** aufgrund der Beamtengesetze

— Versorgungsbezüge, die den Hinterbliebenen von **Angestellten** und **Arbeitern** aus der **gesetzlichen Rentenversicherung** zustehen

---

[6] Hierbei geht allerdings ggf. AfA verloren, da es sich ertragsteuerlich um einen Zuwendungsnießbrauch handelt.
[7] *Meincke,* ErbStG-Kom., § 17 Rz 2

Systematische Grundzüge des Erbschaftsteuergesetzes

- Versorgungsbezüge, die den Hinterbliebenen von Angehörigen der **freien Berufe** aus einer **berufsständischen Pflichtversicherung** zustehen

- Versorgungsbezüge, die den Hinterbliebenen von **Abgeordneten** aufgrund der Diätengesetze zustehen

- Hinterbliebenenbezüge, die auf Tarifvertrag, Betriebsordnung, Betriebsvereinbarung, betrieblicher Übung oder dem Gleichbehandlungsgrundsatz beruhen

- Hinterbliebenenbezüge aufgrund eines zwischen dem **Erblasser** und seinem **Arbeitgeber** geschlossenen **Einzelvertrags,** soweit diese angemessen sind

- Der Versorgungsfreibetrag für Kinder ist **nach ihrem Alter gestaffelt**, § 17 Abs. 2 ErbStG.

V. Steuertarif

1. Allgemeines

§ 19 ErbStG enthält einen **Stufentarif,** d.h., der Steuersatz der erreichten Wertstufe gilt für den gesamten stpfl. Erwerb. Wird eine **Wertstufe geringfügig überschritten,** mildert eine **Härteregelung** den Tarifsprung z.T. ab (§ 19 Abs. 3 ErbStG).

Erbschaft/Schenkung ab 2009 bis EUR	Steuerklassen ab 2009		
	I	II	III
75.000	7 %	15 %	30 %
300.000	11 %	20 %	30 %
600.000	15 %	25 %	30 %
6.000.000	19 %	30 %	30 %
13.000.000	23 %	35 %	50 %
26.000.000	27 %	40 %	50 %
darüber	30 %	43 %	50 %

Systematische Grundzüge des Erbschaftsteuergesetzes

2. Progressionsvorbehalt, § 19 Abs. 2 ErbStG

Durch den **Progressionsvorbehalt** des § 19 Abs. 2 ErbStG wird erreicht, dass ein Erwerber, bei dem ein Teil seines Erwerbes wegen eines DBA zur ErbSt nicht herangezogen wird, nicht deshalb in eine niedrigere Progressionszone gelangt.

3. Härteausgleich, § 19 Abs. 3 ErbStG

Der Stufentarif führt dazu, dass an der Grenze der Wertstufen die Steuerbelastung sprunghaft ansteigt. Diesen Effekt mildert § 19 Abs. 3 ErbStG. Nach dieser Vorschrift wird der Unterschied zwsichen der Steuer, die sich bei Anwendung des § 19 Abs. 1 ergibt, und der Steuer, die sich berechnen würde, wenn der Erwerb die letztvorhergehende Wertgrenze nicht überstiegen hätte, nur insoweit erhoben, als er

- bei einem Steuersatz bis zu 30 % aus der Hälfte,
- bei einem Steuersatz über 30 % aus drei Vierteln

des die Wertgrenze übersteigenden Betrags gedeckt werden kann.

B. Grundsätze der gesetzlichen Erbfolge

Das deutsche Erbschaftsteuerrecht ist vom Prinzip der **Gesamtrechtsnachfolge** beherrscht (auch **Universalsukzession** genannt).

§ 1922 BGB

„Mit dem Tode einer Person (Erbfall) geht deren Vermögen (Erbschaft) als Ganzes auf eine oder mehrere andere Personen (Erben) über."

Dies bedeutet, dass der Erbe in die gesamte materielle und formelle Rechtsposition des Erblassers eintritt, ohne dass es hierzu eines Rechtsaktes bedarf. Die Rechtsfolge tritt **kraft Gesetzes** ein, unabhängig davon, ob der Erbe als gesetzlicher oder als gewillkürter Erbe berufen ist. Hat der Erblasser weder ein Testament errichtet noch einen Erbvertrag geschlossen, kommt die gesetzliche Erbfolge zum Zuge.

„Fußstapfentheorie"

Im deutschen Erbrecht gilt das **Blutsverwandtenerbrecht**; d.h. gesetzlicher Erbe wird grds. nur, wer mit dem Erblasser i.S.d. § 1589 BGB verwandt ist. Hierbei richtet sich die Erbfolge nach Ordnungen. Es gilt das Prinzip, dass Verwandte einer höheren Ordnung Verwandte einer entfernteren von der Erbfolge ausschließen (§ 1930 BGB). Kinder schließen also Kindeskinder aus (§ 1924 Abs. 2 BGB); Eltern schließen Geschwister aus (§ 1925 Abs. 2 BGB), sog. **Repräsentationsprinzip**.

Erbfolge nach Ordnungen

Gesetzliche Erben der **ersten Ordnung** (§ 1924 BGB) sind die Abkömmlinge des Erblassers (das sind sämtliche Verwandte in gerader absteigender Linie, wie Kinder – egal ob adoptierte, für ehelich erklärte, nichteheliche oder durch nachträgliche Eheschließung legitimierte Kinder). Die unterschiedliche erbrechtliche Behandlung von ehelichen und nichtehelichen Kindern ist durch das Gesetz zur erbrechtlichen Gleichstellung nichtehelicher Kinder v. 16.12.1975[8] abgeschafft worden, so dass auch nichteheliche Kinder voll erbberechtigt sind.

Erben erster Ordnung

Gesetzliche Erben der **zweiten Ordnung** (§ 1925 BGB) sind die Eltern des Erblassers und deren Abkömmlinge (also seine Geschwister sowie deren Kinder).

Erben zweiter Ordnung

---

[8] BGBl I 1975, 2968

Grundsätze der gesetzlichen Erbfolge

Erben dritter Ordnung Gesetzliche Erben der **dritten Ordnung** (§ 1926 BGB) sind die Großeltern des Erblassers und deren Abkömmlinge (also z.B. Onkel, Tanten, Vettern und Cousinen des Erblassers).

Erben vierter Ordnung Gesetzliche Erben der **vierten Ordnung** (§ 1928 BGB) sind die Urgroßeltern des Erblassers und deren Abkömmlinge.

Erben fünfter und weiterer Ordnungen Gesetzliche Erben der **fünften und der ferneren Ordnungen** (§ 1929 BGB) sind die entfernteren Voreltern des Erblassers und deren Abkömmlinge. Damit ist die Zahl der Erbordnungen nach dem BGB unbegrenzt.

Beispiel 1

Beim Tode des verwitweten Erblassers leben von seinen Abkömmlingen noch seine Kinder A und B sowie vier Enkel, nämlich die Kinder W und X des B sowie die Kinder Y und Z seines bereits vorverstorbenen Sohnes C. Ein Testament ist nicht vorhanden. Hier erben A und B zu je 1/3, während die Kinder des C, die gem. § 1924 Abs. 3 BGB an seine Stelle getreten sind, Erben zu je 1/6 sind. W und X erhalten nichts (§ 1924 Abs. 2 BGB).

Beispiel 2

Der alleinstehende E verstirbt, ohne ein Testament hinterlassen zu haben. Seine Mutter und seine drei Geschwister leben noch. Die Mutter erbt die Hälfte (§ 1925 Abs. 2 BGB), seine Geschwister erben die Hälfte des vorverstorbenen Vaters zu je 1/3, also vom gesamten Nachlass je 1/6 (§ 1925 Abs. 3 BGB).

Beispiel 3

Der alleinstehende E lebt seit vielen Jahren mit F in einer nichtehelichen Lebensgemeinschaft. E stirbt, ohne ein Testament hinterlassen zu haben. An Verwandten lebt noch die Cousine C, die Tochter seines vorverstorbenen Onkels O.

Alleinerbe wird die Cousine C (§ 1926 Abs. 3 BGB). F erbt nichts, da sie mit E nicht verwandt ist und auch nicht mit ihm verheiratet ist.

Grundsätze der gesetzlichen Erbfolge

Gesetzliche Erbfolge (Verwandtenerbrecht)

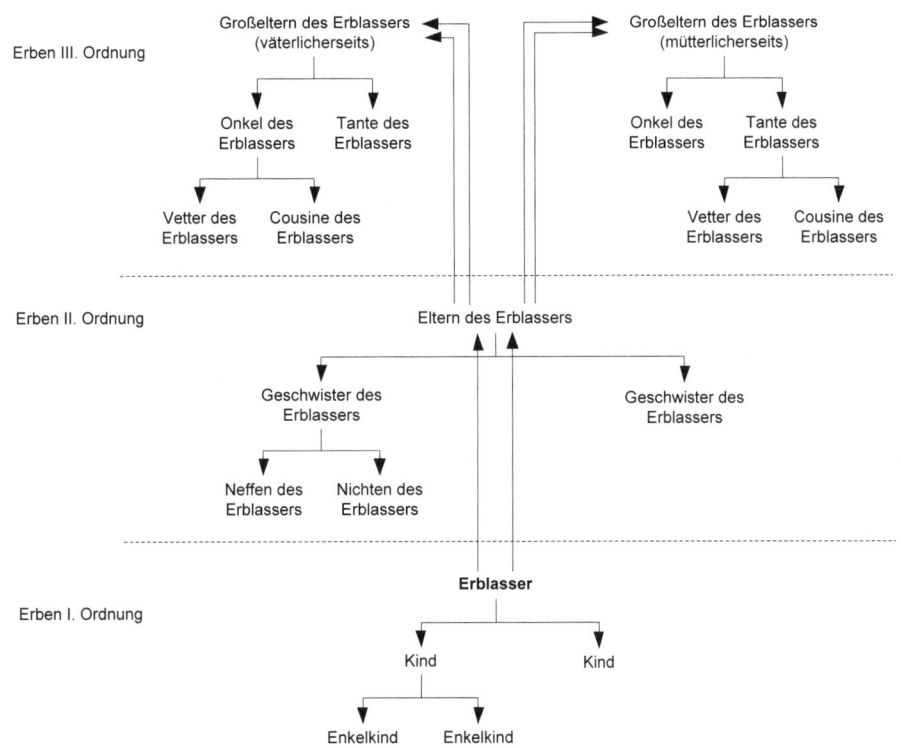

C. Besonderheiten beim Ehegattenerbrecht

kein Erbrecht des geschiedenen Ehegatten

War der Erblasser im Zeitpunkt seines Todes **verheiratet**, erweitert sich der Kreis der gesetzlichen Erben um die Person des Ehegatten. Das gesetzliche Erbrecht des Ehegatten kommt allerdings nur zum Zuge, wenn die Ehe im Zeitpunkt des Erbfalls noch bestand. Der rechtskräftig Geschiedene beerbt also den früheren Ehegatten nicht. Darüber hinaus ist das Erbrecht des überlebenden Ehegatten auch dann ausgeschlossen, wenn beim Erbfall die **Voraussetzungen einer Ehescheidung** gegeben waren und der Erblasser die Scheidung beantragt oder ihr zugestimmt hatte (§ 1933 BGB). Das Gleiche gilt, wenn der Erblasser berechtigt war, die Aufhebung der Ehe zu beantragen, und den Antrag gestellt hatte.

Gem. § 1931 BGB gilt für das Ehegattenerbrecht folgender **Grundsatz**:

Ehegattenerbrecht

> „Der überlebende Ehegatte ist neben **Verwandten der ersten Ordnung zu einem Viertel**, neben **Verwandten der zweiten Ordnung** oder **neben Großeltern zur Hälfte erbberechtigt**; im Übrigen, d.h., wenn von diesem Personenkreis niemand vorhanden ist, erbt der überlebende Ehegatte die **gesamte Erbschaft (§ 1931 Abs. 2 BGB).**"

Neben dieser Grundregel gelten Besonderheiten, je nachdem, welcher **Güterstand** zwischen den Eheleuten bestanden hat.

Das deutsche Recht kennt einen gesetzlichen und drei alternative Wahlgüterstände:

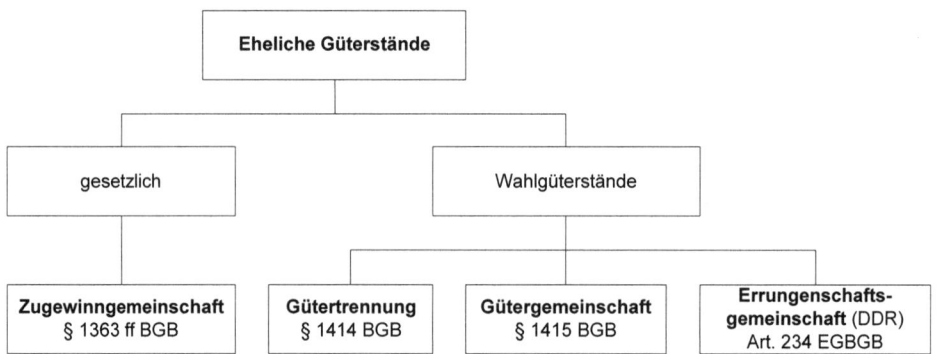

Güterstände

Wirkliche **Bedeutung** besitzen lediglich die **Zugewinngemeinschaft** und die **Gütertrennung**. In der Praxis dominieren Vertragstypen, die **Elemente beider Güterstände kombinieren**, um eine unter erbrechtlichen und

Besonderheiten beim Ehegattenerbrecht

steuerlichen Aspekten optimale Lösung zu erreichen. Das Ineinandergreifen beider Aspekte setzt deren Grundverständnis voraus.

I. Gütertrennung

Bei der Gütertrennung gilt eine strenge Trennung des Vermögens beider Ehegatten sowohl in Bezug auf die Verwaltung als auch auf die Nutzung und Haftung.

Leben die Ehegatten in Gütertrennung, so beträgt der gesetzliche Erbteil des Ehegatten somit lediglich:

— neben Verwandten der ersten Ordnung ein Viertel

— neben Verwandten der zweiten Ordnung und Großeltern die Hälfte, § 1931 BGB

Beispiel

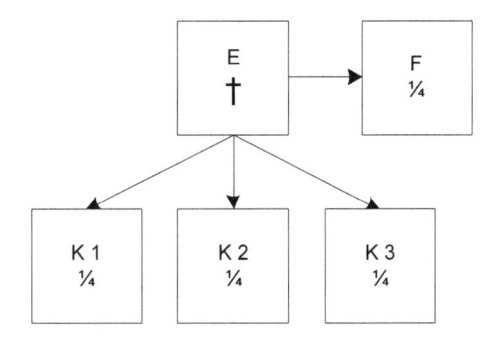

```
        ┌─────┐     ┌─────┐
        │  E  │ ──▶ │  F  │
        │  †  │     │  ¼  │
        └──┬──┘     └─────┘
       ┌───┼───┐
       ▼   ▼   ▼
    ┌────┐┌────┐┌────┐
    │ K1 ││ K2 ││ K3 │
    │ ¼  ││ ¼  ││ ¼  │
    └────┘└────┘└────┘
```

Hinweis

Erbschaftsteuerlich gesehen handelt es sich bei der Gütertrennung i.d.R. um **keinen steuerlich vorteilhaften Güterstand**. Da es hier nicht zu einem Zugewinnausgleich kommt, profitiert der überlebende Ehegatte nicht von der Steuerfreiheit des Zugewinnausgleichsanspruch. Häufig wird daher in der Praxis die sog. **modifizierte Zugewinngemeinschaft** vereinbart, bei der der gesetzliche Güterstand mit der Maßgabe gilt, dass der Zugewinnausgleich ausgeschlossen ist, wenn die Ehe anders als durch Tod endet.

Zum Schutz des Ehegatten hat der Gesetzgeber jedoch eine **Ausnahme** eingeführt: Haben die Ehepartner lediglich ein oder zwei Kinder, so erben der Ehegatte und jedes Kind zu gleichen Teilen, § 1931 Abs. 4 BGB. Dem

Besonderheiten beim Ehegattenerbrecht

liegt die Überlegung zugrunde, dass **der Ehegatte mindestens so viel wie jedes Kind erhalten soll**.

Beispiel

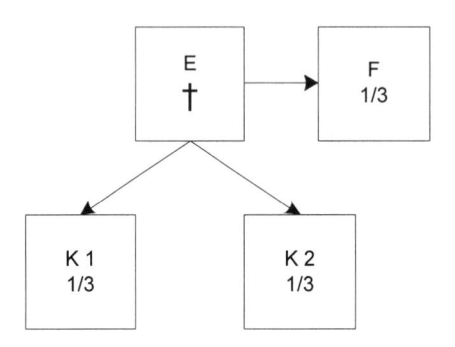

```
        ┌─────┐      ┌─────┐
        │  E  │ ───▶ │  F  │
        │  †  │      │ 1/3 │
        └──┬──┘      └─────┘
          ╱ ╲
         ╱   ╲
    ┌─────┐ ┌─────┐
    │ K 1 │ │ K 2 │
    │ 1/3 │ │ 1/3 │
    └─────┘ └─────┘
```

II. Gütergemeinschaft

fortgesetzte Gütergemeinschaft

Bei der Gütergemeinschaft wird das Vermögen beider Ehegatten gemeinschaftliches Vermögen. Hierbei wird nach **Gesamtgut**, **Vorbehaltsgut** und **Sondergut** unterschieden. Der Nachteil der Gütergemeinschaft besteht darin, dass das Gesamtgut für die Schulden beider Ehegatten haftet, so dass u.U. ein Ehegatte sein ganzes Vermögen für den anderen verlieren kann. Eine Sonderform der Gütergemeinschaft ist die **fortgesetzte Gütergemeinschaft** (§§ 1483 ff BGB), bei der die Eheleute vereinbart haben, dass der Güterstand nicht mit dem Tod eines Ehegatten beendet, sondern mit den gemeinschaftlichen Abkömmlingen fortgeführt werden soll. Da der überlebende Ehegatte bei der Gütergemeinschaft ohnehin schon zur gesamten Hand Miteigentümer des Gesamtgutes ist (§ 1416 Abs. 1 BGB), bedarf es keiner Verbesserung seiner Erbquote.

Erbquoten

– Erbanteil neben Erben erster Ordnung: 1/4

– Erbanteil neben Erben zweiter Ordnung: 1/2

– Erbanteil neben Erben dritter Ordnung: 1/2 + Abkömmlingsanteil

III. Zugewinngemeinschaft

1. Allgemeines

Treffen die Eheleute keine ehevertraglichen Vereinbarungen, so gilt seit 1958 der gesetzliche Güterstand der Zugewinngemeinschaft (§§ 1363 ff BGB). Häufig herrscht die – irrige – Vorstellung vor, es handele sich hier um eine echte **Vermögensgemeinschaft**, so dass die Ehegatten aus haftungsrechtlichen Gründen Gütertrennung vereinbaren. Jedoch begründet der gesetzliche Güterstand der Zugewinngemeinschaft weder eine Gemeinschaft des Eigentums noch der Verwaltung, der Nutzung oder der Haftung.

Das Vermögen des Mannes und das Vermögen der Frau bleiben getrennt. Ein Ehegatte erlangt also durch Eheschließung keinen automatischen Zugriff auf das Vermögen des anderen Ehegatten. Auch haftungsrechtlich bleibt es bei dem Grundsatz, dass jeder Ehegatte nur für die von ihm eingegangenen Verpflichtungen haftet.

keine Vermögensgemeinschaft Trennungsprinzip

Erst bei der **Beendigung des Güterstandes**, die durch den **Tod** eines Ehegatten oder durch andere Umstände wie **Scheidung** der Ehe oder **Vereinbarung eines anderen Güterstandes** erfolgen, wird der Zugewinn beider Ehegatten in der Weise ausgeglichen, dass jeder von ihnen zur Hälfte am Mehrvermögen des anderen teilnimmt. Von daher wäre auch die Bezeichnung „Gütertrennung mit Zugewinnausgleich" berechtigt. In der Praxis findet man häufig eine **modifizierte Form der Zugewinngemeinschaft**, bei der lediglich für den Fall einer **Scheidung** Gütertrennung vereinbart wird, so dass es nur im Todesfalle zu einem Zugewinnausgleich kommt.

Zugewinnausgleich

modifizierte Zugewinngemeinschaft

Der **Zugewinnausgleich** geht von dem gesetzlichen Leitbild einer Ehe als Wirtschaftsgemeinschaft aus und beruht auf der Erwägung, dass beide Ehegatten durch ihre Arbeit zu dem Vermögenszuwachs beigetragen haben oder dass dieser beiden Ehegatten zu gleichen Teilen gebührt, weil einer von ihnen zu Gunsten seiner Tätigkeit im Haushalt auf einen Erwerb verzichtet hat.

gesetzliche Regelung abdingbar

Besonderheiten beim Ehegattenerbrecht

Für die Praxis ist wichtig, dass die Ehegatten durch **Ehevertrag**[9] oder durch **Scheidungsfolgevereinbarung**[10] einzelne VG vom **Zugewinnausgleich ausschließen** können.

Beispiel 1

Die Ehegatten bedingen den Güterstand der Zugewinngemeinschaft für den Fall der Scheidung insoweit ab, als Wertänderungen während des Bestehens der Ehe, die auf Schenkungen, Erbschaften usw. beruhen, gem. § 1374 Abs. 2 BGB außer Ansatz bleiben.

Beispiel 2

Es wird vereinbart, dass im Scheidungsfalle bei der Berechnung des Zugewinns das Haus in X oder die Beteiligung an der Firma Y außer Ansatz bleiben.

2. Erbquoten

Die Höhe der Erbquoten im Falle der Zugewinngemeinschaft richtet sich neben § 1931 auch nach § 1371 BGB.

§ 1371 BGB

pauschale Erhöhung des Erbteils	*„(1) Wird der Güterstand durch den Tod eines Ehegatten beendet, so wird der Ausgleich des Zugewinns dadurch verwirklicht, dass sich der gesetzliche Erbteil des überlebenden Ehegatten um ein Viertel der Erbschaft erhöht; hierbei ist unerheblich, ob die Ehegatten im einzelnen Fall einen Zugewinn erzielt haben.*
güterrechtliche Lösung	*(2) Wird der überlebende Ehegatte nicht Erbe und steht ihm auch kein Vermächtnis zu, so kann er Ausgleich des Zugewinns nach den Vorschriften der §§ 1373 bis 1383, 1390 verlangen; der Pflichtteil des überlebenden Ehegatten oder eines anderen Pflichtteilsberechtigten bestimmt sich in diesem Falle nach dem nicht erhöhten gesetzlichen Erbteil des Ehegatten.*
Ausschlagung	*(3) Schlägt der überlebende Ehegatte die Erbschaft aus, so kann er neben dem Ausgleich des Zugewinns den Pflichtteil auch dann verlangen, wenn dieser ihm nach den erbrechtlichen Bestimmungen*

---

[9] § 1408 BGB
[10] § 1378 Abs. 3 BGB

Besonderheiten beim Ehegattenerbrecht

nicht zustünde; dies gilt nicht, wenn er durch Vertrag mit seinem Ehegatten auf sein gesetzliches Erbrecht oder sein Pflichtteilsrecht verzichtet hat.

(4) ..."

Leben die Ehegatten im gesetzlichen Güterstand – der sog. Zugewinngemeinschaft –, beträgt **der gesetzliche Erbteil**[11] **des Ehegatten** somit:

- neben Verwandten der 1. Ordnung ein Viertel;

- neben Verwandten der 2. Ordnung und Großeltern die Hälfte, § 1931 BGB und

zusätzlich

- erhält der überlebende Ehegatte nach § 1371 Abs. 1 BGB **ein weiteres Viertel** als **pauschalen Zugewinnausgleich**, § 1371 BGB (sog. erbrechtliche Lösung).

Dem liegt die Überlegung zugrunde, dass im Fall der Ehescheidung derjenige Ehegatte, der den geringeren Zugewinn erzielt hat, von dem anderen den Ausgleich der Differenz verlangen kann. Für den Fall der Auflösung der Ehe durch Tod wollte der Gesetzgeber die mit der Berechnung und Geltendmachung des Ausgleichsanspruchs verbundenen Schwierigkeiten vermeiden und hat deshalb die **Pauschalregelung** eingeführt. Sie gilt **unabhängig** davon, **ob überhaupt** ein **Zugewinn entstanden ist** oder der überlebende Ehegatte ihn gehabt hätte.

---

[11] Das gesetzliche Ehegattenerbrecht entfällt gem. § 1933 BGB bei
(1) Vorliegen der Voraussetzungen für die Scheidung der Ehe
(2) rechtshängigem Scheidungsantrag des Erblassers bzw. seiner Zustimmung zur Scheidung.

Besonderheiten beim Ehegattenerbrecht

Beispiel 1

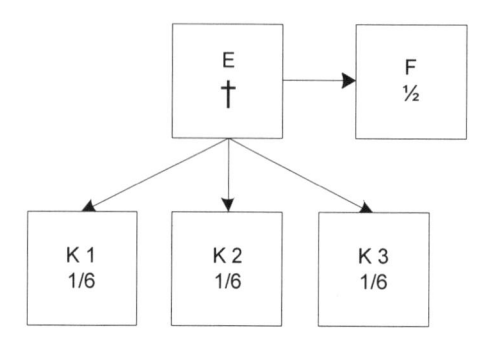

```
        ┌─────┐      ┌─────┐
        │  E  │ ───► │  F  │
        │  †  │      │ ½   │
        └──┬──┘      └─────┘
     ┌─────┼─────┐
     ▼     ▼     ▼
  ┌────┐ ┌────┐ ┌────┐
  │ K1 │ │ K2 │ │ K3 │
  │1/6 │ │1/6 │ │1/6 │
  └────┘ └────┘ └────┘
```

Beispiel 2

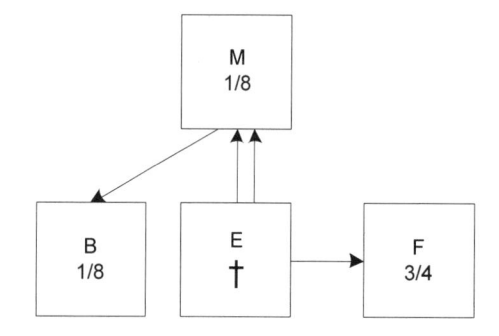

```
              ┌─────┐
              │  M  │
              │ 1/8 │
              └──▲──┘
                 │
      ┌─────┐ ┌──┴──┐  ┌─────┐
      │  B  │◄│  E  │─►│  F  │
      │ 1/8 │ │  †  │  │ 3/4 │
      └─────┘ └─────┘  └─────┘
```

Hinweis

Die weitläufig verbreitete Vorstellung, dass bei kinderloser Ehe der überlebende Ehepartner allein erbt, trifft also nicht zu.

a) Erbanteil bei der erbrechtlichen Lösung

erbrechtlicher Zugewinnausgleich

Das BGB kennt zur Durchführung des Zugewinnausgleichs zwei unterschiedliche Wege. Bei der vorstehend dargestellten sog. **erbrechtlichen Lösung** (§ 1371 Abs. 1 BGB) wird der Ausgleich des Zugewinns **schematisch** und **pauschal** in der Weise verwirklicht, dass sich der gesetzliche Erbteil des überlebenden Ehegatten um ein Viertel der Erbschaft erhöht (**sog. großer Pflichtteil**). Diese erbrechtliche Regelung greift ein, unabhängig davon, ob ein Zugewinn erzielt worden ist oder nicht (§ 1371 Abs. 1 2. HS BGB).

So erbt etwa die überlebende Ehefrau als gesetzliche Erbin nach §§ 1931, 1371 Abs. 1 BGB neben Abkömmlingen des Erblassers bei einem Nachlass von 600.000 EUR 300.000 EUR, unabhängig davon, ob die 600.000 EUR

Besonderheiten beim Ehegattenerbrecht

ganz oder z.T. Zugewinn des verstorbenen Ehemannes darstellen und wie hoch ihr eigener erzielter Zugewinn während des Bestehens der Ehe ist.

Beispiel 1

Ehemann M stirbt und hinterlässt seine Ehefrau F und zwei Kinder A und B. Die Eheleute lebten im gesetzlichen Güterstand der Zugewinngemeinschaft; ein Testament liegt nicht vor.

F erbt neben den Verwandten der ersten Ordnung (A und B) gem. § 1931 Abs. 1 BGB zu ¼ und gem. § 1371 Abs. 1 BGB erhöht sich ihr gesetzlicher Erbteil (= 1/4) um ein weiteres Viertel auf 1/2 des gesamten Nachlasses. Die Kinder A und B erben also die zweite Hälfte des Nachlasses je zur Hälfte.

Beispiel 2

Der kinderlose Erblasser M hinterlässt seine Ehefrau F, seine Eltern A und B sowie seinen Bruder C.

F erbt gem. § 1931 Abs. 1 BGB neben Verwandten der zweiten Ordnung (Eltern und Bruder des Erblassers) zu 1/2 und gem. § 1371 Abs. 1 BGB ein weiteres Viertel, insgesamt also zu ¾. Die Eltern A und B erben das restliche Viertel zu je 1/2; C erbt nichts, solange seine Eltern A und B noch leben (§ 1925 Abs. 2 BGB).

b) Erbanteil bei der güterrechtlichen Lösung

Die **sog. güterrechtliche Regelung** gem. § 1371 Abs. 2 BGB greift ein, wenn der überlebende Ehegatte nicht Erbe und auch nicht Vermächtnisnehmer ist oder wenn er die Erbschaft ausgeschlagen hat. Hier kann der überlebende Ehegatte zum einen den **effektiven Zugewinnausgleich** nach den §§ 1373 ff BGB verlangen, darüber hinaus aber auch noch den Pflichtteilsanspruch gem. § 1371 Abs. 2 2. HS BGB geltend machen (**sog. kleiner Pflichtteil**). Die güterrechtliche Losung gilt darüber hinaus für Fälle, in denen der Güterstand nicht durch den Tod beendet wird (z. B. in **Scheidungsfällen**).

güterrechtlicher Zugewinnausgleich

Beispiel

Erblasser M hat ein Testament hinterlassen, in dem er seine beiden Kinder A und B zu Alleinerben bestimmt hat; seine Ehefrau F soll nicht Erbin werden.

Besonderheiten beim Ehegattenerbrecht

Hier greift nicht die erbrechtliche Regelung des § 1371 Abs. 1 neben § 1931 BGB ein, sondern allein die güterrechtliche Regelung des § 1371 Abs. 2 BGB mit der Folge: F kann nur den effektiven Zugewinnausgleich verlangen und darüber hinaus den (kleinen) Pflichtteil geltend machen.

Das Gesetz räumt damit dem überlebenden Ehegatten bei der Beendigung des Güterstands der Zugewinngemeinschaft erhebliche Gestaltungsmöglichkeiten ein. Je nach Wahl (erbrechtliche oder güterrechtliche Lösung) können sich deutliche Unterschiede in der Höhe des ererbten Vermögens ergeben.

Beispiel

Erblasser M hinterlässt ein Vermögen im Wert von 1 Mio. EUR bei einem Anfangsvermögen von 100.000 EUR. Er hinterlässt ein Kind A sowie seine Ehefrau F. Ein Testament ist nicht vorhanden. F möchte wissen, ob für sie die erbrechtliche oder aber die güterrechtliche Lösung vorteilhafter ist. Sie selbst hat während der Ehe keinen Zugewinn erzielt.

Besteuerungsunterschiede

Ergebnis bei güterrechtlicher Lösung

F kann die güterrechtliche Lösung gem. § 1371 Abs. 3 BGB in Anspruch nehmen, wenn sie die Erbschaft ausschlägt. Da sie selbst keinen Zugewinn während der Ehe erzielt hat, steht ihr ein Zugewinnausgleichsanspruch (Geldanspruch) gem. § 1378 BGB i.H.v. 450.000 EUR zu. Daneben erhält sie einen Pflichtteilsanspruch i.H.v. 1/8 (1/2 von 1/4 gem. § 2303 Abs. 1 i.V.m. §§ 1371 Abs. 3, 1931 Abs. 1 BGB) des vererbbaren Vermögens.

Da das vererbbare Vermögen nach Abzug des Zugewinnausgleichsanspruchs 550.000 EUR beträgt, ergibt sich somit

	EUR
Zugewinnausgleich	450.000
Pflichtteilsanspruch	
(1/8 von 550.000 EUR)	68.750
	518.750

Ergebnis bei erbrechtlicher Lösung

Schlägt F hingegen die Erbschaft nicht aus, bleibt es bei der erbrechtlichen Lösung des § 1931 Abs. 1 i.V.m. § 1371 Abs. 1 BGB. F erbt neben dem Kind A (Erbe erster Ordnung) 1/4 + 1/4 des vererbbaren Vermögens i.H.v. 1 Mio. EUR.

Daraus ergibt sich
Erbanteil 500.000 EUR (1/2 von 1 Mio. EUR)

Besonderheiten beim Ehegattenerbrecht

Folglich kann F nur angeraten werden, die Erbschaft auszuschlagen, so dass es zum Ausgleich des Zugewinns durch die güterrechtliche Lösung kommt.

Hinweis

Die güterrechtliche Lösung ist umso vorteilhafter für den überlebenden Ehegatten, je höher der effektive Zugewinnausgleichsanspruch ist. Hingegen ist die erbrechtliche Lösung stets vorzuziehen, wenn der verstorbene Ehegatte während der Ehe keinen Zugewinn erzielt hat.

3. Ermittlung des Zugewinns

Bei der Berechnung des Zugewinnausgleichs gem. §§ 1373 ff BGB sind folgende Grundsätze zu beachten:

- Das Anfangs- und Endvermögen eines jeden Ehegatten wird gegenübergestellt, und zwar grds. mit den Verkehrswerten, bei LuF hingegen Ansatz mit dem Ertragswert.

- Verbindlichkeiten sind nur bis zur Höhe des Vermögens abzugsfähig; es gibt also **keinen negativen Wert des Anfangsvermögens**.

- **Schenkungen** und **Erbschaften**, die einem Ehegatten während der Ehe anfallen, stellen im Grundsatz keine ausgleichspflichtigen Vermögensmehrungen dar und nehmen deshalb (anders etwa als ein während der Ehe erzielter Lottogewinn) nicht am Zugewinnausgleich teil. Sie werden daher dem Anfangsvermögen hinzugerechnet, § 1374 Abs. 2 BGB. Wertsteigerungen dieser Gegenstände während der Ehe unterfallen jedoch dem Zugewinnausgleich.

Beispiel

Bei Eheschließung verfügten M und F über kein Anfangsvermögen. Endvermögen (= Zugewinn) des M: 500.000 EUR, Endvermögen (= Zugewinn) der F 100.000 EUR. Der Zugewinnausgleichsanspruch der F beläuft sich auf 200.000 EUR (500.000 EUR - 100.000 EUR = 400.000 EUR, davon die Hälfte).

Variante 1

M erbt während der Ehe ein Haus mit einem Verkehrswert von 500.000 EUR. Anfangsvermögen des M 500.000 EUR. Endvermögen (bei fehlender Wertsteigerung des Hauses) 1 Mio. EUR. Zugewinn des M weiterhin 500.000 EUR. Der Zugewinnausgleichsanspruch der

Besonderheiten beim Ehegattenerbrecht

F hat sich nicht verändert.

Variante 2

Der Wert des Hauses des M ist während der Ehezeit um 100.000 EUR gestiegen. Anfangsvermögen des M 500.000 EUR. Endvermögen 1.100.000 EUR. Zugewinn 600.000 EUR. Zugewinnausgleichsanspruch der F 250.000 EUR (600.000 EUR - 100.000 EUR = 500.000 EUR, davon die Hälfte).

– Zugewinn ist nur der **echte Wertzuwachs**. Der **Kaufkraftschwund** ist nach folgender Formel herauszurechnen:

$$\text{anzusetzendes Anfangsvermögen} = \frac{\text{Wert d. Anfangsvermögens x Lebenshaltungskostenindex bei Ende d. Güterstandes}}{\text{Lebenshaltungskostenindex bei Beginn des Güterstandes}}$$

Der so ermittelte Wert für das Anfangsvermögen wird sodann von dem Wert des Endvermögens abgezogen und ergibt den **realen Zugewinn**. Wird der Kaufkraftschwund berücksichtigt, muss er bei allen WG und bei beiden Ehegatten ermittelt werden.

gesetzliche Fiktion des § 1377 Abs. 3 BGB

Haben die Eheleute ihr Anfangsvermögen in einem Verzeichnis festgehalten (**sog. Anfangsverzeichnis**), so wird dieses zugrunde gelegt. Fehlt ein solches Verzeichnis (was der Regelfall ist), wird gem. § 1377 Abs. 3 BGB vermutet, dass das Endvermögen eines Ehegatten seinen Zugewinn darstellt. Diese Vermutung ist allerdings widerlegbar, z.B. durch Grundbuchauszüge, Vorlage älterer JÄ, Vermögensaufstellungen, etc.

Hinweis

Vermögensaufstellung vorteilhaft

Die Anfertigung einer **detaillierten Vermögensaufstellung bei Eheschließung** vermeidet Streitigkeiten bei Beendigung der Zugewinngemeinschaft im Scheidungsfall.

D. Güterstandswahl und ihre Konsequenzen

I. Erbschaftsteuerrecht

Bei der **ErbSt** lösen weder die Gütertrennung noch die Begründung des gesetzlichen Güterstands der Zugewinngemeinschaft erbschaftsteuerliche oder schenkungsteuerliche Folgen aus. Erbschaftsteuerliche Auswirkungen ergeben sich erst bei **Beendigung der Zugewinngemeinschaft**.

keine ErbSt bei Begründung der Zugewinngemeinschaft

Die **Erfüllung** eines **Zugewinnausgleichsanspruches** nach § 1378 BGB **zu Lebzeiten** führt grds. nicht zu einem stpfl. Erwerb i.S.d. § 7 ErbStG, weil in der Erfüllung einer gesetzlichen Forderung **keine freigebige Zuwendung** an den anspruchsberechtigten Ehegatten liegen kann.[12] Soweit § 5 Abs. 2 ErbStG dies klarstellt, hat er nur deklaratorische Bedeutung.[13]

Steuerfreiheit

Bei Beendigung der Zugewinngemeinschaft **im Todesfall** ergeben sich unterschiedliche erbschaftsteuerliche Rechtsfolgen, je nachdem, ob die **erbrechtliche Regelung** (§ 5 Abs. 1 ErbStG) oder die **güterrechtliche Regelung** (§ 5 Abs. 2 ErbStG) zur Anwendung kommt.

§ 5 ErbStG

„(1) Wird der Güterstand der Zugewinngemeinschaft (§ 1363 des Bürgerlichen Gesetzbuchs) durch den Tod eines Ehegatten beendet und der Zugewinn nicht nach § 1371 Abs. 2 des Bürgerlichen Gesetzbuchs ausgeglichen, gilt beim überlebenden Ehegatten der Betrag, den er nach Maßgabe des § 1371 Abs. 2 des Bürgerlichen Gesetzbuchs als Ausgleichsforderung geltend machen könnte, nicht als Erwerb im Sinne des § 3. Bei der Berechnung dieses Betrags bleiben von den Vorschriften der §§ 1373 bis 1383 und 1390 des Bürgerlichen Gesetzbuchs abweichende güterrechtliche Vereinbarungen unberücksichtigt. Die Vermutung des § 1377 Abs. 3 des Bürgerlichen Gesetzbuchs findet keine Anwendung. Wird der Güterstand der Zugewinngemeinschaft durch Ehevertrag vereinbart, gilt als Zeitpunkt des Eintritts des Güterstandes (§ 1374 Abs. 1 des Bürgerlichen Gesetzbuchs) der Tag des Vertragsabschlusses. Soweit der Nachlass des

---

[12] Vgl. *Viskorf*, NWB Fach 10, 1250
[13] BFH-Urt. v. 10.3.1993 – II R 87/91, BStBl II 1993, 510

Güterstandswahl und ihre Konsequenzen

Erblassers bei der Ermittlung des als Ausgleichsforderung steuerfreien Betrags mit einem höheren Wert als dem nach den steuerlichen Bewertungsgrundsätzen maßgebenden Wert angesetzt worden ist, gilt höchstens der dem Steuerwert des Nachlasses entsprechende Betrag nicht als Erwerb im Sinne des § 3.

erbrechtliche Regelung
güterrechtliche Regelung

(2) Wird der Güterstand der Zugewinngemeinschaft in anderer Weise als durch den Tod eines Ehegatten beendet oder wird der Zugewinn nach § 1371 Abs. 2 des Bürgerlichen Gesetzbuchs ausgeglichen, so gehört die Ausgleichsforderung (§ 1378 des Bürgerlichen Gesetzbuchs) nicht zum Erwerb im Sinne der §§ 3 und 7."

Zur Regelungssystematik des § 5 ErbStG ist Folgendes anzumerken:

ehevertragliche Modifikationen irrelevant Freibetrag

§ 5 Abs. 1 ErbStG betrifft die Fälle, in denen der **Ehegatte** kraft gesetzlicher Erbfolge oder testamentarischer **Anordnung Erbe und/oder Vermächtnisnehmer** wird. Es handelt sich um einen **echten Freibetrag**, der den Fall des sog. **erbrechtlichen Ausgleichs** regelt. In diesen Fällen ist grds. der Teil von dem Erwerb des überlebenden Ehegatten freizustellen, der seinem fiktiven Ausgleichsanspruch im Falle der Scheidung entsprechen würde. Hierbei gelten jedoch **zwei Besonderheiten**: Zum einen wird nach § 5 Abs. 1 S. 5 ErbStG die nach zivilrechtlichen Vorschriften ermittelte Zugewinnausgleichsforderung im Verhältnis des Steuerwertes des Nachlasses zu dessen Verkehrswert gekürzt. Zum anderen sind **ehevertragliche Modifikationen** hierbei **irrelevant**, so dass der Freibetrag nach dem gesetzlichen Regelungsmodell des BGB errechnet wird.

§ 5 Abs. 2 ErbStG regelt demgegenüber die Fälle, in denen die Zugewinnausgleichsforderung **unter Lebenden** ausgeglichen wird oder im **Todesfall** der überlebende Ehepartner **weder Erbe noch Vermächtnisnehmer** wird. Bei dieser sog. **güterrechtlichen** Lösung handelt es sich nicht um einen Freibetrag, sondern (nur) um eine **gesetzliche Klarstellung**. Für diesen Ausgleichsbetrag ist ein Abzug als Nachlassverbindlichkeit mit dem (vollen) Nennwert nach § 10 Abs. 5 ErbStG i.R.d. ErbSt-Veranlagung möglich. **Ehevertragliche Modifikationen** sind hierbei allerdings **zu beachten**.

Güterstandswahl und ihre Konsequenzen

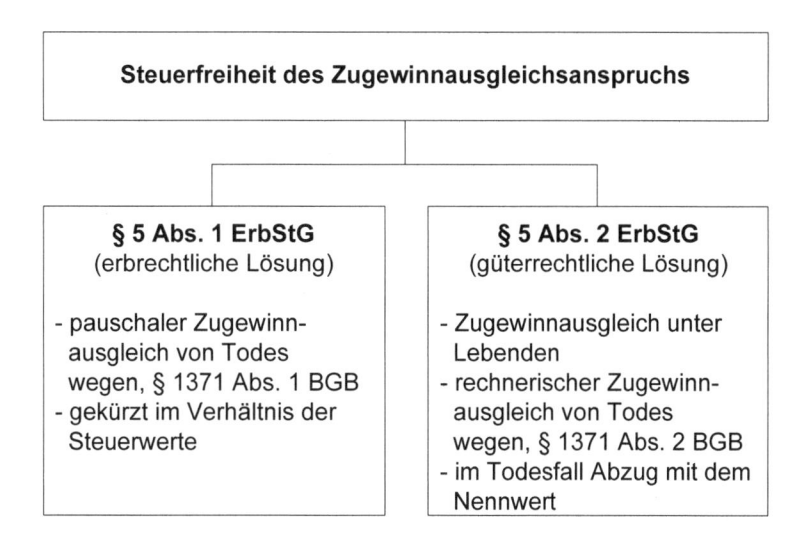

```
                Steuerfreiheit des Zugewinnausgleichsanspruchs
                ┌─────────────────────────┬─────────────────────────┐
                § 5 Abs. 1 ErbStG                § 5 Abs. 2 ErbStG
                (erbrechtliche Lösung)           (güterrechtliche Lösung)

        - pauschaler Zugewinn-           - Zugewinnausgleich unter
          ausgleich von Todes              Lebenden
          wegen, § 1371 Abs. 1 BGB       - rechnerischer Zugewinn-
        - gekürzt im Verhältnis der        ausgleich von Todes
          Steuerwerte                      wegen, § 1371 Abs. 2 BGB
                                         - im Todesfall Abzug mit dem
                                           Nennwert
```

Hinweis

Der **Zugewinnausgleich** ist somit neben dem besonderen Steuerbefreiungstatbestand des § 13 Abs. 1 Nr. 4a ErbStG (Übertragung des selbst bewohnten EFH) eines der wenigen **Gestaltungsmittel im SchSt-Recht**, die speziell **Ehegatten vorbehalten** sind.

1. Erbrechtliche Lösung, § 5 Abs. 1 ErbStG

Das ErbStG folgt hinsichtlich der Ermittlung der Ausgleichsforderung nicht dem Zivilrecht. Während sich dort der gesetzliche Erbteil des überlebenden Ehegatten mit Rücksicht auf den Zugewinnausgleich **pauschal** um 1/4 der Erbschaft erhöht (§ 1371 Abs. 1 BGB), ist erbschaftsteuerfrei nach § 5 Abs. 1 S. 1 ErbStG nur der gem. §§ 1373 ff BGB **tatsächlich erzielte** Zugewinnausgleich. Dies erfordert eine **fiktive Berechnung** der Zugewinnausgleichsforderung des überlebenden Ehegatten auf den Todestag des verstorbenen Ehegatten. Von einer Berechnung der fiktiven Ausgleichsforderung sieht die FinVerw ab, wenn abzusehen ist, dass der Erwerb des überlebenden Ehegatten einschl. etwaiger Vorschenkungen die persönlichen Freibeträge nicht überschreiten wird.[14] Für ErbSt-Zwecke wird also der Zugewinn so berechnet, als ob der überlebende Ehegatte nicht Erbe geworden wäre, wobei allerdings Steuerwerte anzusetzen sind (§ 5 Abs. 1 S. 5 ErbStG).

Bagatellgrenze

---

[14] R E 5.1 Abs. 1 ErbStR 2011

Güterstandswahl und ihre Konsequenzen

Beispiel

Erblasser E hinterlässt seine Frau F sowie zwei Töchter. Der Steuerwert seines Nachlasses beträgt 2 Mio. EUR. Bei Begründung des gesetzlichen Güterstandes betrug das Anfangsvermögen des E 1.600.000 EUR. Das Anfangsvermögen der F belief sich auf 200.000 EUR, ihr Endvermögen beträgt 600.000 EUR. Es gilt gesetzliche Erbfolge.

	E	F	Ausgleichsanspruch
Anfangsvermögen	1.600.000	200.000	
Endvermögen	2.000.000	600.000	
Zugewinn	400.000	400.000	0

Der Zugewinn des E und der F ist in beiden Fällen identisch (400.000 EUR). F hat daher keinen Anspruch auf einen Zugewinnausgleich. F wird Erbin zu ½ (1/4 gem. § 1931 Abs. 1 S. 1 BGB + ¼ gem. § 1371 Abs. 1 BGB) = 1.000.000 EUR. Die beiden Kinder erben je zu ¼ (§ 1924 BGB) = je 500.000 EUR. Der Erwerb der F ist voll stpfl. § 5 Abs. 1 ErbStG ist nicht anwendbar, weil kein effektiver Zugewinnausgleichsanspruch der F besteht. Dem steht nicht entgegen, dass sich ihr Erbteil pauschal um ¼ gem. § 1371 Abs. 1 BGB erhöht hat.

Variante

Das Anfangsvermögen des E beträgt 0 EUR.

	E	F	Ausgleichsanspruch
Anfangsvermögen	0	200.000	
Endvermögen	2.000.000	600.000	
Zugewinn	2.000.000	400.000	800.000

E hat jetzt einen Zugewinn i.H.v. 2 Mio. EUR erzielt, F wie bisher 400.000 EUR. Da F bei effektivem Zugewinnausgleich einen Ausgleichsanspruch i.H.v. 800.000 EUR (½ v. 1.600.000 EUR) hätte, sind von ihrem Erbanteil i.H.v. 1.000.000 EUR 800.000 EUR gem. § 5 Abs. 1 ErbStG steuerfrei, ihr restlicher Erbanteil bleibt nach Abzug ihres Freibetrags (16 Abs. 1 Nr. 1 ErbStG) steuerfrei.

Die **gesetzliche Fiktion des § 1377 Abs. 3 BGB**, wonach angenommen wird, dass bei fehlendem Anfangverzeichnis das Endvermögen eines Ehegatten seinen Zugewinn darstellt, **gilt** für erbschaftsteuerliche Zwecke **nicht**.

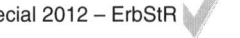

Güterstandswahl und ihre Konsequenzen

Neu ist, dass entsprechend der Änderung des BGB in §§ 1374, 1375 Abs.1 BGB durch das Gesetz zur Änderung des Zugewinnausgleichs- und Vaterschaftsrechts[15] auch **negatives Vermögen** beim Zugewinnausgleich **zu berücksichtigen** ist.[16]

Befindet sich nach §§ 13, 13a oder 13c ErbStG begünstigtes Vermögen im Nachlass, ist es in die Berechnung des Ausgleichsbetrages mit seinem Steuerwert vor Abzug der sachlichen Steuerbefreiungen einzubeziehen (Bruttowert).[17]

Insb. bei längerer Ehedauer dürfte der Zugewinn (also die Differenz zwischen Anfangs- und Endvermögen) häufig auf **inflationsbedingten Werterhöhungen** beruhen. Auch steuerlich ist der Wert des Anfangsvermögens dem Wertniveau im Zeitpunkt des Todes des vorverstorbenen Ehegatten nach dem Verbraucherpreisindex anzupassen.[18]

inflationsbedingte Korrektur des Anfangsvermögens

Beispiel

Erblasser E verstirbt im Dezember 2011 (Endvermögen 3 Mio. EUR, Verbraucherpreisindex 110,7). Sein Anfangsvermögen bei Eheschließung im Jahre 1991 (Verbraucherpreisindex 75,9) betrug 500.000 EUR.

Der um die Inflation bereinigte Wert seines Anfangsvermögens berechnet sich wie folgt:

$$\frac{500.000 \text{ EUR} \times 110,7}{75,9} = 729.249 \text{ EUR}$$

Der inflationsbereinigte Zugewinn des E beträgt nur noch 2.270.750 EUR. Hiervon steht seiner Ehefrau statt nominal 1,25 Mio. EUR nur noch die Hälfte von 2.270.750 EUR (= 1.135.375 EUR) steuerfrei zu.

---

[15] BGBl I 2009, 1696
[16] R E 5.1 Abs. 2 S. 4 ErbStR 2011
[17] R E 5.1 Abs. 5 S. 3 ErbStR 2011
[18] R E 5.1 Abs. 2 S. 4 ErbStR 2011

Güterstandswahl und ihre Konsequenzen

a) Begrenzung der fiktiven Ausgleichsforderung, § 5 Abs.1 S. 5 ErbStG

Die **fiktive Ausgleichsforderung** nach § 5 Abs. 1 S. 1 - 4 ErbStG wird durch Satz 5 **der Höhe nach begrenzt**. Soweit der Nachlass des Erblassers bei der Ermittlung der Ausgleichsforderung mit einem Wert anzusetzen ist, der über dem Steuerwert liegt, ist höchstens der dem Steuerwert des Nachlasses entsprechende Teilbetrag der Ausgleichsforderung abzugsfähig.[19] Der Gesetzgeber wollte damit verhindern, dass der steuerliche Wert des Erwerbs um eine an den Verkehrswerten orientierte und daher unangemessen hohe Ausgleichsforderung gemindert wird.[20]

Verhältnisrechnung erforderlich

$$\frac{\text{fiktive Ausgleichsforderung} \times \text{Steuerwert des Nachlasses}}{\text{Verkehrswert des Nachlasses}}[21]$$

b) Anrechnung von Vorschenkungen

Anrechnung von Vorschenkungen

Häufig kommt es vor, dass sich Eheleute zu Lebzeiten etwas schenkweise zuwenden. Soweit es sich hierbei um Schenkungen handelt, die den Wert von Gelegenheitsgeschenken übersteigen, geht der Gesetzgeber davon aus, dass diese – für den Fall, dass der Beschenkte bei Beendigung des Güterstandes ausgleichsberechtigt ist – quasi als **Vorauszahlung auf die spätere Ausgleichsforderung** angerechnet werden, § 1380 Abs. 1 BGB. Zivilrechtlich wird das verschenkte Vermögen dem Zugewinn des Schenkers hinzu- und vom Zugewinn des Empfängers abgerechnet, § 1380 Abs. 2 BGB. Auf die danach ermittelte Ausgleichsforderung ist der Wert der Zuwendung anzurechnen.

Beispiel

Der verstorbene M hatte F vor 9 Jahren Vermögen mit einem Verkehrswert von 500.000 EUR geschenkt. Hiervon sind im Endvermögen der F noch 300.000 EUR vorhanden. Der Zugewinn des M während der Ehe beläuft sich auf 2.2 Mio. EUR, der der F auf 700.000 EUR.

---

[19] R E 5.1 Abs. 5 S. 4 ErbStR 2011
[20] Vgl. *Moench*, ErbStG, § 5 Rz 46
[21] Mit der Aufgabe der Grundsätze der gemischten Schenkung und Einführung der Einheitstheorie hat die Vorschrift ihren Sinn allerdings weitestgehend verloren, vgl. R E 7.4 ErbStR 2011

Güterstandswahl und ihre Konsequenzen

Erhöhter Zugewinn des M (2.200.000 EUR + 500.000 EUR) = 2.700.000 EUR

Verminderter Zugewinn der F (700.000 EUR - 300.000 EUR) = 400.000 EUR

Fiktive Ausgleichsforderung der F

1/2 von (2.700.000 EUR - 400.000 EUR) =	1.150.000 EUR
hiervon abzuziehen Wert der Schenkung	./. 500.000 EUR
verbleibende fiktive Ausgleichsforderung	650.000 EUR

Nach § 5 Abs. 1 S. 5 ErbStG ist diese steuerfrei entsprechend dem Verhältnis des Steuerwerts des Endvermögens des M zu dessen Verkehrswerten.

Soweit die ursprüngliche Schenkung von M an F besteuert worden ist, **erlischt** der Steueranspruch **rückwirkend** analog § 29 Abs. 1 Nr. 3 ErbStG. Der ursprüngliche SchSt-Bescheid ist gem. § 175 Abs. 1 S. 1 Nr. 2 AO aufzuheben.[22]

rückwirkende Aufhebung der Besteuerung

c) Keine rückwirkende Vereinbarung gem. § 5 Abs. 1 S. 4 ErbStG

Ehegatten können den Güterstand der Gütertrennung jederzeit aufheben und **zivilrechtlich** den Güterstand der Zugewinngemeinschaft **rückwirkend** vereinbaren. **Steuerrechtlich** wird dies i.R.d. erbrechtlichen Lösung seit der Neufassung des § 5 Abs. 1 S. 4 ErbStG durch das StMBG **nicht mehr anerkannt**. Damit sind alle Vereinbarungen, in denen der Güterstand der Zugewinngemeinschaft rückwirkend begründet wurde, erbschaftsteuerlich in den Fällen unwirksam, in denen die ErbSt nach dem 31.12.1993 entstanden ist. Seit 1994 gilt bei der Vereinbarung der Zugewinngemeinschaft durch Ehevertrag für alle nach dem 1.7.1958 geschlossenen Ehen als Zeitpunkt des Eintritts des Güterstandes der **Tag des Vertragsabschlusses**. Für zuvor geschlossene Ehen ist der 1.7.1958 der Stichtag, für im Beitrittsgebiet geschlossene Ehen der 3.10.1990.[23]

Gesetzesverschärfung seit 1994

---

[22] R E 5.1 Abs. 6 ErbStR 2011
[23] R E 5.1 Abs. 3 ErbStR 2011

Beispiel

Die Eheleute M und F lebten seit ihrer Eheschließung in 1975 im Güterstand der Gütertrennung. In 1997 vereinbarten sie ehevertraglich rückwirkend auf den Zeitpunkt ihrer Eheschließung den Güterstand der Zugewinngemeinschaft. M stirbt Anfang 2012. Sein Endvermögen betrug zu diesem Zeitpunkt 2 Mio. EUR. Am Tag der Änderung des Güterstandes belief sich sein Endvermögen auf 1 Mio. EUR. Das Anfangsvermögen der Eheleute betrug 0 EUR.

Wäre M kurz nach Abschluss des Ehevertrages in 1997 verstorben, hätte F **zivilrechtlich** ein Zugewinnausgleichsanspruch i.H.v. 500.000 EUR zugestanden, der allerdings infolge der fehlenden steuerlichen Anerkennung der Rückwirkung nicht gem. § 5 Abs. 1 ErbStG steuerbefreit gewesen wäre. Am Todestag des M in 2012 beträgt ihr Zugewinnausgleichsanspruch 1 Mio. EUR (Endvermögen des M: 2 Mio. EUR - Anfangsvermögen: 0 EUR = 2 Mio. EUR, davon die Hälfte). Hiervon ist aber nur der Teil des Ausgleichsanspruchs steuerbefreit, der auf den Zeitraum nach Abschluss des Ehevertrages entfällt (1997 bis 2012) = 500.000 EUR (§ 5 Abs. 1 S. 4 ErbStG).

2. Güterrechtliche Lösung, § 5 Abs. 2 ErbStG

Die güterrechtliche Lösung greift ein, wenn der **Güterstand zu Lebzeiten der Eheleute beendet** wird (§ 1372 BGB, z.B. durch Scheidung). Sie findet darüber hinaus im Todesfall gem. § 1371 Abs. 2 BGB Anwendung, wenn der überlebende **Ehegatte nicht Erbe** und auch **nicht Vermächtnisnehmer** wird, weil er die Erbschaft ausgeschlagen hat oder von der Erbfolge testamentarisch ausgeschlossen wurde. Die nach der güterrechtlichen Lösung ermittelte **Ausgleichsforderung** wird gem. § 5 Abs. 2 ErbStG **nicht besteuert**.

Steuerfreiheit der güterrechtlichen Ausgleichsforderung

§ 5 Abs. 2 ErbStG enthält **nicht** die in Abs. 1 der Vorschrift geregelten **Einschränkungen**. Demgemäß sind hier **abweichende güterrechtliche Vereinbarungen** ebenso zu beachten wie die **gesetzliche Vermutung des § 1377 Abs. 3 BGB** (Identität zwischen Endvermögen und Zugewinn bei fehlendem Anfangsverzeichnis). Gleichermaßen findet keine Begrenzung der Forderung nach dem Verhältnis des Verkehrswerts zum Steuerwert wie in § 5 Abs. 1 S. 5 ErbStG statt.

erweiterter Anwendungsbereich des Abs. 2

Hinweis

Sollten ungeachtet der Reform der Bewertung Differenzen zwischen dem Steuerwert und dem Verkehrswert des Nachlasses bestehen, ergibt sich ein doppelter Steuervorteil: Der überlebende Ehegatte erhält die nach dem Verkehrswert bemessene Ausgleichsforderung erbschaftsteuerfrei, die Miterben hingegen können die Ausgleichsforderung als Nachlassverbindlichkeit i.v.H. gem. § 10 Abs. 5 Nr. 1

Güterstandswahl und ihre Konsequenzen

ErbStG von ihrem Erwerb abziehen. Die Indexierung des Anfangsvermögens ist allerdings auch bei der güterrechtlichen Lösung vorzunehmen.

a) Vereinbarung eines vorzeitigen Zugewinnausgleichs

Gem. § 5 Abs. 2 ErbStG handelt es sich bei der zu Lebzeiten der Eheleute entstehenden güterrechtlichen Zugewinnausgleichsforderung nicht um einen steuerbaren Erwerb, wenn der Güterstand der Zugewinngemeinschaft beendet wird. Dies ist **im Falle der Scheidung der Zeitpunkt der Rechtskraft des Scheidungsurteils**.

Beendigungszeitpunkt bei Scheidung

Daneben sieht das Familienrecht aber auch die Möglichkeit vor, einen **vorzeitigen Zugewinnausgleich** gegen den Willen des anderen Ehepartners zu erzwingen. Das sind Fälle, in denen die Ehegatten mindestens seit drei Jahren getrennt gelebt haben, § 1385 BGB, oder ein Ehegatte die sich aus dem ehelichen Verhältnis ergebenden wirtschaftlichen Verpflichtungen längere Zeit nicht erfüllt hat, § 1386 BGB. Dann wird die Zugewinngemeinschaft **kraft Gesetzes** mit der **Rechtskraft des Urteils beendet**, so dass § 5 Abs. 2 ErbStG Anwendung findet.

Zugewinnausgleich gegen den Willen des Ehepartners

Daneben kann der Güterstand der Zugewinngemeinschaft auch **freiwillig** durch Abschluss eines **notariellen Ehevertrages** beendet werden. Wird der sich hierbei ergebende Zugewinn ausgeglichen, fällt **keine SchSt** an.

b) Güterstandsschaukel

Problematisch waren lange Zeit Fälle, in denen die Ehegatten nicht nur unter Ausgleich des Zugewinns aus der Zugewinngemeinschaft in die Gütertrennung wechselten, sondern kurz darauf wieder in die Zugewinngemeinschaft zurückwechselten (sog. „Güterstandsschaukel").

Fall[24]

M und F schlossen am 20.12.1991 einen Ehevertrag, in dem sie die Beendigung des Güterstandes der Zugewinngemeinschaft mit Ablauf desselben Tages vereinbarten. Zugleich begründeten sie mit Beginn des auf den Vertragsschluss folgenden Tages erneut den Güterstand der Zugewinngemeinschaft. Den bis zu diesem Tag entstandenen und auszugleichenden Zugewinn berechneten die Ehegatten im Einzelnen und stellten die Zugewinnausgleichsforderung der F betragsmäßig fest. Die Ausgleichsforderung

---

[24] Nach BFH-Urt. v. 12.7.2005 – II R 29/02, BStBl II 2005, 843, DStR 2005, 1772

wurde „grds." bis zum Tod des M gestundet und war vom Zeitpunkt ihrer Entstehung an mit 1,5 % zu verzinsen. Das jeweilige Anfangsvermögen für den neuerlich vereinbarten Güterstand der Zugewinngemeinschaft sollte sich unter Berücksichtigung dieses für den beendeten Güterstand durchgeführten Zugewinnausgleichs ergeben.

Nach Auffassung des BFH[25] und der Vorinstanz, FG Köln[26], liegt in der Gestaltung der **Güterstandsschaukel keine freigebige Zuwendung**.

keine freigebige Zuwendung

Die Begründung einer Ausgleichsforderung durch ehevertragliche Beendigung des Güterstandes der Zugewinngemeinschaft sei nicht als freigebige Zuwendung steuerbar, wenn es tatsächlich zu einer güterrechtlichen Abwicklung der Zugewinngemeinschaft durch Berechnung der Ausgleichsforderung komme. Die Ausgleichsforderung entstehe von Gesetzes wegen und werde nicht rechtsgeschäftlich zugewandt. Dies gelte auch dann, wenn der Güterstand der Zugewinngemeinschaft im Anschluss an die Beendigung neu begründet werde. Die bürgerlich-rechtliche Gestaltungsfreiheit sei auch im SchSt-Recht anzuerkennen. § 5 Abs. 2 ErbStG lasse sich keine Einschränkung auf Fälle der endgültigen Beendigung des Güterstandes entnehmen. Das Erfordernis eines zeitlichen abschließenden Moments ergebe sich schließlich auch nicht aus § 29 Abs. 1 Nr. 3 ErbStG.[27]

Hinweis

Die Güterstandsschaukel ist damit das optimale **Gestaltungsmittel**, um unterschiedliche Vermögensverhältnisse unter Ehegatten auszugleichen und damit **Freibeträge** bzw. **Progressionsvorteile** bei der **Vermögensnachfolge vorteilhaft zu nutzen**. Im Gegensatz zu der sog. Kettenschenkung ist sie rechtlich auch ohne Einhaltung von „Schamfristen" etc. anzuerkennen und beeinträchtigt nicht den persönlichen Freibetrag unter Ehegatten nach § 16 ErbStG.

Im steuerjuristischen Schrifttum wurden ob dieser für die Gestaltungspraxis sehr günstigen Entscheidung bereits **Zweifel** geäußert, **ob die FinVerw der Interpretation** folgt, dass § 5 Abs. 2 ErbStG die schlichte Umsetzung zivilrechtlicher Gestaltungen beinhalte[28] bzw. **vermutet, der Gesetzgeber werde § 5 Abs. 2 ErbStG ändern.**[29] Es ist jedoch weder das ErbStG geändert

---

[25] Nach BFH-Urt. v. 12.7.2005 – II R 29/02, BStBl II 2005, 843, DStR 2005, 1772
[26] FG Köln, Urt. v. 4.6.2002 – 9 K 5053/98, EFG 2002, 1258, DStRE 2002, 1248
[27] Nach § 29 Abs. 1 Nr. 3 ErbStG erlischt die Steuer, sobald in den Fällen des § 5 Abs. 2 ErbStG unentgeltliche Zuwendungen auf die Ausgleichsforderung angerechnet worden sind.
[28] *v. Oertzen/Cornelius*, ErbStB 2005, 349, 352
[29] *Everts*, ZErb 2005, 421

Güterstandswahl und ihre Konsequenzen

worden, noch enthalten die ErbStR 2011 eine Regelung zur Nichtanerkennung der Güterstandsschaukel.

Hinweis

In der Gestaltungspraxis ist dennoch zu erwägen, die Vereinbarung der Aufhebung und Neubegründung der Zugewinngemeinschaft nicht in einer Urkunde vorzunehmen. Im Schrifttum wird die Gefahr gesehen, dass diese Gestaltung schon zivilrechtlich und damit dann auch steuerlich nicht zum gewünschten Erfolg führen könnte, weil zivilrechtlich sog. ehefremde Zwecke, nämlich die bloße Erzielung von Steuervorteilen, angenommen werden könnten. Zu berücksichtigen ist allerdings, dass bei Vereinbarung in zwei getrennten Urkunden doppelte Notargebühren entstehen.

c) Erhöhte güterrechtliche Ausgleichsforderung

Abwandlung

M und F vereinbaren keine Güterstandsschaukel, sondern legen in einem Ehevertrag stattdessen fest, dass F bei Beendigung der Zugewinngemeinschaft nicht die Hälfte, sondern zwei Drittel des ehelichen Zugewinns erhalten soll. Ein Jahr später vereinbaren M und F Gütertrennung und F erhält den vereinbarten erhöhten Ausgleich.

In seiner Entscheidung vom 12.7.2005[30] hat der BFH in den Entscheidungsgründen ausgeführt, **Grenzen** seien der zivilrechtlichen **Gestaltungsfreiheit** steuerlich dort gezogen, wo einem Ehepartner eine **überhöhte Ausgleichsforderung** verschafft werde, die den Rahmen einer güterrechtlichen Vereinbarung überschreite. Auch wenn die Modifikation zivilrechtlich zulässig ist und § 5 Abs. 2 ErbStG im Gegensatz zu § 5 Abs. 1 ErbStG rückwirkende Vereinbarungen nicht ausschließt, bestehen deshalb Zweifel, dass der BFH eine derartige Gestaltung in vollem Umfang unter § 5 Abs. 2 ErbStG fasst. Die FinVerw jedenfalls hat den Hinweis in der BFH-Entscheidung vom 12.7.2005 aufgegriffen. Obwohl die FinVerw grds. **Modifikationen der Ausgleichsforderung** als **nicht steuerbar** ansieht,[31] soll dies nicht gelten, wenn mit einer solchen Vereinbarung in erster Linie nicht güterrechtliche, sondern **erbrechtliche Wirkungen** herbeigeführt werden sollen. Soweit in diesem Fall der Ausgleichsbetrag die sich ohne Modifizierung

Modifikation der Ausgleichsforderung nicht steuerbar

---

[30] BFH-Urt. v. 12.7.2005 – II R 29/02, BStBl II 2005, 843, DStR 2005, 1772
[31] R E 5.2 Abs. 2 S. 1 ErbStR 2011

ergebende Ausgleichsforderung übersteige, liege eine **schenkungsteuerpflichtige Zuwendung** vor.[32]

d) Rückwirkende Wiedereinführung der Zugewinngemeinschaft

Ausnahme: erbrechtliche Wirkung

§ 5 Abs. 1 S. 4 ErbStG, der bei einer Änderung des Güterstands auf den Vertragsabschluss als maßgeblichen Zeitpunkt abstellt, findet ausdrücklich nur auf den erbrechtlichen Zugewinnausgleich nach § 5 Abs. 1 ErbStG Anwendung, nicht hingegen auf den güterrechtlichen Zugewinnausgleich nach § 5 Abs. 2 ErbStG.[33] Insofern bietet die **rückwirkende Vereinbarung des güterrechtlichen Zugewinnausgleichs** erhebliches **Gestaltungspotenzial**.

rückwirkende Vereinbarung des güterrechtlichen Zugewinnausgleichs

Fall

M und F heben in 2011 den Güterstand der Gütertrennung auf und vereinbaren rückwirkend ab Eheschließung (1970) den Güterstand der Zugewinngemeinschaft. Kurze Zeit danach verstirbt M. Der von M erzielte Zugewinn entspricht dem Nachlasswert von 8 Mio. EUR (= Steuerwert) und wurde ausschließlich in der Zeit vor Aufhebung des Güterstands der Gütertrennung erzielt. F hat keinen Zugewinn erzielt. Es gilt gesetzliche Erbfolge. Aus der Ehe stammen 2 Kinder.

a) Erbrechtliche Lösung (§§ 1931 Abs. 1, 1371 Abs. 1 BGB)

¼ Erbteil der F gem. § 1931 Abs. 1 BGB	2.000.000 EUR
+ ¼ pauschaler Zugewinn gem. § 1371 Abs. 1 BGB	2.000.000 EUR
Summe	4.000.000 EUR
keine Steuerfreiheit des Zugewinns gem. § 5 Abs. 1 ErbStG, weil nach dem Zeitpunkt des Ehevertrags kein Zugewinn mehr erzielt wurde (§ 5 Abs. 1 S. 4 ErbStG)	0 EUR
Freibetrag gem. § 16 Abs. 1 Nr. 1 ErbStG	./. 500.000 EUR
stpfl. Erwerb	3.500.000 EUR
ErbSt	665.000 EUR

---

[32] R E 5.2 Abs. 2 S. 2 ErbStR 2011
[33] Vgl. BFH-Urt. v. 12.7.2005 – II R 29/02, BStBl II 2005, 843; BFH-Urt. v. 18.1.2006 – II R 64/04, BFH/NV 2006, 948; FG Düsseldorf, Urt. v. 14.6.2006 – 4 K 7107/02 Erb, EFG 2006, 1447; *Kapp/Ebeling*, ErbStG, § 5 Rz 59.1; *Weinmann* in Moench/Weinmann, ErbStG, § 5 Rz 65

Güterstandswahl und ihre Konsequenzen

b) Güterrechtliche Lösung (§ 1371 Abs. 2 BGB)

F schlägt die Erbschaft aus

Zugewinnausgleichsanspruch nach § 1371 Abs. 2 BGB	4.000.000 EUR
Summe	4.000.000 EUR
Volle Steuerfreiheit des Zugewinnausgleichsanspruchs gem. § 5 Abs. 2 ErbStG, wenn die rückwirkende Güterstandsvereinbarung erbschaftsteuerlich anerkannt wird	./. 4.000.000 EUR
Freibetrag gem. § 16 Abs. 1 Nr. 1 ErbStG	./. 500.000 EUR
stpfl. Erwerb	0 EUR
ErbSt	0 EUR

F könnte somit sogar noch eine **Abfindung** für den Verzicht auf die Geltendmachung des kleinen Pflichtteilsanspruchs **steuerfrei geltend machen**.

Insofern könnten Eheleute auch in einem späteren Stadium ihrer Ehe noch die Möglichkeit haben, ihren Güterstand mit erbschaftsteuerlicher Wirkung zu ändern, um auf diese Weise die Steuerbegünstigung des § 5 Abs. 2 ErbStG zu erlangen. Der überlebende Ehegatte hat es sodann im Zeitpunkt der Beendigung der Zugewinngemeinschaft in der Hand, seine ErbSt-Belastung zu reduzieren, je nachdem, ob er die güterrechtliche oder erbrechtliche Lösung wählt.

Die FinVerw begegnete derartigen Gestaltungen bislang mit Misstrauen und unterstellte, dass hierdurch dem ausgleichsberechtigten Ehegatten **eine erhöhte güterrechtliche Ausgleichsforderung** verschafft wird. Sie sah hierin entweder eine **stpfl. Schenkung auf den Todesfall** (§ 3 Abs. 2 Nr. 1 ErbStG) bzw. eine (aufschiebende bedingte) **Schenkung unter Lebenden** (§ 7 Abs. 1 Nr. 1 ErbStG) und unterwarf diese der SchSt.[34]

Nach dem **gesetzgeberischen Willen** ist bei der Änderung des § 5 Abs. 2 ErbStG in 1993 demgegenüber bewusst von einer Begrenzung der Steuerfreiheit des güterrechtlichen Zugewinnausgleichs analog der Regelung in § 5 Abs. 1 ErbStG abgesehen worden. Auch gelangt der überlebende Ehe-

FinVerw bisher: steuerpflichtig

---

[34] R 12 Abs. 2 S. 3 ErbStR 2003

gatte **nicht automatisch**, sondern erst durch die **Ausschlagung** der Erbschaft in den Genuss der erhöhten güterrechtlichen Ausgleichsforderung. Es besteht also infolge des Wahlrechts bis zu dessen Ausübung ein **Schwebezustand**, sodass bereits aus diesem Grunde nicht davon gesprochen werden kann, der ausgleichspflichtige Ehegatte habe den anderen Ehegatten schon im Zeitpunkt der Güterstandsänderung bereichern wollen.

modifizierte Auffassung Nunmehr hat die **FinVerw** ihre **Auffassung modifiziert**. Nach der zusätzlich neu in die ErbStR 2011 eingefügten Regelung ergibt sich allein aus der rückwirkenden Vereinbarung der Zugewinngemeinschaft i.R.d. güterrechtlichen Ausgleichs **keine – stpfl. – erhöhte güterrechtliche Ausgleichsforderung**.[35]

Eine eindeutige Regelung ist dies aufgrund der Einschränkung durch den Begriff „allein" bedauerlicherweise allerdings nicht. Das FG Düsseldorf hatte bereits in seinem rechtskräftigen Urt. v. 14.6.2006[36] auf Grundlage des BFH-Urt. v. 12.7.2005[37] die rückwirkende Einführung i.R.d. güterrechtlichen Ausgleichs anerkannt.

Hinweis

Die Wiedereinführung des Güterstandes der Zugewinngemeinschaft auf den Zeitpunkt der Eheschließung ist auf Grundlage der Rspr. und einhelligen Auffassung im Schrifttum[38] auch bei älteren Ehegatten ohne zu erwartenden weiteren Zugewinn sinnvoll, wenn sich für die Vergangenheit hohe Zugewinnausgleichsansprüche des prognostisch Längerlebenden ergeben und dieser zum güterrechtlichen Zugewinn bereit ist. Vorsorglich sollten aufgrund der etwas unklaren Haltung der FinVerw zusätzlich nach Möglichkeit außersteuerliche Gründe zusätzlich in der Urkunde dokumentiert werden. Ergänzt werden kann eine derartige Regelung bspw. durch die nach § 13 Abs. 1 Nr. 4a ErbStG steuerfreie Übertragung des Familienwohnheimes zu Lebzeiten auf den Ehegatten. Hierbei sollten Rückforderungsrechte vorsorglich für den Fall des Vorversterbens des beschenkten Ehegatten oder die Ehescheidung vorbehalten werden.

---

[35] R E 5.2 Abs. 2 S. 4 ErbStR 2011
[36] FG Düsseldorf, Urt. v. 14.6.2006 – 4 K 7107/02 Erb, EFG 2006, 1447, zitiert nach *Schmidt/Schwind*, NWB-EV 20113512, 3516
[37] BFH-Urt. v. 12.7.2005 – II R 29/02, BStBl II 2005, 843
[38] Vgl. etwa *Schmidt/Schwind*, NWB-EV 2011, 3512, 3516

Güterstandswahl und ihre Konsequenzen

e) „Fliegender Zugewinnausgleich"

Fall[39]

M und F lebten seit ihrer Eheschließung im Jahr 1975 im gesetzlichen Güterstand der Zugewinngemeinschaft. Mit Ehevertrag vom 17.10.1990 vereinbarten die Ehegatten den Ausgleich des bisher entstandenen Zugewinnanspruches der F, wobei sie ausdrücklich festlegten, dass es beim gesetzlichen Güterstand „auch weiterhin verbleiben" solle. Ohne die Zugewinnausgleichsforderung im Vertragstext zu beziffern, trat der M „zum Ausgleich des Zugewinns" an F konkrete Vermögenswerte ab. I.Ü. verzichteten die Ehegatten wechselseitig auf den Ausgleich eines weitergehenden Zugewinns sowie auf Rückforderungsansprüche, falls der vereinbarte Ausgleich zu hoch ausgefallen sei.

Zivilrechtlich ist es auch zulässig, einvernehmlich einen **vorzeitigen Zugewinnausgleich zu vereinbaren**, ohne den Güterstand **zu beenden**, sog. „**fliegender**" Zugewinnausgleich. Die FinVerw[40] wendet in diesen Fällen seit jeher § 5 Abs. 2 ErbStG nicht an und nimmt stattdessen eine steuerbare **unentgeltliche Zuwendung** gem. § 7 Abs. 1 Nr. 1 ErbStG an.[41] Sie beruft sich auf den Wortlaut der Vorschrift und verweist darauf, dass bei derartigen Vertragsgestaltungen der Güterstand gerade nicht beendet werde.

fliegender Zugewinnausgleich

Der **BFH** hat die Auffassung der FinVerw bestätigt.[42] Durch die Zuwendungen in Form der Forderungsabtretungen und -verzichte sei die F aus dem Vermögen des M **unentgeltlich bereichert** worden.

Steuerpflicht

Die Zuwendungen des M seien nicht deshalb entgeltlich, weil sie „zum Ausgleich des Zugewinns" erbracht worden seien. Die F habe keinen Anspruch auf einen vorzeitigen Ausgleich des Zugewinns besessen. Der **Anspruch auf Zugewinnausgleich** entstehe kraft Gesetz erst mit der **Beendigung des gesetzlichen Güterstandes**, d.h. bei Tod eines Ehegatten, Scheidung oder Aufhebung des gesetzlichen Güterstandes.

Die Zuwendungen könnten auch nicht deswegen als entgeltlich angesehen werden, weil ihnen als Gegenleistung die Befreiung von einer künftigen Ausgleichsforderung der F gegenüberstehe. Es sei unklar, ob überhaupt und wenn in welcher Höhe eine solche Ausgleichsforderung bei einer späte-

---

[39] Nach BFH-Urt. v. 12.7.2005 – II R 29/02, BStBl II 2005, 843
[40] Zustimmend *Viskorf*, NWB Fach 10, 1257
[41] R E 5.2 Abs. 3 ErbStR 2011
[42] BFH Urt. v. 12.7.2005 – II R 29/02, BStBl II 2005, 843

ren Beendigung des Güterstandes der Zugewinngemeinschaft bestehen werde, so dass es sich lediglich um eine **Erwerbschance** handele, die nicht in Geld veranschlagt werden könne. Sie sei deshalb nach § 7 Abs. 3 ErbStG bei der Bereicherungsprüfung nicht zu berücksichtigen.

Die Zuwendungen an F erfüllten auch den subjektiven Tatbestand des § 7 Abs. 1 Nr. 1 ErbStG. Hierfür genüge, dass sich der Zuwendende der **Unentgeltlichkeit** derart **bewusst** sei, dass er seine Leistung ohne Verpflichtung und ohne rechtlichen Zusammenhang mit einer Gegenleistung erbringe.

Der Steuerbarkeit stehe schließlich auch § 5 Abs. 2 ErbStG nicht entgegen. Nach dieser Vorschrift sei die Ausgleichsforderung nicht steuerbar, wenn der Güterstand der Zugewinngemeinschaft in anderer Weise als durch den Tod eines Ehegatten beendet werde. Diese Voraussetzung sei jedoch im Streitfall nicht erfüllt, da die Ehegatten den Güterstand nicht beendet, sondern lediglich einen zwischenzeitlichen Zugewinnausgleich schuldrechtlich vereinbarten hätten.

Hinweis

Ist beabsichtigt, bei bestehendem Güterstand der Zugewinngemeinschaft eine ausgeglichenere Verteilung des Vermögens herbeizuführen, ist deshalb dringend darauf zu achten, dass der **Ausgleich des Zugewinnanspruches mit** einer **Beendigung des Güterstands der Zugewinngemeinschaft einhergeht**.

f) Verzicht auf Ausgleichsforderung

In bestimmten Fallkonstellationen kann es wirtschaftlich vorteilhaft sein, wenn der ausgleichsberechtigte Ehepartner beim güterrechtlichen Zugewinnausgleich auf seine **Ausgleichsforderung verzichtet**.

Fall

M und F werden geschieden. Wesentliches Vermögen ist das von F während der Ehe aufgebaute Vermögen in Form einer großen StB-Praxis. M verzichtet auf den von ihm zunächst geltend gemachten Zugewinnausgleichsanspruch, um die Praxis nicht zu belasten, in die die beiden gemeinsamen Kinder nachfolgen wollen.

Güterstandswahl und ihre Konsequenzen

Die FinVerw sieht in dem Verzicht auf einen entstandenen Zugewinnausgleichsanspruch – sofern Bereicherung und Wille zur Unentgeltlichkeit gegeben sind – eine **Schenkung unter Lebenden** an den verpflichteten Ehegatten.[43]

FinVerw besteuert Verzicht

Hinweis

Wird der **Verzicht vor der Entstehung** der Anspruches erklärt, kann u.E. hierin **keine Schenkung** liegen. Unterlässt jemand zum Vorteil eines anderen einen Vermögenserwerb oder verzichtet er auf ein angefallenes, noch nicht endgültig erworbenes Recht, **liegt nach § 517 BGB keine Schenkung vor**. Dahinter steht der Gedanke, dass man auf etwas, das einem (noch) nicht zusteht, nicht verzichten kann. Da die Ausgleichsforderung jedoch erst mit der Beendigung des Güterstandes, also mit der Rechtskraft des Scheidungsurteils oder mit dem Tod des erstversterbenden Partners, entsteht, kann ein vor diesem Zeitpunkt erklärter Verzicht keine Schenkung darstellen.[44]

g) Verzicht gegen Abfindung

Erfolgt der Verzicht gegen eine **Abfindung**, tritt diese anstelle der Ausgleichsforderung und ist ebenfalls gem. § 5 Abs. 2 ErbStG steuerfrei. Gleiches gilt für die **Übertragung von Gegenständen** unter **Anrechnung auf die Ausgleichsforderung** gem. § 1383 Abs. 1 BGB.[45] Gleichwohl ist auf die Ausgestaltung große Sorgfalt zu legen, da nicht jede Abfindung steuerfrei ist.

Abfindung steuerfrei

Fall

M und F leben in Zugewinngemeinschaft. Das von M aufgebaute Unternehmen besitzt einen Ertragswert von 5 Mio EUR, jedoch kaum Vermögenssubstanz. Zum Schutz des Unternehmens schließen die Eheleute einen Ehevertrag mit einer Modifikation des Zugewinns dahingehend, dass das BV des M in die Berechnung der Ausgleichsforderung nicht mit einbezogen wird. Zum Ausgleich erhält F als Abfindung ein MFH mit einem Verkehrswert von 1 Mio. EUR.

Die FinVerw wird in dieser Gestaltung voraussichtlich eine stpfl. freigebige Zuwendung des M an F i.S.d. § 7 Abs. 1 S. 1 ErbStG sehen. Im Ergebnis ist dies zutreffend. Die Zugewinngemeinschaft wurde durch die Modifikation

---

[43] R E 5.2 Abs. 1 S. 2 ErbStR, a.A. *Kapp/Ebeling*, ErbStG, § 5 Rz 41
[44] So auch *Meincke*, ErbStG-Kom., 15 Aufl., § 5 Rz 42, *Troll/Gebel/Jülicher*, ErbStG-Kom., § 5 Rz 65
[45] R E 5.2 Abs. 1 S. 3, 4 ErbStR 2011

tatsächlich nicht beendet, so dass ein Zugewinnausgleichsanspruch noch nicht entstanden ist.

3. Ehegatten-Innenverhältnis, Erlöschen der Steuer

Im Zusammenhang mit Leistungen unter Ehegatten ist immer auch deren Innenverhältnis von besonderer Bedeutung. Über die Güterstände hinaus bestehen hier unterschiedliche Gestaltungsansätze und Lösungsmöglichkeiten, die Entstehung von SchSt zu vermeiden.

Fall

Auf einen von M ausgefüllten Lottoschein entfiel im Jahre 1998 ein Gewinn von 10 Mio DM. Das Geld wird auf Anweisung des M auf ein Oder-Konto der in Zugewinngemeinschaft lebenden Eheleute M und F bei der Credit Suisse eingezahlt. Im Zuge des CD-Ankaufs durch die Steuerfahndung Nordrhein-Westfalen wird der Sachverhalt im Jahre 2010 aufgedeckt.

a) Ehegatteninnengesellschaft

Merkmale der Ehegatteninnengesellschaft

Maßgeblich auf Grund eines Beitrages *von Gebel*[46] wird im SchSt-Recht verstärkt die **Rechtsfigur der Ehegatteninnengesellschaft** diskutiert. Eine derartige Innengesellschaft liegt vor, wenn die **Eheleute** durch **beiderseitige Leistungen** einen **über** den **typischen Rahmen** der Ehe **hinausgehenden Zweck verfolgen**. Dies kann durchaus auch der Vermögensaufbau sein, wofür Umfang, Dauer und die zielgerichtete Planung der Vermögensbildung Hinweise geben.[47] Der SchSt-rechtliche Vorteil der Ehegatteninnengesellschaft liegt insb. darin, dass **Leistungen eines Gesellschafters an die Gesellschaft keine freigebigen Zuwendungen** sind, so dass sie nicht der SchSt unterliegen.

Die Ehegatten müssen bei gleichberechtigter Mitarbeit oder Beteiligung mit der Zielvorstellung agieren, dass das gemeinsam geschaffene Vermögen wirtschaftlich betrachtet nicht nur dem formal berechtigten, sondern auch dem anderen Ehegatten zustehen soll. Bei einer derartigen Ehegatteninnengesellschaft sind damit Vermögenserwerbe eines Ehegatten, die auch vom Ehepartner finanziert werden oder aus ihm zuzuordnenden Vermögenswerten stammen, trotz der formalrechtlichen Vermögensverschiebung nicht zwangsläufig freigebige Zuwendungen. Nach Auffassung des Schrifttums

---

[46] *Gebel*, BB 2000, 2017, 2021
[47] BGH-Urt. v. 30.6.1999 – XII ZR 230/96 (Schleswig), NJW 1999, 2962, 2966

Güterstandswahl und ihre Konsequenzen

handelt es sich vielmehr um der Verwirklichung des gemeinsamen Zweckes dienende Erfolgsbeiträge, die nicht steuerbar sind.[48]

Im Fall wäre deshalb zunächst zu prüfen, ob ggf. unter den Eheleuten eine Tippgemeinschaft als GbR besteht.

Hinweis

Eine derartige **Innengesellschaft** ist auch **konkludent möglich**. I.R.e. Abwehrberatung ist deshalb zu prüfen, ob Ehegatten einen über den typischen Rahmen der Ehe hinausgehenden Zweck verfolgen. Gelingt der Nachweis, steht dies der Beurteilung beiderseitiger Leistungen zwischen Ehegatten als Schenkungen und der damit verbundenen Steuerpflicht entgegen.

b) Treuhandverhältnis

Parallel zu der immer stärkeren steuerrechtlichen Würdigung von Zuwendungen unter Ehegatten tritt in der Rspr. zunehmend häufiger die **Figur des (verdeckten) Treuhandverhältnisses** in den Vordergrund. Der BFH hatte sich in jüngerer Zeit mehrfach mit Fällen zu befassen, in denen ein Ehegatte dem anderen Millionenwerte zur Verfügung stellte und die Eheleute unter Hinweis auf ein bestehendes Treuhandverhältnis jeweils in Abrede stellten, dass der Empfänger der Leistung über sie tatsächlich und rechtlich frei verfügen könne.[49] Von Bedeutung ist insoweit, dass der BFH in seinem Beschl. v. 18.11.2004 klargestellt hat, der **Empfänger trage** die objektive **Beweislast für** ein behauptetes **Treuhandverhältnis**, wenn er sich auf eine verdeckte Treuhand zum Übertragenden berufe, obwohl die Tatsachen für eine freigebige Zuwendung sprächen.[50]

Beweislast für verdeckte Treuhand

Hinweis

Stellt ein Ehegatte dem anderen hohe Geldbeträge oder sonstige Vermögenswerte zur Anlage auf dessen Namen zur Verfügung, empfiehlt es sich im Hinblick auf die SchSt, vorsorgend einen entspr. **Treuhandvertrag** zu schließen und durch **notarielle Unterschriftsbeglaubigung zeitlich dokumentieren zu lassen.**

---

[48] Vgl. zur Vertiefung *Troll/Gebel/Jülicher*, ErbStG, § 7 Rz 179; *Schlünder/Geisler*, ZEV 2005, 506, 508
[49] Vgl. etwa BFH-Urt. v. 25.1.2001 – II R 39/98, DStRE 2001, 656, ZEV 2001, 326
[50] BFH-Beschl. v. 18.11.2004 – II B 176/03, BFH/NV 2005, 355

c) § 29 Abs. 1 Nr. 3 ErbStG

Haben Ehegatten einander bereits SchSt-pflichtige Zuwendungen gemacht, bietet die Vorschrift des **§ 29 Abs. 1 Nr. 3 ErbStG** eine „**Rettungsmöglichkeit**". Hiernach erlischt die SchSt für bereits vollzogene Schenkungen, wenn der Güterstand der Zugewinngemeinschaft beendet wird und bereits **vollzogene unentgeltliche Zuwendungen auf die Ausgleichsforderung angerechnet** werden.

Hinweis

§ 29 Abs. 1 Nr. 3 ErbStG schränkt abweichend von § 1375 Abs. 3 BGB die Einbeziehung von Vorschenkungen in keiner Weise ein. Auch Vorschenkungen, die mehr als 10 Jahre vor der Beendigung des Güterstandes liegen, werden daher auf die Ausgleichsforderung angerechnet.[51]

II. Ertragsteuerliche Konsequenzen

Für die **ESt** ist der **Güterstand unerheblich**. Das Wahlrecht auf Getrennt- oder Zusammenveranlagung gem. §§ 26a, 26b EStG wird durch den Güterstand nicht berührt.

Fall

M und F einigen sich auf die Beendigung des Güterstandes bei fortbestehender Ehe. Die Zugewinngemeinschaft wird somit beendet. M gleicht die Zugewinnausgleichsforderung der F wie folgt aus:

- Übertragung eines Grundstücks innerhalb der zehnjährigen Frist des § 23 EStG
- Übertragung eines Einzelunternehmens
- Übertragung einer Beteiligung i.S.d. § 17 EStG
- Übertragung von Aktien.

---

[51] *Kapp/Ebeling*, ErbStG, § 29 Rz 57.1

Güterstandswahl und ihre Konsequenzen

Ist beabsichtigt, den Zugewinnausgleichsanspruch nicht in Geld, sondern durch **Übertragung anderer WG** zu erfüllen, ist Vorsicht geboten. Nach Auffassung sowohl der FinVerw[52] als auch des BFH[53] ist der **Zugewinnausgleichsanspruch** eine **auf Geld gerichtete Forderung**. Werde zur Tilgung dieser Geldforderung ein anderer Gegenstand, etwa ein Grundstück, übertragen, so soll eine **Leistung an Erfüllung statt** i.S.d. § 364 BGB vorliegen. Es handele sich in diesem Fall um die **Veräußerung** des jeweiligen Gegenstandes. Dies kann bei steuerverstrickten WG etwa im Bereich des § 23 EStG erhebliche steuerliche Nachteile auslösen.[54]

Für die Praxis folgt hieraus, dass Zugewinnausgleichsforderungen regelmäßig, wenn schon nicht in Geld, so doch durch Hingabe nicht steuerverstrickten Vermögens erfüllt werden sollten.

Abwandlung

M gleicht die Zugewinnausgleichsforderung nur i.H.v. 50 % sofort aus. Den Restbetrag stundet er der F zinslos bis zur Beendigung der Ehe.

Die **zinslose Stundung** eines fälligen liquiden Geldanspruches wird grds. als **Zinsschenkung** angesehen.[55] Als **Maßstab** wird i.d.R. der Zinssatz **des § 15 Abs. 1 BewG i.H.v. 5,5 %** zugrunde gelegt, sofern kein niedrigerer marktüblicher Zinssatz nachgewiesen werden kann.[56]

zinslose Stundung = Zinsschenkung

Wird eine **Forderung** ganz oder teilweise **gestundet**, ist zugleich ertragsteuerlich zu beachten, dass die Zahlung bei Fälligkeit in einen **Kapitalanteil** und einen **Zinsanteil aufzuteilen** ist, wobei der anteilige Zinsanteil auf Basis eines Zinssatzes von 5,5 % est-pflichtig ist nach § 20 Abs. 1 Nr. 7 EStG.[57]

In einem aktuellen **Beschl. v. 12.9.2011**[58] hat der **BFH** allerdings erhebliche **Zweifel** angemeldet, dass die **zinslose Stundung** einer Zugewinnausgleichsforderung unter Ehegatten zur **einkommensteuerlichen Erfassung**

---

[52] OFD Frankfurt, Vfg. v. 5.2.2001 – S 2256 A – 16 – St II 27, FR 2001, 322, zur Erfüllung von Zugewinnausgleichsansprüchen
[53] BFH v. 16.12.2004 – III R 38/00, BStBl II 2005, 554, zur gleichen Problematik bei Pflichtteilsansprüchen
[54] Vgl. dazu auch von *Oertzen/Cornelius*, ErbStB 2005, 349, 353
[55] Vgl. *Gumpp*, DStZ 1995, 329 m.w.N.
[56] Vgl. *Kapp/Ebeling*, ErbStG, § 7 Rz 11.5
[57] Vgl. BFH-Urt. v. 26.11.1992 – X R 187/87, BStBl II 1993, 298; BFH-Urt. v. 26.6.1996 – VIII R 67/95, BFH/NV 1997, 175, ZEV 1997, 84, 86; BFH-Urt. v. 19.5.1992 – VIII R 37/90, BFH/NV 1993, 87
[58] BFH-Beschl. v. 12.9.2011 – VIII B 70/09, BFH/NV 2012, 229, DStRE 2012, 154

Güterstandswahl und ihre Konsequenzen

eines Zinsanteils führe. Es seien zugleich die Voraussetzungen einer schenkungsteuerrechtlichen freigebigen Zuwendung erfüllt. Diese sei auch stpfl., da § 5 Abs. 2 ErbStG nur den Zugewinnausgleichsanspruch selbst, nicht aber die zinslose Stundung desselben erfasse.[59] Eine freigebige Zuwendung und Einkünfteerzielung schlössen sich aus.

Hinweis

In entsprechenden Fällen sind etwaige ESt-Bescheide offenzuhalten. Der BFH hat in dem AdV-Verfahren ausdrücklich „mit großer Wahrscheinlichkeit" einen für die Antragstellerin positiven Verfahrensausgang des Hauptsacheverfahrens prognostiziert.

III. Insolvenzrechtliche Konsequenzen

Anfechtung im Insolvenzverfahren

Vorteile ggü. einer Schenkung unter Ehegatten kann die Abfindung von Zugewinnausgleichsansprüchen des Ehepartners durch Vereinbarung einer **Gütertrennung** oder die **Güterstandsschaukel** schließlich **im Vorfeld einer Insolvenz** bieten. Unentgeltliche Leistungen sind nach § 4 AnfG bzw. § 134 InsO auf die Dauer von 4 Jahren anfechtbar. In der Abfindung eines gesetzlichen Zugewinnausgleichsanspruches liegt demgegenüber ein eigenständiger Rechtsgrund, der jedenfalls nicht unmittelbar unter diese Anfechtungstatbestände fällt.

Offen ist, innnerhalb welcher Frist und unter welchen Voraussetzungen ein vollzogener Zugewinnausgleich seitens des Insolvenzverwalters angefochten werden kann.

Fall[60]

M und F sind im gesetzlichen Güterstand der Zugewinngemeinschaft verheiratet. M hat geschäftliche Risiken. Im Jahre 2006 schließen die Eheleute einen notariellen Ehevertrag, in dem sie für die Zukunft den Güterstand der Gütertrennung vereinbaren und den in der Vergangenheit erwirtschafteten Zugewinn zugunsten der F ausgleichen. Innerhalb von zwei Jahren wird über das Vermögen des M das Insolvenzverfahren eröffnet. Der Insolvenzverwalter behauptet, der vorgezogene, d.h. vor Auflösung der Ehe durchgeführte Zugewinnausgleich sei entgeltlich und habe die Gläubiger des Ehemannes vorsätzlich benachteiligt. Er ficht die Vereinbarung an und fordert Rückgewähr des Vermögens zur Insolvenzmasse von F.

---

[59] Ebenso *Kapp/Ebeling*, ErbStG, § 5 Rz 76
[60] Nach BGH-Urt. v. 1.7.2010 – IX Z R 58/09, NZI 2010, 738

Güterstandswahl und ihre Konsequenzen

Anfechtbar sind nach § 129 ff InsO bzw. nach §§ 3 ff AnfG Rechtshandlungen, die vor der Eröffnung des Insolvenzverfahrens innerhalb der im Gesetz genannten Fristen erfolgt sind.

Nach § 134 InsO als unentgeltlich anfechtbar ist die Erfüllung des Zugewinnausgleichsanspruches nicht, da sie in Erfüllung der i.R.d. Güterrechtsregelung vereinbarten Verpflichtung des Ehemannes erfolgt. Auch haben die Gläubiger keinen Rechtsanspruch darauf, dass der Schuldner (Ehemann) dauerhaft im Güterstand der Zugewinngemeinschaft lebt.

Jedoch ist auch ein **entgeltlicher Vertrag** mit einer nahestehenden Person **anfechtbar**, wenn er innerhalb von zwei Jahren vor Antrag auf Eröffnung des Insolvenzverfahrens erfolgt und unter dem Vorsatz vereinbart wird, die Gläubiger zu benachteiligen. Die Benachteiligungsabsicht wird in der vorgenannten Frist vermutet, allerdings mit der Möglichkeit des Entlastungsbeweises. Gleiches gilt auch für die erforderliche positive Kenntnis des anderen Vertragsteils (Ehefrau) vom Vorsatz des Schuldners. Der **BGH lehnt es ab**, für güterrechtliche Vereinbarungen **Sonderregelungen** aufzustellen.[61]

Anfechtung güterrechtlicher Vereinbarungen

Hinweis

Die Übertragung i.R.d. Abgeltung des Zugewinnausgleichs statt als Schenkung ist aufgrund der nur zwei- statt vierjährigen Anfechtungsfrist grds. vorteilhaft. Sofern praktikabel, ist es ferner vorteilhaft, den Ehepartner auf wirtschaftliche Krisen nicht hinzuweisen, um damit die Gutgläubigkeit zu erhalten.[62]

IV. Pflichtteilsreduzierung

Neben den steuerlichen Aspekten nicht zu vernachlässigen sind die erbrechtlichen Konsequenzen der Güterstandswahl insb. in Form der **Auswirkungen auf das Pflichtteilsrecht von Ehegatten und Kindern**. Auch insoweit kann der Güterstandswechsel sinnvoll eingesetzt werden, um bspw. **Pflichtteilsansprüche von Kindern** des vermögenderen Ehepartners aus früheren Beziehungen **zu reduzieren**.

Reduzierung von Pflichtteilsansprüchen

---

[61] BGH-Urt. v. 1.7.2010 – IX Z R 58/09, NZI 2010, 738
[62] Zur Vertiefung vgl. *Ponath*, Vermögensschutz durch Güterstandswechsel, ZEV 2006, 49; *Hosser*, Gläubiger- bzw. Insolvenzanfechtung güterrechtlicher Verträge und Asset Protection, ZEV 2011, 174

Güterstandswahl und ihre Konsequenzen

Fall 1

M und F haben zwei Kinder und leben im Güterstand der Gütertrennung. Zu einem Kind ist der Kontakt seit Jahrzehnten trotz vielfältiger Bemühungen der Eltern abgebrochen.

Die Wiedereinführung der Zugewinngemeinschaft reduziert den Pflichtteilsanpruch des Kindes beim Ableben des erstversterbenden Elternteils von 1/6 auf 1/8.

Fall 2

M und F leben im Güterstand der Zugewinngemeinschaft und haben zwei gemeinsame Kinder. M hat aus einer vorausgegangenen Ehe zwei weitere Kinder, die bei seinem Ableben möglichst wenig Vermögen erhalten sollen. M überlegt, den gesetzlichen Güterstand der Zugewinngemeinschaft zu beenden und die Zugewinnausgleichsforderung der F durch Übertragung von Vermögen zu erfüllen. Da ihm die die Pflichtteilsquoten der Kinder erhöhende Wirkung der Gütertrennung bekannt ist, möchte er sofort danach wieder in den gesetzlichen Güterstand der Zugewinngemeinschaft zurückwechseln.

Eine unentgeltliche Zuwendung zwischen Ehepartnern ist eine Schenkung. Dies löst einen **Pflichtteilsergänzungsanspruch** i.S.d. §§ 2325, 2329 BGB aus. Die sog. **Abschmelzungsfrist** beginnt gem. § 2325 Abs. 3 S. 3 BGB erst mit Auflösung der Ehe. Daher ist die Schenkung vorbehaltlich von Sonderfragen i.R.d. sog. Niederstwertprinzips ungeeignet, die Pflichtteilsansprüche der Kinder aus einer vorausgegangenen Beziehung zu reduzieren, wenn sie an den Ehepartner erfolgt.

keine Pflichtteilsergänzung bei Zugewinnausgleich

Aus diesem Grunde bietet es sich an, den Güterstand der Zugewinngemeinschaft zu beenden und den Zugewinnausgleich durchzuführen. Dies ist keine Maßnahme, die Pflichtteilsergänzungsansprüche auslöst, da auch der Pflichtteilsberechtigte keinen Anspruch darauf hat, dass der spätere Erblasser sein Vermögen nicht reduziert. Offen ist zwar noch, ob nicht in der Zustimmung zur Beendigung der Zugewinngemeinschaft eine unentgeltliche Verfügung liegt. Dies ist u.E. zu verneinen, da sich auf diesem Wege infolge der eingetretenen Gütertrennung die Pflichtteilsquoten der Kinder aus erster Ehe erhöhen.[63]

---

[63] Zur Vertiefung vgl. *v. Oertzen/Cornelius*, ErbStB 2005, 349; *Wall*, ZEV 2007, 249

Hinweis

In Anbetracht der Erhöhung der Pflichtteilsquoten sind ergänzend weitere Maßnahmen zur Pflichtteilsreduzierung, etwa Schenkungen, oder nach einer Schamfrist die Wiedereinführung des gesetzlichen Güterstandes der Zugewinngemeinschaft in Betracht zu ziehen.

V. Fazit

Der **Güterstandswechsel** ist unter verschiedenen Aspekten als **Gestaltungsmittel** einzusetzen, nämlich

Gestaltungsmittel

- zur Reduzierung der Schenkung- und Erbschaftsteuer

- als erbrechtliches Gestaltungsmittel zur **Pflichtteilsreduzierung**

- zur Insolvenzsicherung

- zur Übertragung von Einkunftsquellen auf den Ehepartner

E. Testament und Erbvertrag

I. Gewillkürte Erbfolge

Grundsätzlich gilt, dass die **gewillkürte** – also gewählte – **Erbfolge besser ist als die gesetzliche**. Denn sie entspricht dem Willen des Erblassers. Anders ausgedrückt: Ohne klare Vorkehrung wird selten der wahre Wille des Erblassers umgesetzt. Umso unverständlicher scheint es, dass das Thema Vermögensnachfolge sowohl bei Unternehmern als auch bei vermögenden Privatpersonen in der Praxis zumeist stiefmütterlich behandelt wird.

Nachteile der Erbengemeinschaft

Hinterlässt z.B. ein Unternehmer kein Testament, kommt es zur gesetzlichen Erbfolge und damit in aller Regel zur Bildung einer **Erbengemeinschaft**. Es handelt sich hierbei um eine Zufallsgemeinschaft, die nicht auf Dauer, sondern von vornherein auf Auseinandersetzung angelegt ist (§ 2042 BGB). Abgesehen von den damit verbundenen Unwägbarkeiten drohen einkommensteuerliche Nachteile (befindet sich im Nachlass etwa ein Unternehmen, werden die Miterben als MU angesehen; eine Realteilung ist dann ohne Gewinnrealisierung nicht mehr möglich, es sei denn, es handelt sich um Teilbetriebe oder Mitunternehmeranteile). Zur Vermeidung dieser Nachteile empfiehlt sich eine letztwillige Verfügung.

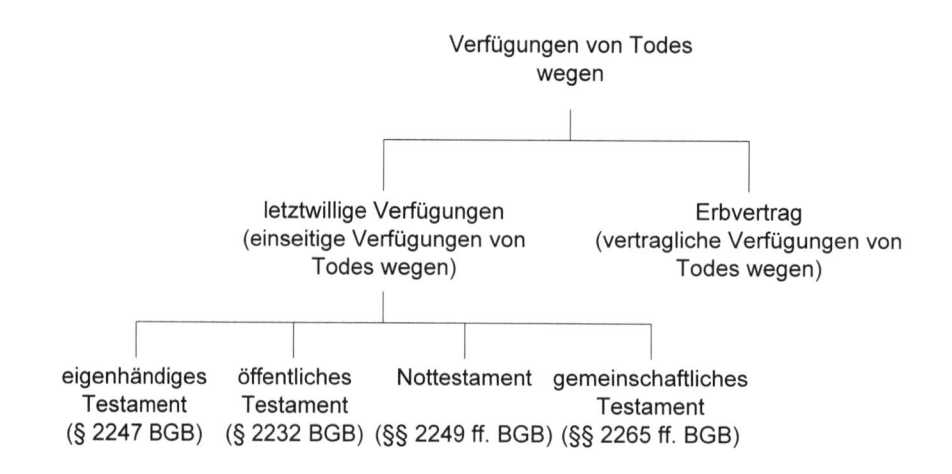

```
                    Verfügungen von Todes
                           wegen
                             |
              ┌──────────────┴──────────────┐
    letztwillige Verfügungen            Erbvertrag
    (einseitige Verfügungen von    (vertragliche Verfügungen von
         Todes wegen)                    Todes wegen)
              |
   ┌──────────┼──────────┬──────────────┐
eigenhändiges  öffentliches  Nottestament  gemeinschaftliches
 Testament     Testament                      Testament
(§ 2247 BGB)  (§ 2232 BGB) (§§ 2249 ff. BGB) (§§ 2265 ff. BGB)
```

II. Testament

Gem. § 1937 BGB kann der Erblasser durch einseitige Verfügung von Todes wegen (Testament, letztwillige Verfügung) den/die Erben bestimmen. Das Testament ist die Niederlegung des letzten Willens des Erblassers durch eine einseitige, nicht empfangsbedürftige Willenserklärung. Es gilt das Prinzip der **Höchstpersönlichkeit,** d.h., der Erblasser kann sich bei Testamentserrichtung nicht vertreten lassen (§ 2064 BGB). Ein Testament kann **bis** zum Tode vom Erblasser grds. frei **widerrufen** werden; **nach** seinem Tode kann es nach den Vorschriften der §§ 2078 ff BGB **angefochten** werden.

einseitige Willenserklärung

1. Testamentserrichtung

Das Testament kann zur **Niederschrift eines Notars** errichtet werden (sog. **öffentliches Testament**). Hierzu ist erforderlich, dass der Erblasser dem Notar entweder seinen letzten Willen mündlich erklärt oder ihm eine Schrift mit der Erklärung übergibt, dass diese seinen letzten Willen enthalte.[64] Die Schrift braucht nicht vom Erblasser selbst erstellt zu sein.

öffentliches Testament

Das Testament kann auch **eigenhändig** errichtet werden. Dies setzt eine handschriftliche Abfassung sowie die eigene Unterzeichnung voraus.[65] Es soll den Ort und den Zeitpunkt der Errichtung enthalten und kann in besondere **amtliche Verwahrung** bei einem beliebigen Amtsgericht gegeben werden.[66]

privatschriftliches Testament

Das öffentliche Testament hat den Vorzug, dass es infolge sachkundiger Beratung i.d.R. klarer gefasst ist als das privatschriftliche und vor Fälschung und Vernichtung sicher ist. Demgegenüber liegt der Vorteil des privatschriftlichen Testaments in der leichten Errichtung ohne anfallende Gebühren. Bei einem Vergleich der Gesamtkosten ist es allerdings nur dann kostengünstiger, wenn kein Erbschein beantragt wird.

Neben den ordentlichen Testamenten sieht das Gesetz drei Sonderformen vor, sog. **Nottestamente**.[67] Hierdurch wird dem Erblasser die Möglichkeit eingeräumt, auch in außergewöhnlichen Notsituationen seinen letzten Willen wirksam zu regeln.

Nottestamente

---

[64] § 2232 BGB
[65] § 2247 BGB
[66] § 2247 BGB
[67] §§ 2249 - 2252 BGB

Testament und Erbvertrag

gemeinschaftliches Testament

Nur Ehegatten ist das **gemeinschaftliche Testament** vorbehalten. Hier reicht es aus, wenn nur einer der Ehegatten den Text verfasst. Allerdings müssen beide Eheleute handschriftlich unterschreiben.[68]

2. Berliner Testament

Berliner Testament

Eine Sonderform des gemeinschaftlichen Testaments ist das sog. **Berliner Testament**, bei dem sich die Eheleute wechselseitig zu Erben einsetzen, zugleich aber bestimmen, dass nach dem Tode des Überlebenden der beiderseitige Nachlass an einen Dritten fallen soll. Hierbei gilt die (widerlegbare) Vermutung des § 2269 Abs. 1 BGB, wonach im Zweifel anzunehmen ist, dass der Dritte (zumeist die Abkömmlinge) für den gesamten Nachlass als Erbe des zuletzt verstorbenen Ehegatten eingesetzt ist.

Bindung nach Tod eines Partners

Diese Wirkung wird noch durch die Regelung in § 2270 BGB verstärkt, wodurch ein solches Testament sowie die in ihm enthaltenen Verfügungen im Verhältnis der **Wechselbezüglichkeit** stehen. Im Zweifel sind gegenseitige gemeinschaftliche Testamente stets wechselbezüglich.[69] Derartige wechselbezügliche Verfügungen können von jedem Ehegatten **frei widerrufen** werden, solange der andere Teil noch **lebt**. Der Widerruf muss notariell beurkundet werden, damit sichergestellt ist, dass der andere Ehegatte hiervon Kenntnis erlangt und nunmehr die Möglichkeit hat, selbst neu zu disponieren. Denn mit dem Wegfall einer wechselbezüglichen Verfügung entfällt auch die des anderen Ehegatten.[70] **Nach** dem **Tode** des Partners kann der überlebende Ehegatte das Widerrufsrecht nur noch um den Preis der **Ausschlagung** des Erbrechts ausüben, § 2271 Abs. 2 BGB.

zivilrechtliche Nachteile des Berliner Testaments

Zu Recht wird bei einem Berliner Testament vor der **Verdoppelung der Pflichtteilsrechte** gewarnt. Da die gegenseitige Erbeinsetzung die gemeinschaftlichen Kinder von der gesetzlichen Erbfolge ausschließt, haben diese schon beim Tode des erstverstorbenen Elternteils Pflichtteilsansprüche. Diese können als sofort fällige Geldansprüche die den Eltern vorschwebende Nachfolgeregelung gerade durchkreuzen, wenn bei gebundenem Vermögen (z.B. Unternehmensanteilen) die Verflüssigung des Vermögens erzwungen wird. Durch eine sog. „**Pflichtteilsklausel**" kann nicht verhindert werden, dass der auf den Pflichtteil Gesetzte als Pflichtteil mehr erhält, als sein Pflichtteil vom ganzen Erbteil des Erwerbenen ausmachen würde.

---

[68] § 2267 BGB
[69] § 2270 Abs. 2 BGB
[70] § 2270 Abs. 1 BGB

Testament und Erbvertrag

Um diesen Effekt zu vermeiden, werden häufig sog. „Abwehrklauseln" in das Berliner Testament aufgenommen. In Betracht kommt einmal die **einfache Abwehrklausel** mit folgender Formulierung;

> *„Es ist unser Wunsch, dass unsere Abkömmlinge beim Tod des Erstversterbenden von uns keinerlei Pflichtteilsansprüche geltend machen. Sollte trotz dieses Wunsches einer unser Abkömmlinge beim Tod des Erstversterbenden von uns seinen Pflichtteilsanspruch geltend machen, so soll dieser Abkömmling bzw. die an seine Stelle tretenden Abkömmlinge beim Tode des Längerlebenden von uns von der Erbfolge ausgeschlossen und auf den Pflichtteil gesetzt sein."*

„einfache" Abwehrklausel

Die Effizienz dieser Klausel ist nur gering. Das den Pflichtteil fordernde Kind erhält diesen praktisch zweimal, weil der Pflichtteil beim zweiten Erbfall aus dem Nachlass des überlebenden Elternteils berechnet wird, in dem sich auch der Nachlass des ersten Elternteils – geschmälert um den ersten Pflichtteil – befindet.

Zur Steigerung der Abschreckungswirkung ist daher die sog. **„Jastrowsche Klausel"** entwickelt worden, die folgenden Wortlaut hat:

„verstärkte" Abwehrklausel

> *„Verlangt einer unserer Abkömmlinge auf den Tod des Erstversterbenden den Pflichtteil, so sind er und seine Nachkommen von der Erbfolge auf Ableben des Längstlebenden ausgeschlossen. Ferner erhält in diesem Fall jeder in diesem Testament berufene Abkömmling mit Ausnahme dessen, der den Pflichtteil verlangt hat, und seiner Nachkommen, aus dem Nachlass des Erstversterbenden ein Geldvermächtnis in Höhe des Wertes seines gesetzlichen Erbteils auf Ableben des Erstversterbenden, wobei der gesetzliche Erbteil nach den Verhältnissen im Zeitpunkt des Todes des überlebenden Ehegatten zu bestimmen ist. Diese Vermächtnisse fallen erst mit dem Tod des Längstlebenden an und nur an zu diesem Zeitpunkt noch lebende Bedachte."*

Diese Klausel wirkt deshalb abschreckend, weil hierdurch der Nachlass des zweiten Elternteils – und damit auch der Pflichtteilsanspruch des für den zweiten Erbfall enterbten Abkömmlings – deutlich vermindert, u.U. sogar „verbraucht" wird.

Testament und Erbvertrag

a) Erbschaftsteuerliche Aspekte des Berliner Testaments

Beim Berliner Testament sind zwei Erbfälle zu unterscheiden. Ihre Behandlung entspricht weitgehend der steuerlichen Behandlung der Vor- und Nacherbschaft in § 6 ErbStG. Im ersten Erbfall erbt der überlebende Ehegatte allein, während beim zweiten Erbfall die Kinder das Vermögen des zuerst verstorbenen Elternteils vom zuletzt verstorbenen Elternteil erwerben und ggf. außerdem dessen eigenes Vermögen. Aus dieser Konstellation ergibt sich der **Nachteil**, dass die **Freibeträge der Kinder im ersten Erbfall nicht ausgenutzt werden.**

Freibeträge der Kinder beim ersten Erbfall verfallen

(1) Erster Erbfall

Bei kleineren und mittleren Vermögen werden die vom Gesetz vorgesehenen Freibeträge, Bewertungsabschläge bzw. Steuerbefreiungen in der Regel keine ErbSt anfallen lassen. Folgende Befreiungen/Freibeträge sollten hier einkalkuliert werden:

	EUR
Persönlicher Freibetrag des Ehegatten/Lebenspartners (soweit durch Vorschenkungen noch nicht verbraucht)	500.000
Besonderer Versorgungsfreibetrag nach § 17 Abs. 1 S. 1 ErbStG (nach etwaiger Minderung durch den Kapitalwert von erbschaftsteuerfreien Altersversorgungen)	256.000
evtl. Verschonungsabschlag/Abzugsbetrag für BV gem. § 13a Abs. 1 und 2 ErbStG	x
steuerfreier Zugewinnausgleich gem. § 5 ErbStG	x
Steuerfreiheit des Familienheims gem. § 13 Abs. 1 Nr. 4b ErbStG	x

Hinweis

Es kommt entscheidend darauf an, wie der Nachlass zusammengesetzt ist, ob nämlich neben PV auch BV vorhanden ist. Ferner ist zu beachten, dass Grundstücke mit erheblich höheren Werten als den früheren Einheitswerten anzusetzen sind.

(2) Zweiter Erbfall

Nur durch Einbeziehung des zweiten Erbfalls in eine Gesamtkalkulation kann letzten Endes die Frage beantwortet werden, ob ein Berliner Testament eine für den Einzelfall angemessene Erbregelung darstellt. Selbst wenn beim ersten Erbfall keine oder eine nur geringe ErbSt anfallen sollte, kann die Nichtausnutzung von Freibeträgen durch die Kinder im ersten Erbfall zu einer höheren Steuerbelastung führen, wenn der zweite Erbfall bei der Gesamtkalkulation nicht berücksichtigt wird. Ggf. sollte allerdings die Steuerermäßigung nach § 27 ErbStG beachtet werden, die bei mehrfachem Erwerb desselben Vermögens in Betracht kommt.

Beispiel

Der Nachlass des verstorbenen V besteht aus im PV gehaltenen Grundbesitz mit einem Verkehrswert von 1 Mio. EUR und einem Steuerwert von 800.000 EUR sowie aus 400.000 EUR Bankguthaben (inkl. festverzinsliche Wertpapiere). Es liegt ein Berliner Testament vor, nach dem die bisher vermögenslose Ehefrau M zur Alleinerbin eingesetzt ist, während die Tochter T als Schlusserbin eingesetzt ist. Die Eheleute lebten im gesetzlichen Güterstand. Der Zugewinnausgleichsanspruch gem. § 5 Abs. 1 ErbStG beträgt 350.000 EUR.

Erster Erbfall: Tod des V	EUR
Steuerwert des Nachlasses	1.200.000
./. persönlicher Freibetrag (§ 16 Abs.1 Nr.1 ErbStG)	500.000
./. Versorgungsfreibetrag (§ 17 ErbStG)	256.000
./. Zugewinnausgleich	350.000
Stpfl. Erwerb des Ehegatten	94.000
ErbSt 11 %	10.340

Zweiter Erbfall: Tod der M	EUR
Steuerwert des Nachlasses	1.200.000
./. persönlicher Freibetrag des Kindes	400.000
Stpfl. Erwerb des Kindes	800.000
ErbSt 19 %	152.000

Alternative: Berliner Testament mit Aussetzung eines Vermächtnisses

Würde im obigen Sachverhalt beim Tod des Erstversterbenden ein Vermächtnis i.H.d. Freibetrags der T von 400.000 EUR ausgesetzt, ergibt sich folgende Lösung:

Erster Erbfall:

	EUR
Steuer bei M	0
Steuer für T ebenfalls	0

Zweiter Erbfall (Tod der M)

	EUR
Steuerwert des Nachlasses (nach Abzug des Vermächtnisses)	800.000
./. persönlicher Freibetrag des Kindes	400.000
	400.000
ErbSt 15 %	60.000

Fazit

Die Verquickung des Berliner Testaments mit Vermächtniseinsetzung im ersten Erbfall führt also zu einer Steuerentlastung von (152.000 EUR ./. 60.000 EUR) 92.000 EUR.

Bei zwei Kindern als Schlusserben im zweiten Erbfall und Vermächtnissen im ersten Erbfall i.H.d. Freibeträge würde keine ErbSt mehr entstehen.

Hinweis

Die FinVerw erkennt die sog. „**Jastrowsche Klausel**"[71] erbschaftsteuerlich an. Nach § 6 Abs. 4 ErbStG sind Nachvermächtnisse (§ 2191 Abs. 1 BGB) und Vermächtnisse oder Auflagen, die mit dem Tod des Beschwerten fällig werden, den Nacherbschaften gleichgestellt und damit abweichend vom BGB als Erwerb vom Vorvermächtnisnehmer oder Beschwerten und nicht als Erwerb vom Erblasser zu behandeln. Folglich liegt insoweit weder beim Tod des erstversterbenden noch beim Tod des überlebenden Ehegatten eine die jeweilige Bereicherung durch Erbanfall mindernde Vermächtnislast nach § 10 Abs. 5 Nr. 1 ErbStG vor; beim Tod des überlebenden Ehegatten ist jedoch eine Erblasserschuld nach § 10 Abs. 5 Nr. 1 ErbStG abzugsfähig. Damit können die „braven Kinder" beim Tode des überlebenden Ehegatten als Erblasserschuld abziehen, was sie in Befolgung der „Jastrowschen Klausel" nach dem Ableben beider Elternteile erhalten.[72]

b) Spezialvorschrift des § 15 Abs. 3 ErbStG

Steuerklassenwahlrecht Gehören die Schlusserben in einem Berliner Testament nicht zum Kreis der in die StKl. I fallenden nahen Angehörigen (Kinder und Enkel), greift das Steuerklassenwahlrecht nach § 15 Abs. 3 ErbStG ein. Hiernach kann der Schlusserbe, der aufgrund einer wechselbezüglichen Verfügung des überlebenden Ehegatten zur Erbfolge gelangt, wie ein **Nacherbe** die Ver-

---

[71] Siehe S. 61
[72] Vgl. *Kapp/Ebeling*, ErbStG, § 15 Rz 81.1

Testament und Erbvertrag

steuerung nach dem erstverstorbenen Ehegatten wählen, soweit es um vom Erstverstorbenen stammendes Vermögen geht.

Beispiel[73]

Die kinderlosen Eheleute A und B setzen sich gegenseitig als Alleinerben ein und die Nichte N des A als Schlusserbin. A verstirbt vor B. Nach dem Tode von B besteht das Nachlassvermögen aus 450.000 EUR, davon stammen 250.000 von A.

Lösung

Bei N findet § 15 Abs. 3 ErbStG Anwendung, weil sie im Verhältnis zu A in StKl. II (§ 15 Abs. 1 StKl. II Nr. 3 ErbStG) steht und im Verhältnis zu B nur in StKl. III. Die Gesamterbschaftsteuerbelastung der N errechnet sich analog § 6 Abs. 2 ErbStG wie folgt:

	EUR
Steuersatz für Gesamterwerb (§ 6 Abs. 2 S. 5 i.V.m. S. 4 ErbStG), bezogen auf A (450.000 ./. Freibetrag von 20.000) =	430.000
Steuersatz: StKl. II = 30 %	129.000
bezogen auf Erwerb von B (450.000 ./. Freibetrag StKl. III: 20.000)	430.000
Steuersatz 29 %	
Teilerwerb von A (250.000 ./. 20.000 Freibetrag) =	230.000
30 % =	69.000
Teilerwerb von B auf 200.000 (Freibetrag wird nicht abgezogen)	
Steuersatz 30 %	60.000
Gesamtsteuerbelastung der N (69.000 + 60.000)	129.000

---

[73] Nach *Kapp/Ebeling*, ErbStG, § 15 Rz 81.4

Testament und Erbvertrag

c) Gestaltungsmöglichkeiten bei größeren Vermögen vor dem ersten Erbfall

(1) Steuerbelastung beim Berliner Testament

Bei größeren Nachlässen führt das Berliner Testament zu **erheblichen Mehrbelastungen**.

Beispiel

Die Eheleute V und M haben ein typisches Berliner Testament. Sie leben im Güterstand der Gütertrennung. Schlusserbe ist ihr einziges Kind, nämlich der Sohn S. Im ersten Erbfall beim Tod des V soll der steuerliche Nachlasswert 4 Mio. EUR betragen (nur PV), M verfügt über eigenes Vermögen von 1 Mio. EUR.

Erster Erbfall: (Tod des V):	EUR
Steuerbarer Erwerb	4.000.000
./. Freibetrag	500.000
./. Versorgungsfreibetrag	256.000
Stpfl. Erwerb der M	3.244.000
ErbSt = 19 %	616.360

Zweiter Erbfall: (Tod der M)	EUR
Steuerbarer Erwerb (4.000.000 + 1.000.000 ./. 616.360 ErbSt)	4.383.640
./. Freibetrag	400.000
Stpfl. Erwerb des S	3.983.600
ErbSt 19 %	756.884
Die Gesamtsteuerbelastung beträgt demnach	616.360
	+ 756.884
	1.373.244

Bei größeren Vermögen sollten deshalb andere Lösungen gesucht werden.

(2) Barvermächtnis mit Rentenoption

Bei der Aussetzung eines Barvermächtnisses mit Rentenoption wird das Kind nicht als Schlusserbe, sondern als **Alleinerbe** eingesetzt und zugunsten des längst lebenden Ehegatten ein **Barvermächtnis** von z.B. 2 Mio. EUR **ausgesetzt**. Statt des Barvermächtnisses kann die Mutter im ersten Erbfall eine laufende **lebenslängliche Rente** verlangen (Rentenoption). Diese Gestaltung wäre als Abfindung für die Ausschlagung des Vermächtnisses i.S.d. § 3 Abs. 2 Nr. 4 ErbStG anzusehen.

Testament und Erbvertrag

Erster Erbfall:	EUR
Nachlasswert des Kindes	4.000.000
./. Vermächtnisschuld an die Mutter	2.000.000
./. persönlicher Freibetrag gem. § 16 Abs. 1 Nr. 2 ErbStG	400.000
Stpfl. Erwerb des Kindes	1.600.000
ErbSt 19 %	304.000
Nachlasswert der M	2.000.000
./. persönlicher Freibetrag	500.000
./. Versorgungsfreibetrag	256.000
Stpfl. Erwerb der Mutter	1.244.000
ErbSt 19 %	236.360
Zweiter Erbfall: (Tod der M)	EUR
Stpfl. Erwerb des Kindes	2.763.640
(2.000.000 + 1.000.000 ./. 236.360 ErbSt)	
./. Freibetrag	400.000
Stpfl. Erwerb	2.363.600
ErbSt 19 %	449.084

Die Gesamtsteuerbelastung (989.444 EUR) ist bei dieser Gestaltung erheblich geringer.

(3) Nießbrauchsvermächtnis

Bei dieser Variante wird das Kind in vollem Umfang als Erbe oder zumindest als Miterbe des zuerst sterbenden Ehegatten eingesetzt. Der **überlebende Ehegatte** wird durch die testamentarische Zuwendung des **Nießbrauchs am Nachlass** oder an einzelnen Nachlassgegenständen (z.B. Grundstücken) oder an den Erbteilen mehrerer Kinder sowie durch seine Einsetzung als **Testamentsvollstrecker** abgesichert. Mit dieser Alternative wird folgendes Ergebnis erzielt:

– Ausnutzung der Freibeträge der Kinder beim ersten Erbfall

– Abmilderung des Steuertarifs

– die Kinder werden erbschaftsteuerlich als Erben behandelt, während zivilrechtlich durch die Dauertestamentsvollstreckung gewährleistet ist, dass über Nachlassgegenstände gegen den Willen des Überlebenden nicht verfügt werden kann (Verstärkung evtl. durch testamentarisch verfügten Ausschluss der Erbauseinandersetzung).

Testament und Erbvertrag

d) Gestaltungsmöglichkeiten beim Berliner Testament nach dem ersten Erbfall

Liegt im Erbfall des erstverstorbenen Ehegatten bereits ein Berliner Testament vor, so muss nach Wegen gesucht werden, die eine Ausnutzung der Freibeträge für die Kinder schon beim ersten Erbfall möglich machen und evtl. den Steuertarif abmildern. In Betracht kommen:

Ausschlagung
— Ausschlagung des Erbes ohne Abfindung

einvernehmliche Pflichtteilsgeltendmachung
— Ausschlagung des Erbes mit Abfindung

— in der Familie abgestimmte Geltendmachung von Pflichtteilen.

(1) Ausschlagung ohne Abfindung

„kleiner Pflichtteil"
Erhebliche Vorteile durch die Ausschlagung des Erbes können sich bei Vorliegen des gesetzlichen Güterstands der Zugewinngemeinschaft ergeben. Hier führt die **Ausschlagung** nämlich **nicht zum Verlust sämtlicher Rechtspositionen;** vielmehr bestehen nach § 1371 Abs. 2 BGB **Ansprüche auf den Zugewinnausgleich** und auf den sog. **„kleinen Pflichtteil"**, der neben Abkömmlingen 1/8 des zu Verkehrswerten gerechneten Nachlasswerts beträgt. Der tatsächliche Zugewinnausgleich ist nach § 5 Abs. 2 ErbStG steuerfrei und wird nicht etwa durch den Steuerwert des Nachlasses wie im Erbfall nach § 5 Abs. 1 ErbStG begrenzt.

Der kleine Pflichtteilsanspruch sollte im Hinblick auf die Freibetragsausnutzung geltend gemacht werden.

Hinweis

Eine Beschränkung der Ausschlagung auf einen Teil der Erbschaft ist rechtlich nicht zulässig (§ 1950 BGB). Die Ausschlagung darf nicht an eine Bedingung geknüpft werden (§ 1947 BGB).

Die **Ausschlagung beseitigt die Bindungswirkung des Berliner Testaments.**[74] Es sollte deshalb unter den Beteiligten geklärt werden, ob sie die Bindung dadurch wiederherstellen wollen, dass der überlebende Ehegatte das Kind durch **Erbvertrag** mit ihm als Erben einsetzt.

---

[74] Vgl. §§ 2271 Abs. 2, 2298 Abs. 2 S. 3 BGB

(2) Ausschlagung gegen Abfindung

Diese Alternative kommt in Betracht, wenn der überlebende Ehegatte mehr als den Zugewinnausgleich und den kleinen Pflichtteil beanspruchen will.

Es empfiehlt sich, dass der überlebende Ehegatte aus allen Berufungsgründen ausschlägt (testamentarische oder gesetzliche Erbfolge), so dass das Kind dann Alleinerbe des verstorbenen Ehegatten ist.

Die **Abfindung** ist nach § 3 Abs. 2 Nr. 4 ErbStG **wie ein** vom Erblasser zugunsten des Ausschlagenden **angeordnetes Vermächtnis zu versteuern**. Der Erbe kann die Abfindung nach §10 Abs. 5 Nr. 3 ErbStG als Kosten für die Erlangung seines Erwerbs abziehen.

Besteuerung der Abfindung

Die **Abfindung**, die letzten Endes der Sicherung der Altersversorgung des überlebenden Ehegatten dienen soll, **kann** z.B. **darin bestehen, dass ein Nießbrauchsvermächtnis eingeräumt wird**; sie kann auch durch Überlassung von Kapitalvermögen oder von Voll- oder Miteigentum an Grundstücken aus dem Nachlass oder aus dem Eigenvermögen des Kindes (neben oder anstelle des Nießbrauchs oder einer Rente) oder durch Einräumung des Nießbrauchs an einzelnen Nachlassgegenständen – auch als Quotennießbrauch – oder an einem Einzelunternehmen oder einer Gesellschaftsbeteiligung erfüllt werden.[75]

Wird der Zugewinnausgleichsanspruch nach Beendigung der Zugewinngemeinschaft nicht geltend gemacht, so liegt möglicherweise eine Schenkung vor. Es empfiehlt sich deshalb, in der Abfindungsvereinbarung klarzustellen, welcher Teil der Abfindung der Abgeltung des Zugewinnausgleichsanspruchs dient – und damit erbschaftsteuerfrei ist – und welcher Betrag für die Ausschlagung der Erbschaft und für die Nichtgeltendmachung des Pflichtteils bezahlt wird und damit nach § 3 Abs. 2 Nr. 4 ErbStG stpfl. ist.

Klarstellung erforderlich

(3) Geltendmachung des Pflichtteils

Durch **gezielten Einsatz** des Pflichtteilsrechts können sich für die gesamte Familie Vorteile durch die Minderung der ErbSt ergeben. Der **Pflichtteilsanspruch führt zur Nachlassverbindlichkeit**, die den Nachlass des überlebenden Elternteils verringert. Auf diese Weise können die sonst verloren gehenden Freibeträge der Kinder ausgenutzt werden.

---

[75] Vgl. im Einzelnen die Bsp. bei *Bühler*, BB 1997, 551, 554

Testament und Erbvertrag

Vorhandensein einer „Abwehrklausel"

Sollte in dem Testament eine sog. „Abwehrklausel" enthalten sein, wonach ein Kind, das auf den Tod des erstverstorbenen Elternteils den Pflichtteil verlangt, vom überlebenden Elternteil nichts erbt, d.h. wiederum nur den Pflichtteil erhält, so ist zu empfehlen, dass man die Rechtsfolgen dieser Abwehrklausel dadurch vermeidet, dass **anstelle des Pflichtteils** eine **Abfindung i.H.d. Pflichtteils** vereinbart wird **unter der Voraussetzung, dass dieser nicht geltend gemacht wird**. Die Abfindung ist mit ihrem Steuerwert wie eine entsprechende Zuwendung des Erblassers nach § 3 Abs. 2 Nr. 4 ErbStG erbschaftsteuerpflichtig, also vom Empfänger zu versteuern und beim Erben abzugsfähig.[76]

Hinweis

Der Verzicht auf den nicht geltend gemachten Pflichtteilsanspruch ist gem. § 13 Abs. 1 Nr. 11 ErbStG steuerfrei. Pflichtteilshaftungsklauseln sollten im Übrigen so ausgestaltet sein, dass die Sanktionen nur eingreifen, wenn der Pflichtteilsanspruch „gegen den Willen des Längerlebenden" geltend gemacht wird.

III. Testamentsvollstreckung

In manchen Fällen ist es zweckmäßig, eine Testamentsvollstreckung gem. §§ 2197 ff BGB anzuordnen. Diese bietet sich insb. an, wenn

- eine Erbengemeinschaft zur Erbfolge gelangt
- Teilungsanordnungen durchzuführen sind
- die Erben im Erbfall voraussichtlich noch minderjährig sind
- die Durchsetzung der Rechte eines Vermächtnisnehmers sichergestellt werden soll.

Es kann sich bei dem Testamentsvollstrecker um eine neutrale Person handeln, aber auch ein Miterbe oder ein Vermächtnisnehmer kann zum Testamentsvollstrecker ernannt werden.

Aufgaben des Testamentsvollstreckers

Die Aufgabe des Testamentsvollstreckers besteht darin, die **Vermögensauseinandersetzung** entsprechend dem Willen des Erblassers vorzunehmen, insb. Teilungsanordnungen zu vollziehen sowie Vermächtnisse und Auflagen zu erfüllen. Ihm obliegt die **Verwaltung des Nachlasses**; es

---

[76] Vgl. *Kapp/Ebeling*, ErbStG, § 3 Rz 215, § 13 Rz 102

kann aber auch **Dauervollstreckung** angeordnet werden.[77] Diese kann sich auf 30 Jahre bzw. sogar auf das Leben des Testamentsvollstreckers oder des Erben beziehen.[78]

Der Erblasser kann auch ein **Verbot der Auseinandersetzung** für längstens 30 Jahre anordnen und auf diese Weise versuchen, die Erbengemeinschaft zusammenzuhalten.[79] Allerdings ist einzukalkulieren, dass die Erben versucht sein werden, sich über das Verbot hinwegzusetzen, wenn es nicht durch Testamentsvollstreckung abgesichert ist. Letzte Sicherheit gibt es jedoch auch hier nicht, wenn es z.B. den Erben gelingt, den Testamentsvollstrecker von seinem Amt freizukaufen.

IV. Erbvertrag

1. Zivilrecht

Bei dem **Erbvertrag** handelt es sich um eine **vertragliche Verfügung von Todes wegen** zwischen dem Erblasser und dem Vertragserben. Diese Form der Verfügung von Todes wegen hat besondere Bedeutung für **nichteheliche Lebensgemeinschaften**, weil die Partner einer nichtehelichen Lebensgemeinschaft kein gemeinschaftliches Testament errichten können. Schließen die Betroffenen einen Erbvertrag ab, so ist jedoch Vorsicht im Hinblick auf etwaige **Auflösungsgründe** geboten. Denn nur Erbverträge zwischen Verlobten, Ehegatten und Lebenspartnern verlieren automatisch ihre Wirksamkeit gem. §§ 2077, 2279 Abs. 2 BGB

Auflösungsgründe beim Erbvertrag

- mit der Lösung des Verlöbnisses

- mit der Scheidung der Ehe

- wenn die Ehe nichtig war

- wenn sie hätte aufgehoben werden können und der Erblasser Aufhebungsklage erhoben hatte

- wenn die Ehe scheidungsreif war und der Erblasser die Scheidung beantragt oder ihr zugestimmt hat.

---

[77] § 2209 BGB
[78] § 2210 BGB
[79] § 2044 BGB

Testament und Erbvertrag

Hingegen ist der Erbvertrag zwischen **nichtehelichen Lebensgemeinschaften** auch dann noch wirksam, wenn sich die Partner längst getrennt haben. Um diese unerwünschte Rechtsfolge zu vermeiden, empfiehlt sich die Aufnahme eines **Rücktrittsvorbehalts** für den Fall der Trennung.

Bindungswirkung Im Regelfall wird ein **zweiseitiger Erbvertrag** geschlossen, bei dem beide Vertragspartner sowohl Erblasser als auch Vertragserben sind. Es besteht also insoweit eine gewisse Ähnlichkeit zu dem gemeinschaftlichen Testament; der Unterschied besteht jedoch darin, dass die Vertragsparteien **beim Erbvertrag stärker gebunden sind**. Während ein gemeinschaftliches Testament zu Lebzeiten des anderen Ehegatten durch **einen** Ehegatten aufgehoben werden kann, besteht diese Möglichkeit beim Erbvertrag nur, wenn sich der Erblasser im Vertrag den Rücktritt vorbehalten[80] oder sich der Bedachte einer schweren Verfehlung schuldig macht.[81]

Enthält der Erbvertrag **wechselseitige Verfügungen**, so ist der Vertragserbe vor anderweitigen **Verfügungen von Todes wegen** des Erblassers im Hinblick auf den Inhalt des Erbvertrags geschützt.[82] Der Erbvertrag bietet jedoch **keinen Schutz vor lebzeitigen Verfügungen** des Erblassers mit Ausnahme der Schenkungen in der Absicht der Benachteiligung des Bedachten.[83]

Form Der Erbvertrag bedarf der **notariellen Form**.[84] Die Vertragspartner müssen persönlich anwesend sein. Der Erbvertrag kann mit einem Ehevertrag kombiniert werden. Andere Verfügungen als **Erbeinsetzungen, Vermächtnisse und Auflagen** können vertragsmäßig nicht getroffen werden (§ 2278 Abs. 2 BGB).

2. Steuerrecht

Der Erbvertrag ist erbschaftsteuerlich dem Testament gleichzustellen. Er ist Grundlage für den nach dem ErbStG zu versteuernden Erwerb. Fraglich ist, inwieweit bei entgeltlichen Erbverträgen **Gegenleistungen** erbschaftsteuerlich zu berücksichtigen sind.

---

[80] § 2293 BGB
[81] § 2294 BGB
[82] § 2298 BGB
[83] §§ 2287, 2288 BGB
[84] § 2276 BGB

Testament und Erbvertrag

Nach früherer Rspr. und Verwaltungsauffassung hatte der durch Erbvertrag als Erbe Eingesetzte den Erwerb bei Eintritt des Erbfalls in voller Höhe auch dann zu versteuern, wenn er sich die Zuwendung zur Abgeltung eines Anspruchs gegen den Erblasser hat zusichern lassen. Nach heutiger Rspr. des BFH gilt, dass Zuwendungen, die der Erbe zu Lebzeiten des Erblassers an diesen als Gegenleistung für eine vertraglich vereinbarte Erbeinsetzung erbringt, Kosten sind, die unmittelbar im Zusammenhang mit der Erlangung des Erwerbs stehen und demgemäß als Nachlassverbindlichkeiten gem. § 10 Abs. 5 Nr. 3 S. 1 ErbStG abzugsfähig sind.[85]

Gegenleistung als Nachlassverbindlichkeit

Muss der Vertragserbe zum Zwecke der vertraglichen Erbeinsetzung Zahlungen **an Dritte** erbringen, sind diese Leistungen erst beim Erbfall als Erwerbskosten zu berücksichtigen. Bei vorzeitiger Zahlung ist aufzuzinsen.

Beispiel

Mutter M, Tochter T und Sohn S haben in einem Erbvertrag vereinbart, dass T das Haus der M als Vorausvermächtnis erhalten und hierfür sofort nach Vertragsschluss an S 200 000 EUR zahlen soll. Das übrige Vermögen der M soll im Erbfall hälftig verteilt werden.

Bei der Zahlung des Geldbetrages an S handelt es sich um eine freigebige Zuwendung der M an ihren Sohn gem. § 7 Abs. 1 Nr. 1 ErbStG. Der Vorgang ist so zu sehen, als wenn M von T als vorzeitige Gegenleistung für die Erbeinsetzung bzgl. des Hauses den Geldbetrag erhalten und ihn sodann an ihren Sohn weitergegeben hätte (abgekürzter Zahlungsweg).

Beim Tod der M erwirbt T das Haus sowie die Hälfte des übrigen Vermögens. Erst im Erbfall kann sie ihre vorzeitige Gegenleistung geltend machen und nach § 10 Abs. 5 Nr. 3 ErbStG als Leistung zum Erwerb des Vorausvermächtnisses abziehen. Hierbei ist die Leistung für den Zeitraum zwischen Zahlung und Erbfall aufzuzinsen.

---

[85] BFH-Urt. v. 13.7.1983 – II R 105/82, BStBl II 1984, 37

Vermächtnis

F. Vermächtnis

I. Zivilrechtliche Grundlagen

1. Allgemeines

erbrechtliche Stellung des Vermächtnisnehmers

Wenn auch im Sprachgebrauch die Worte „vererben" und „vermachen" gleichbedeutend verwendet werden, so drücken sie doch juristisch zwei unterschiedliche Tatbestände aus, denn der **Vermächtnisnehmer wird nicht Erbe** (Miterbe) und damit **nicht Gesamtrechtsnachfolger** des Erblassers.

Ein **Vermächtnis** liegt vor, wenn der Erblasser durch **Testament** oder **Erbvertrag** einem anderen, ohne ihn zum Erben einzusetzen, einen Vermögensvorteil zuwendet (§§ 1939, 1941 BGB). Der Vermächtnisnehmer erwirbt also nicht die Stellung eines (am Nachlass dinglich beteiligten) Erben, sondern nur einen **schuldrechtlichen Anspruch** gegen den oder die Belasteten auf Herausgabe des Vermächtnisses (§ 2174 BGB).

Beispiel

M setzt folgendes Testament auf: „Ich, M, setze meine beiden Kinder aus erster Ehe, K1 und K2, zu meinen Erben ein. Meine zweite Ehefrau F soll meine sämtlichen Bankguthaben als Vermächtnis erhalten."

Hier hat M seine beiden Kinder aus erster Ehe als Erben eingesetzt. Mit dem Tode des M erwerben diese sämtliche ihm gehörenden Vermögenswerte, werden bspw. Eigentümer des Grundbesitzes, haften den Gläubigern ihres Vaters auf Bezahlung seiner Schulden, etc. Hingegen ist F nicht als Erbin, sondern als Vermächtnisnehmerin bezeichnet. In dieser Rechtsstellung erhält sie lediglich eine abgegrenzte Einzelposition (im Beispielsfall das Bankguthaben). Allerdings geht die Inhaberschaft an den Bankkonten nicht automatisch auf F über. Vielmehr muss diese ihren Anspruch gegen die Kinder aus erster Ehe durchsetzen, also von diesen verlangen, dass die Bankguthaben auf sie übertragen werden.

Schuldner des Vermächtnisses ist im Zweifel der Erbe (§ 2147 S. 2 BGB), doch kann auch ein Vermächtnisnehmer beschwert sein (§§ 2186, 2191 BGB).

Ausschlagung

Der Vermächtnisnehmer kann das **Vermächtnis durch formlose Erklärung** ggü. dem Beschwerten **ausschlagen**. Hierfür besteht keine Frist (Ausnahme: Der Vermächtnisnehmer ist zugleich Pflichtteilsberechtigter und

Vermächtnis

wird vom Erben unter Fristsetzung zur Erklärung über die Annahme des Vermächtnisses aufgefordert, § 2307 Abs. 2 S. 1 BGB). Allerdings ist die Ausschlagung nicht mehr möglich, wenn der Vermächtnisnehmer das Vermächtnis – sei es nur durch schlüssiges Handeln – angenommen hat (§ 2180 BGB). Bei wirksamer Ausschlagung (oder bei Fristablauf gem. § 2307 Abs. 2 S. 2 BGB) gilt der Anfall des Vermächtnisses als nicht erfolgt.

2. Vermächtnisarten

a) Geld- und Sachvermächtnis

Da Gegenstand eines Vermächtnisses jeder Vermögensvorteil sein kann, kann es sowohl auf die Übertragung einer **Geldsumme** als auch auf die Übertragung einzelner beweglicher und unbeweglicher **Sachen** (insb. Grundstücke) bzw. von **Rechten** gerichtet sein.

b) Verschaffungsvermächtnis

Befindet sich der zu übereignende Vermögensvorteil noch nicht im Nachlass, sondern muss er vom Erben erst noch aus Mitteln des Nachlasses beschafft werden, so spricht man von einem **Verschaffungsvermächtnis** (§ 2170 BGB). Ist der Erbe hierzu nicht in der Lage, so hat er den Wert (= der gemeine Wert z.Zt. des Erbfalls) zu entrichten. Gleiches gilt, wenn dem Erben die Verschaffung nur mit unverhältnismäßigen Aufwendungen möglich ist (§ 2170 Abs. 2 BGB).

c) Kaufrechtsvermächtnis

Hier wird dem Vermächtnisnehmer das Recht eingeräumt, einen Gegenstand zu einem bestimmten (meist niedrigen) Preis zu erwerben. Vermächtnisgegenstand ist also nicht der Nachlassgegenstand, sondern das **Kaufrecht**, das noch keinen auf Eigentumsübertragung gerichteten Sachleistungsanspruch begründet.

Beispiel

M räumt V in einem Erbvertrag das Recht ein, ein bestimmtes Grundstück aus seinem Nachlass zu erwerben. Als Gegenleistung hierfür soll V 300.000 EUR in den Nachlass entrichten. Der Verkehrswert des Grundstücks beträgt 500.000 EUR.

Hier hat M dem V nicht das Grundstück selbst vermächtnisweise zugewendet, sondern nur ein **Ankaufsrecht** bzgl. des Grundstücks. Anders als bei einem unmittelbaren Grundstücksvermächtnis, das bereits mit dem

Vermächtnis

Anspruch auf Auflassung anfällt, entsteht das Kaufrechtsvermächtnis erst mit der Ausübung des Kaufrechts durch den Vermächtnisnehmer.

d) Vorausvermächtnis

Abgrenzung Vorausvermächtnis/ Teilungsanordnung

Ist der Vermächtnisnehmer zugleich Erbe, so handelt es sich um ein sog. **Vorausvermächtnis** (§ 2150 BGB). Der Bedachte ist hier also zugleich der Beschwerte. In Einzelfällen kann die Abgrenzung zur **Teilungsanordnung** gem. § 2048 BGB schwierig sein. Bei einem Vorausvermächtnis wird dem Vermächtnisnehmer **zusätzlich zu seinem Erbteil** ein Vermögensvorteil zugewendet. Die Teilungsanordnung hingegen lässt die Höhe der Erbteile und den Wert der Beteiligung der einzelnen Miterben am Nachlass unberührt.

Beispiel (Vorausvermächtnis)

Erblasser E hat testamentarisch verfügt, dass ihn seine drei Kinder A, B und C je zu einem Drittel beerben sollen. Zugleich hat er angeordnet, dass Sohn A seine Münzsammlung „ohne Anrechnung auf sein Erbteil" erhalten soll. Der Nachlass besteht aus einem Grundstück (Steuerwert: 2 Mio. EUR), einem Aktiendepot (Wert: 2 Mio. EUR), Barvermögen im Wert von 2 Mio. EUR sowie einer Münzsammlung im Wert von 600.000 EUR.

Hier erhält A nach dem Willen des Erblassers die Münzsammlung zusätzlich zu seiner Erbquote von einem Drittel (= 2 Mio. EUR Erbquote + 600.000 EUR Vorausvermächtnis).

Beispiel (Teilungsanordnung)

Bsp. wie oben, nur hat E jetzt angeordnet, dass A das Grundstück, B das Aktiendepot und C sein Barvermögen erhalten sollen. Zusätzlich soll A die Münzsammlung zufallen, wobei ihm E auferlegt hat, den Mehrwert durch eine entsprechende Zahlung aus seinem eigenen Vermögen an seine Geschwister auszugleichen.

Es handelt sich hier um eine schuldrechtliche Teilungsanordnung des Erblassers, die nur für die Auseinandersetzung der Miterben von Bedeutung ist. D.h, die Erben sind gesamthänderisch am Nachlass in Höhe ihrer Erbquote beteiligt, A hat ggü. den Miterben lediglich einen Anspruch auf Übertragung der Münzsammlung.

An diesem Ergebnis würde sich auch dann nichts ändern, wenn E dem A im vorliegenden Fall die Ausgleichspflicht nicht ausdrücklich auferlegt hätte, die Testamentsauslegung jedoch ergibt, dass E dem A durch die Teilungsanordnung keinen zusätzlichen Wertvorteil zuwenden wollte.

Vermächtnis

e) Weitere Vermächtnisformen

Das Vermächtnis kann auch in einem Nießbrauch bestehen (sog. **Nießbrauchsvermächtnis**, §§ 2147 ff i.V.m. §§ 1030 ff BGB), vornehmlich an Grundstücken, an Anteilen an KapG und PersG sowie an verzinslichen Forderungen (z.B. Sparguthaben). Darüber hinaus kann ein **Wohnrecht** (§§ 2147 ff i.V.m. § 1093 BGB) oder eine **Rente** (§§ 2147 ff i.V.m. §§ 759 ff BGB) Gegenstand eines Vermächtnisses sein.

Sonderformen

Bei einem **Wahlvermächtnis** (§ 2154 BGB) kann der Bedachte von mehreren Gegenständen nur den einen oder anderen auswählen (Bsp.: „eines meiner Bilder"). Im Zweifel steht das Wahlrecht dem Beschwerten zu (§ 262 BGB).

Ein **Untervermächtnis** (§§ 2186, 2187 BGB) liegt vor, wenn der Vermächtnisnehmer wiederum selbst mit einem Vermächtnis belastet ist.

Merkmal eines **Nachvermächtnisses** (§ 2191 BGB) ist, dass der Erblasser denselben Gegenstand zeitlich nacheinander verschiedenen Personen in der Form zuwendet, dass bei Eintritt des Termins oder der Bedingung der erste Vermächtnisnehmer den Gegenstand dem zweiten herauszugeben hat. Es ähnelt der Nacherbeinsetzung, wirkt jedoch anders als diese nicht dinglich.

Der sog. **Dreißigste** wird als **gesetzliches Vermächtnis** bezeichnet. Nach § 1969 BGB haben die Familienangehörigen, die zum Hausstand des Erblassers gehörten, ggü. dem Erben einen Anspruch, ihnen für dreißig Tage Unterhalt und Wohnung zu gewähren.

II. Erbschaftsteuerliche Auswirkungen

1. Allgemeines

Die Zuwendung eines Vermächtnisses hat ggü. einer Erbeinsetzung folgende Vorteile:

- Während der Erbe das Vermögen vom Erblasser so übernehmen muss, wie er es beim Erbfall vorfindet, kann dem Vermächtnisnehmer durch ein Verschaffungsvermächtnis ein VG zugewendet werden, der nicht zum Nachlass gehört hat.

Unterschiede zur Erbeinsetzung

- Während der Erblasser den Erben selbst bestimmen muss, kann er einen Dritten ermächtigen, den Vermächtnisnehmer aus einer Mehrzahl von potenziell zu Bedenkenden auszuwählen (§ 2151 Abs. 1

Vermächtnis

BGB). Dies kann insb. bei der Unternehmensnachfolge von Vorteil sein, wo der Erblasser häufig zu einem Zeitpunkt letztwillige Verfügungen treffen muss, zu dem noch nicht absehbar ist, wer als Nachfolger geeignet ist.

— Die ErbSt-Belastung kann insoweit flexibler gestaltet werden, als der Erblasser stpfl. Vermögen in steuerfreies umwandeln oder die Zuwendung vorwiegend nach steuerlichen Bewertungskriterien wählen kann (z.B. Sachwertvermächtnis mit einem unter dem Verkehrswert liegenden Steuerwert statt eines Geldbetrages) oder die Steuer durch gestaffelte Zuwendungen mildern kann.

2. Stichtagsproblematik

Härten durch Stichtagsprinzip

Das Vermächtnis begründet für den Erwerber eine Forderung (§ 2174 BGB), die mit dem Tode des Erblassers entsteht (§ 2176 BGB) und im Zweifel sofort fällig ist (§ 271 Abs. 1 BGB). § 3 Abs. 1 Nr. 1 ErbStG zieht hieraus die Konsequenzen und erfasst bereits diesen Forderungserwerb als stpfl. Vorgang. Dies kann zu Ergebnissen führen, die bei erheblichen Wertschwankungen des Vermächtnisgegenstandes vom Vermächtnisnehmer im Einzelfall als ungerecht empfunden werden.

Beispiel

V erhält Anfang 2009 aufgrund eines testamentarischen Vermächtnisses ein Bankdepot mit Aktien zugewendet. Diese haben im Zeitpunkt des Todestags des Erblassers einen Kurswert von 1 Mio. EUR. Aufgrund von Rechtsstreitigkeiten sperrt der Erbe nach Eintritt des Erbfalls das Bankdepot, so dass es zunächst nicht zur Erfüllung des Vermächtnisses kommt. Erst ein Jahr später wird das Vermächtnis erfüllt und das Depot auf V übertragen. Zu diesem Zeitpunkt haben die Aktien noch einen Kurswert von 500.000 EUR.

Der **BFH** hat den ErbSt-Bescheid des FA bestätigt, das der Besteuerung der V den Wert des Depots zum Zeitpunkt des Todes des Erblassers zugrunde gelegt hatte.[86] Die Stichtagsproblematik wurde aus Anlass eines Vermächtniserwerbs auch dem **BVerfG** zur Entscheidung vorgelegt, das die

---

[86] BFH-Beschl. v. 28.11.1990 – II S 10/90, BFH/NV 1991, 243

Vermächtnis

gesetzliche Grundentscheidung gebilligt und die Beschwerdeführerin lediglich auf den Weg eines Billigkeitserlasses (§ 163 AO) verwiesen hat.[87]

Das ErbStG ist insoweit eindeutig: Gem. § 11 ErbStG ist für die nach § 12 ErbStG vorzunehmende Wertermittlung der Zeitpunkt der Entstehung der Steuer maßgebend; bei Erwerben von Todes wegen, zu denen auch der Erwerb durch Vermächtnis zählt, entsteht die Steuer mit dem Tode des Erblassers (§ 9 Abs. 1 Nr. 1 ErbStG). **Wertminderungen** oder **Wertsteigerungen nach diesem Stichtag** sind somit **bedeutungslos**; die sich aus dem Stichtagsprinzip ergebenden Konsequenzen wirken sowohl zum Nachteil wie zum Vorteil des Erwerbers.

3. Bewertungsfragen

Mangels einer besonderen Bestimmung im Bewertungs- oder Erbschaftsteuerrecht zur Ermittlung der Bereicherung sind Vermächtnisansprüche grds. mit dem **gemeinen Wert** anzusetzen (§ 12 Abs. 1 ErbStG i.V.m. § 9 Abs. 1 BewG).

a) Geldvermächtnis

Die Bewertung des Geldvermächtnisses ist unproblematisch. Hier entspricht der Wert des Vermächtnisanspruchs dem Nennwert des vermachten Geldbetrages (sog. **Geldsummenvermächtnis**; § 12 Abs. 1 BewG). An diesem Ergebnis ändert sich auch dann nichts, wenn der Beschwerte im Einvernehmen mit dem Bedachten das Geldvermächtnis durch **Übertragung eines Grundstücks** erfüllt.

Beispiel

Der Erbe E ist testamentarisch verpflichtet, der V ein Geldvermächtnis i.H.v. 800.000 EUR auszukehren. E vereinbart mit V, dass er ihr in Erfüllung ihres Vermächtnisanspruchs ein Grundstück (Verkehrswert: 800.000 EUR, Steuerwert: 700.000 EUR) an Erfüllungsstatt überträgt.

Nach der Rspr. ist auch hier Besteuerungsgrundlage bei der ErbSt-Festsetzung der **Nominalwert der Geldforderung** und **nicht der Bedarfswert des übertragenen Grundstücks**.[88] Der BFH begründet seine Entscheidung damit, dass der ursprüngliche Inhalt des durch das Vermächtnis begründeten Schuldverhältnisses durch die nachträglich vereinbarte Leistung

---

[87] BVerfG-Beschl. v. 22.6.1995 – 2 BvR 552/91, BStBl II 1995, 671
[88] BFH-Urt. v. 25.10.1995 – II R 5/92, BStBl II 1996, 97

Vermächtnis

an Erfüllungs Statt nicht verändert werde, denn **nach** der Entstehung des Steueranspruchs zwischen dem Erben und dem Vermächtnisnehmer getroffene Erfüllungsabreden könnten den einmal entstandenen Steueranspruch nicht aufheben oder modifizieren. Im Ergebnis kann somit der Erbe E die 800.000 EUR als Nachlassverbindlichkeit bei seinem Erwerb gem. §10 Abs. 5 Nr. 2 ErbStG abziehen; die 800.000 EUR bilden auch bei V gem. § 3 Abs. 1 Nr. 1 i.V.m. §12 ErbStG die erbschaftsteuerrechtliche Besteuerungsgrundlage.

In gleicher Weise beurteilt der BFH die Rechtslage auch in den Fällen, in denen der Erbe eine **Pflichtteilsverbindlichkeit** durch Übertragung eines Grundstücks erfüllt.[89]

Will der Vermächtnisnehmer ErbSt sparen, so empfiehlt es sich für ihn, das Vermächtnis gegen **Zahlung einer Abfindung auszuschlagen**. Zwar stellt auch die Ausschlagung eines Vermächtnisses gegen Abfindung einen gem. § 3 Abs. 2 Nr. 4 ErbStG erbschaftsteuerpflichtigen Erwerb dar; es handelt sich hierbei jedoch um einen anderen – den rückwirkend beseitigten Vermächtnisanfall ersetzenden – Erwerbsgrund, für den die Steuer erst mit dem **Zeitpunkt der Ausschlagung entsteht** (§ 9 Abs. 1 Nr. 1f) ErbStG).

Wenn V also im Beispielsfall das Vermächtnis ausgeschlagen hätte und sich als Abfindung hierfür das Grundstück hätte übertragen lassen, wäre lediglich der Steuerwert des Grundstücks der ErbSt der V unterworfen worden.[90]

Der Nennbetrag der Geldforderung wird auch dann der Besteuerung des Vermächtnisnehmers zugrunde gelegt, wenn der Geldvermächtnisnehmer vom Erben ein Grundstück kauft und den Kaufpreis durch Aufrechnung mit der Vermächtnisforderung tilgt.[91]

b) Varianten des Geldvermächtnisses

Interessante steuerliche Gestaltungsmöglichkeiten bietet das **Geldwertvermächtnis**, bei dem die Höhe des vom Beschwerten geschuldeten Geldbetrages vom Wert eines vom Erblasser bezeichneten VG abhängt. Hiermit können häufig die mit dem Stichtagsprinzip verbundenen Nachteile gemildert werden.

---

[89] BFH-Urt. v. 7.10.1998 – II R 52/96, BStBl II 1999, 23
[90] BFH-Urt. v. 25.10.1995 – II R 5/92, BStBl II 1996, 97
[91] BFH-Urt. v. 21.6.1995 – II R 62/93, BStBl II 1995, 783

Vermächtnis

Beispiel

Der Erblasser hat in seinem Testament ein Vermächtnis i.H.d. Wertes seines Aktiendepots angeordnet. Er hat weiterhin verfügt, dass der Erbe die Wertpapiere zur Erfüllung des Vermächtnisses verkaufen muss. Weisungsgemäß veräußert der Erbe drei Monate nach Erbanfall die Wertpapiere und kehrt den Veräußerungserlös an den Vermächtnisnehmer aus. Kurswert der Papiere im Zeitpunkt des Todes: 800.000 EUR, Kurswert im Zeitpunkt der Veräußerung: 600.000 EUR.

Das FG Rheinland-Pfalz[92] hat hierin ein Geldwertvermächtnis gesehen und die ErbSt des Vermächtnisnehmers nach dem Kurswert der Aktien im Zeitpunkt des Verkaufs bemessen. Es hat sich bei seiner Entscheidung davon leiten lassen, dass der Vermächtnisanspruch als ein der Höhe nach unbestimmtes, aber bestimmbares Forderungsrecht bereits am Todestag entstanden war. Dieser Stichtag war zwar sowohl für die Entstehung der Steuer als auch für die Wertermittlung grds. der maßgebliche Zeitpunkt. Allerdings hat das FG bei der Bewertung auf diesen Stichtag berücksichtigt, dass die Höhe der an den Vermächtnisnehmer auszuzahlenden Geldsumme endgültig erst durch den zu einem späteren Zeitpunkt erfolgten Verkauf der Wertpapiere festgelegt wurde.

In einem solchen Fall erfordere die Stichtagsbewertung eine auf einen späteren Zeitpunkt bezogene Wertermittlung, wobei hier eine Prognose der weiteren Kursentwicklung zum mutmaßlichen Verkaufszeitpunkt vorausgehen müsse. Das FG hat hier zu Recht bei seiner Prognose die bei dem Verkauf der Wertpapiere tatsächlich erzielten Verkaufserlöse zugrunde gelegt.

Die steuerlichen Gestaltungsmöglichkeiten bei dieser Art des Vermächtnisses sind deshalb so reizvoll, weil der Erbe den Kurswert der Aktien zum Todestag des Erblassers als Nachlassverbindlichkeit bei seinem Erwerb abziehen kann (hier: 800.000 EUR), während der Vermächtnisnehmer die ErbSt nur nach dem (hier: im Zeitpunkt der Veräußerung bereits gesunkenen) Wert von 600.000 EUR entrichten muss. Hierbei ist jedoch zu bedenken, dass sich im Falle einer Kurssteigerung der umgekehrte Besteuerungseffekt ergibt.

c) Sachvermächtnis

Bezieht sich der Vermächtnisanspruch auf einen bestimmten Gegenstand des Nachlasses, den der Erbe an den Vermächtnisnehmer herausgeben muss (**Stückvermächtnis**), bemisst sich der Wert des Anspruchs nach dem **Steuerwert des Gegenstands**. Dem liegt der Gedanke zugrunde, dass das

---

[92] FG Rheinland-Pfalz, Urt. v. 21.6.1995 – 4 K 1998/92, UVR 1993, 373

Vermächtnis

Recht, einen Gegenstand zu erwerben, keinen höheren Wert haben kann als der Gegenstand selbst.

Beispiel

Der Erbe E ist aufgrund testamentarischer Verfügung verpflichtet, dem Vermächtnisnehmer V aus dem Nachlass ein Grundstück zu übertragen. Das Grundstück wird im vorliegenden Fall erbschaftsteuerlich dreimal erfasst: Zunächst ist es Bestandteil des Nachlasses und wird dort wertmäßig (mit dem Steuerwert) erfasst. Sodann ist es gem. § 10 Abs. 5 Nr. 2 ErbStG – wiederum i.H.d. Steuerwerts – als Nachlassverbindlichkeit des Erben steuermindernd zu berücksichtigen. Schließlich erscheint es drittens als stpfl. Erwerb beim Vermächtnisnehmer gem. § 3 Abs. 1 Nr. 1 ErbStG. Auch hier ist der Steuerwert BMG für den Erwerb. Somit gleichen sich im Regelfall Vermächtnisanspruch und Vermächtnisverbindlichkeit bei der Bewertung aus (**sog. Korrespondenzprinzip**).

Hinweis

Zwar hat der BFH bereits in 2004[93] eine Überprüfung seiner bisherigen Rspr. zur Bewertung von Sachvermächtnissen angekündigt, soweit hiermit Sachleistungsverpflichtungen und Sachleistungsansprüche verbunden sind, so dass § 10 Abs. 6 S. 3 ErbStG eingreift; er hat hiervon allerdings unter dem Gesichtspunkt des Vertrauensschutzes bisher davon abgesehen, Sachvermächtnisse wie Kaufrechtsvermächtnisse oder Übernahmevermächtnisse mit dem gemeinen Wert (Verkehrswert) anzusetzen.[94]

d) Gattungsvermächtnis

Bei einem Gattungsvermächtnis („der Erbe hat dem Vermächtnisnehmer ein in Hanglage belegenes unbebautes Grundstück innerhalb des Ortsteils Waldfrieden der Gemeinde Himmelsruh zu übertragen") kommt nur der Ansatz des **gemeinen Werts** in Betracht. Hierbei spielt es keine Rolle, ob sich die vermachten Sachen im Nachlass befinden oder nicht.

Ein Ansatz des Steuerwerts der zu leistenden Sachen scheidet aus, weil der Vermächtnisgegenstand vom Erblasser nur der Gattung nach bestimmt ist und der Vermächtnisanspruch zuvor noch konkretisiert werden muss. Die **Konkretisierung** kann erst **nach dem Vermächtnisanfall** durch den **Beschwerten erfolgen**.

---

[93] BFH-Urt. v. 2.7.2004 – II R 9/02, BStBl II 2004, 1039
[94] BFH-Urt. v. 9.4.2008 – II R 24/06, BStBl II 2008, 951

e) Verschaffungsvermächtnis

Die erbschaftsteuerliche Bewertung ändert sich, wenn das Grundstück nicht zum Nachlass gehört, sondern vom Erben noch aus Mitteln des Nachlasses erworben werden muss.

Beispiel

Der Erblasser hinterlässt Bankguthaben, mit denen der Erbe dem Vermächtnisnehmer ein Grundstück verschaffen soll.

Nach h.M. im Schrifttum[95] ist der Fall wie folgt zu lösen: Die für die Beschaffung des Grundstücks erforderlichen Geldmittel befinden sich im Nachlass des Erben und sind dort mit dem Nennwert erfasst. Auch die ihn belastende Vermächtnisverbindlichkeit bemisst sich nach der Geldsumme, die der Erbe zur Erfüllung des Vermächtnisses aufwenden muss.[96] Demggü. erwirbt der Vermächtnisnehmer eine Forderung auf Grundstücksübereignung in Form eines **Sachleistungsanspruchs**, der mit dem Steuerwert des Grundstücks anzusetzen ist. Es handelt sich hier um eine Variante des Grundstückssachvermächtnisses.

Der BFH hingegen und ein Teil des Schrifttums wollen auch hier das **Korrespondenzprinzip** gelten lassen und als Korrelat für die Nachlassverbindlichkeit des Erben beim Vermächtnisnehmer den **gemeinen Wert** seiner Forderung ansetzen.[97]

Eine ähnliche Sachlage ergibt sich in den Fällen, in denen der Erblasser, ohne entsprechende Gelder zu hinterlassen, ein **Geldvermächtnis** ausgesetzt hat.

Beispiel

Der Erbe E ist mit einem Geldvermächtnis zugunsten der V i.H.v. 600.000 EUR belastet. Der Nachlass besteht nur aus Grundstücken (Verkehrswert: 2 Mio. EUR, Steuerwert: 1,6 Mio. EUR).

---

[95] *Meincke*, ErbStG-Kom., 15. Aufl., § 3 Rz 42; *Kapp/Ebeling*, ErbStG, § 3 Rz 175
[96] FG Rheinland-Pfalz, Urt. v. 25.9.1992 – 4 K 2866/90, BB 1993, 1725
[97] BFH-Urt. v. 28.3.2007 – II R 25/05, BStBl II 2007, 461; *Troll/Gebel/Jülicher*, ErbStG-Kom., § 3 Rz 174

Vermächtnis

Hier muss sich E das Geld zur Erfüllung des Vermächtnisses im Zweifel durch Veräußerung von Grundstücken verschaffen. Unstreitig ist, dass sich die ErbSt des E nach einem stpfl. Erwerb von 1,6 Mio. EUR bemisst, während der Erwerb der V 600.000 EUR beträgt. Streitig ist allein die Bewertung der Vermächtnisschuld des Erben. Sieht man hierin eine Parallele zur Bewertung des Verschaffungsvermächtnisses, wäre an sich nur die Vermächtnisverbindlichkeit i.H.d. für den Gelderwerb eingesetzten Grundstückswerts abzugsfähig. Z.B. könnte E dann nur 500.000 EUR als Nachlassverbindlichkeit absetzen, wenn er zur Erfüllung seiner Verbindlichkeit ein Grundstück mit einem Steuerwert von 500.000 EUR zu einem Preis von 600.000 EUR aus dem Nachlass veräußert hätte.

In der Praxis wird gleichwohl der Abzug im Umfang des geschuldeten Geldvermächtnisses anerkannt.[98]

Kein Verschaffungsvermächtnis, sondern ein Geldvermächtnis liegt vor, wenn der Erblasser den Vermächtnisnehmer mit einem bestimmten Betrag bedenkt, um diesem damit den Erwerb eines bestimmten Grundstücks zu ermöglichen. Die Grundsätze der mittelbaren Grundstücksschenkung, die nur in Schenkungsfällen anwendbar sind, helfen hier nicht weiter.

f) Kaufrechtsvermächtnis

Bei einem Kaufrechtsvermächtnis ist **Vermächtnisgegenstand** weder der Nachlassgegenstand noch der Anspruch auf Übereignung des Gegenstands, sondern **das Kaufrecht**, das noch keinen auf Eigentumsübertragung gerichteten Sachleistungsanspruch begründet. Bei der Bewertung ist zu unterscheiden: **Entspricht der Kaufpreis** dem **Verkehrswert des Nachlassgegenstandes**, ist der **Vermächtnisnehmer nicht bereichert**, selbst dann nicht, wenn er an dem Gegenstand besonders interessiert ist und der Erblasser diesem Interesse durch das Vermächtnis Rechnung tragen wollte.

Beispiel

Vermächtnisnehmer V soll nach dem Testament das Recht haben, ein im Nachlass befindliches Grundstück, dessen Verkehrswert 200.000 EUR und dessen Steuerwert 150.000 EUR beträgt, zu einem Kaufpreis von 200.000 EUR zu erwerben.

---

[98] Vgl. *Meincke*, ErbStG-Kom., 15. Aufl., § 3 Rz 42

Vermächtnis

Es entsteht selbst dann keine ErbSt für V, wenn es sich hierbei um sein „Traumgrundstück" handelt, das er schon immer erwerben wollte.

Im Regelfall wird dem Vermächtnisnehmer das Recht eingeräumt, das Grundstück zu einem unter dem Verkehrswert liegenden Kaufpreis zu erwerben.

Beispiel

V ist durch Vermächtnis das Recht eingeräumt worden, vom Erben E für einen Preis von 600.000 EUR ein Nachlassgrundstück zu erwerben, dessen Verkehrswert 1 Mio. EUR und dessen Steuerwert 800.000 EUR beträgt.

Nach neuerer Auffassung des BFH[99] ist Besteuerungs- und Bewertungsgegenstand beim Kaufrechtsvermächtnis ein **aufschiebend bedingtes Forderungsrecht**, nicht hingegen ein Gestaltungsrecht.[100] Bei der Bewertung legt er den Verkehrswert des Grundstücks zugrunde, zieht hiervon den festgelegten Kaufpreis ab und unterwirft die Differenz beim Vermächtnisnehmer der Besteuerung. Damit ergibt sich im Beispielsfall ein Wert von 400.000 EUR für das Kaufrechtsvermächtnis. In gleicher Höhe ist beim Erben E, in dessen Nachlass das Grundstück mit dem Steuerwert von 800.000 EUR erfasst ist, eine Nachlassverbindlichkeit gem. § 10 Abs. 5 Nr. 2 ErbStG anzusetzen.

Besteuerung des Kaufrechtsvermächtnisses

Hinweis

Sowohl eine Grundstücksübertragung in Erfüllung eines **Verschaffungsvermächtnisses** als auch in Erfüllung eines **Kaufrechtsvermächtnisses löst keine GrESt** aus, § 3 Nr. 2 GrEStG.[101]

g) Teilungsanordnung

Die **Erbauseinandersetzung** hat auf die Erbschaftsbesteuerung keinen Einfluss (Ausnahme: Die Sondertatbestände der §§ 13 Abs. 1 Nr. 4b, c, 13b Abs. 3, und § 13c Abs. 2 ErbStG). Demgemäß ist bei dem einzelnen Miterben nicht der Wert der ihm tatsächlich zugefallenen VG steuerlich zu erfassen. Vielmehr ist für die Besteuerung der Wert seines zivilrechtlichen

---

[99] BFH-Urt. v. 13.8.2008 – II R 7/07, BStBl II 2008, 982
[100] So noch BFH-Urt. v. 6.6.2001 – II R 76/99, BStBl 2001, 605
[101] Gemeinsamer Erlass der obersten Finanzbehörden der Länder v. 22.12.2009 – 3 – S 3812a/20, DStR 2010, 55

Vermächtnis

Erbteils (**Erbquote**) maßgebend. Folglich wird der Steuerwert des gesamten Nachlasses nach den Quoten der einzelnen Erbteile aufgeteilt.[102]

Wirkungen der Teilungsanordnung

Der Erblasser kann allerdings den Erben durch **Teilungsanordnung** gem. § 2048 BGB einzelne VG zuweisen, was durch die Erbeinsetzung nicht möglich ist. Eine solche Teilungsanordnung hat jedoch **keine dingliche Wirkung**. Sie **verändert daher nicht die Erbquote**, sondern verpflichtet die Erben lediglich **schuldrechtlich**, die Teilung nach Weisung des Erblassers vorzunehmen, R E 3.1 Abs. 1. Ordnet der Erblasser hingegen eine **Teilungsanordnung mit Wertausgleich** an, stellt dies u.U. eine zusätzliche Gegenstandszuweisung außerhalb des Erbteils dar, die zu einer **Veränderung der Erbteile führt**.[103]

Parallele zum Vermächtnis

Das gleiche **wirtschaftliche** Ergebnis wie mit der Teilungsanordnung kann der Erblasser auch mit einem **Vermächtnis** erzielen. Allerdings wird dann die Steuer nicht nach der Erbquote wie bei der Teilungsanordnung erhoben. Der beschwerte Miterbe kann das Vermächtnis gem. § 10 Abs. 5 Nr. 2 ErbStG als Nachlassverbindlichkeit abziehen; der begünstigte Miterbe hingegen hat den Vermächtniserwerb als (weiteren) Anfall von Todes wegen gem. § 3 Abs. 1 Nr. 1 ErbStG zu versteuern. Dies führt zu Unterschieden in der Besteuerung.

Beispiel

Erblasser E will seine beiden Kinder A und B wirtschaftlich in gleicher Weise bedenken. Sein Nachlass besteht aus einem Grundstück mit einem Verkehrswert von 1 Mio. EUR und einem Steuerwert von 800.000 EUR; weiteres Vermögen ist nicht vorhanden. E setzt A zum Erben ein und setzt dem B ein Vermächtnis i.H.v. 500.000 EUR aus.

Hier hat A keine ErbSt zu zahlen:

	EUR
Steuerwert des Nachlasses	800.000
Nachlassverbindlichkeit (Vermächtnis)	./. 500.000
Freibetrag	./. 400.000
Stpfl. Erwerb des A	./. 100.000

---

[102] BFH-Urt. v. 10.11.1982 – II R 85-86/78, BStBl II 1983, 329
[103] Vgl. im Einzelnen *Kapp/Ebeling,* ErbStG, § 3 Rz 128

Vermächtnis

Es ergibt sich für A ein negativer Wert von 100.000 EUR; der Freibetrag wirkt sich damit nicht voll aus.

B hingegen hat 100.000 EUR zu versteuern:

	EUR
Geldvermächtnis	500.000
Freibetrag	./. 400.000
Stpfl. Erwerb des B	100.000
Darauf entfallende ErbSt	11.000

Hätte E statt der Vermächtnisaussetzung zugunsten des B seine beiden Kinder zu je 1/2 als Miterben eingesetzt und mittels einer entsprechenden Teilungsanordnung das Grundstück dem A zugewiesen – verbunden mit einer Ausgleichsverpflichtung – ergäbe sich ein völlig anderes Ergebnis:

	EUR
Grundstückswert je 1/2	400.000
Freibetrag pro Kind	./. 400.000
Stpfl. Erwerb jeweils	0

Zusätzlich sind die einkommensteuerlichen Vorteile (Schaffung von AfA-Volumen i.H.d. von A an B zu leistenden Ausgleichszahlung) zu berücksichtigen.

h) Vorausvermächtnis

Ein **Vorausvermächtnis** (§ 2150 BGB) liegt vor, wenn der Erblasser **einem bestimmten Miterben** einen Nachlassgegenstand dergestalt zugewendet hat, dass dessen Wert bei der Verteilung des übrigen Nachlasses nicht berücksichtigt werden soll (**zusätzlicher Erwerb**). Der Unterschied zum **gewöhnlichen Vermächtnis** liegt darin, dass bei diesem nur **einzelne Miterben** mit der Vermächtnisanordnung beschwert sind, während beim Vorausvermächtnis der **ganze Nachlass** belastet ist, also **alle Miterben** (einschl. des begünstigten Miterben) beschwert sind.

Rechtsfolgen beim Vorausvermächtnis

In der Praxis ist es häufig schwer zu erkennen, ob der Erblasser ein Vorausvermächtnis oder eine Teilungsanordnung gewollt hat. Es kommt nicht auf die **formale Bezeichnung**, sondern auf das **tatsächlich Gewollte** an. Insoweit ist der Erblasserwille im Wege der **Auslegung** zu ermitteln.

Teilt z.B. der Erblasser sein gesamtes Vermögen testamentarisch unter seinen Kindern auf, ohne diese ausdrücklich zu Erben einzusetzen und Ausgleichspflichten zu bestimmen, liegt kein Vorausvermächtnis, sondern eine **quotenbestimmende Teilungsanordnung** vor. In diesen Fällen ist die

Vermächtnis

Erbquote entsprechend dem Vermögenserwerb festzusetzen und ein Mehrerwerb ggü. der gesetzlichen Erbquote nicht als Vorausvermächtnis anzusetzen. Anders ist das Ergebnis bei einem **Vorausvermächtnis bei unechter Teilungsanordnung**.

Beispiel[104]

Erblasser E setzt seine beiden Kinder A und B je zur Hälfte als Miterben ein. Der Nachlass besteht nur aus einem Grundstück mit einem Steuerwert von 600.000 EUR (Verkehrswert: 800.000 EUR) und aus Geldvermögen i.H.v. 400.000 EUR. E hat im Testament verfügt, dass A das Grundstück ohne Wertausgleichszahlung und B das Geldvermögen erhalten soll.

Hier liegt nach R E 3.1 Abs. 4 ein Vorausvermächtnis am Grundstück vor, für das A keinen Wertausgleich zu leisten hat. Dieses wird wie folgt bewertet:

	EUR
Verkehrswert des Vorausvermächtnisses (800.000 : 2)	400.000
Steuerwert des Vorausvermächtnisses (600.000 : 2)	300.000
Steuerwert des Nachlasses für A und B	1.000.000
./. Steuerwert des Vorausvermächtnisses an A	300.000
Gesamterwerb für A und B	700.000
Erbanteil A	350.000
+ Vorausvermächtnis des A	300.000
Gesamterwerb des A	650.000
Erwerb des B	350.000

Vorausvermächtnisse sind wie jedes andere Vermächtnis auch zunächst mit ihrem vollen Steuerwert als Nachlassverbindlichkeit vom Nachlassvermögen abzuziehen, bevor der Nachlass nach Erbquoten verteilt wird.

---

[104] Nach *Kapp/Ebeling*, ErbStG, § 3 Rz 130

G. Pflichtteil

I. Zivilrechtliche Grundlagen

Aufgrund der gesetzlich eingeräumten Testierfreiheit kann der Erblasser grds. frei über sein Vermögen verfügen. Andererseits stellt das Gesetz zugleich sicher, dass nahestehende Personen nicht völlig leer ausgehen. Ihnen wird durch das **Pflichtteilsrecht** eine gewisse **Mindestbeteiligung am Nachlass** gesichert. Insoweit schränkt das Pflichtteilsrecht das Prinzip der Testierfreiheit bis zu einem gewissen Grad ein.

Das Pflichtteilsrecht findet bei **Enterbung des Pflichtteilsberechtigten** durch ausdrückliche oder schlüssige Erklärung in der Verfügung von Todes wegen Anwendung (§ 2303 Abs. 1 BGB). Wer also, wenn weder ein Testament noch ein Erbvertrag vorläge, auch nach der gesetzlichen Erbfolge nicht erben würde, hat auch kein Pflichtteilsrecht. Dem Ausschluss von der Erbfolge steht es gleich, wenn der Pflichtteilsberechtigte vom Erblasser „auf den Pflichtteil gesetzt wird" (§ 2304 BGB).

Pflichtteilsberechtigte

Pflichtteilsberechtigt sind:

- Abkömmlinge
- Ehegatten
- Eltern.

Entferntere Abkömmlinge sowie Eltern sind jedoch insoweit nicht pflichtteilsberechtigt, als ein ihnen vorgehender Abkömmling den Pflichtteil verlangen kann oder das ihm Hinterlassene annimmt (§ 2309 BGB).

Der Pflichtteil besteht in der **Hälfte des Wertes des gesetzlichen Erbteils** (§ 2303 Abs. 1 S. 2 BGB). Bei **Ehegatten**, die im **Güterstand der Zugewinngemeinschaft** gelebt haben, ist bzgl. der Pflichtteilsquote zwischen der erbrechtlichen Lösung (**großer Pflichtteil**) und der güterrechtlichen Lösung (**kleiner Pflichtteil**) zu unterscheiden.[105] Der Pflichtteilsanspruch

Höhe des Pflichtteils

---

[105] Siehe S. 29

Pflichtteil

bemisst sich nach dem Wert und dem Bestand des Nachlasses zur Zeit des Erbfalls (§ 2311 BGB) und ist ein **Geldzahlungsanspruch**.

Das Gesetz will gewährleisten, dass der Pflichtteilsberechtigte tatsächlich wenigstens die Hälfte des Wertes seines gesetzlichen Erbteils erlangt. § 2306 BGB sieht daher vor, dass für den Fall, dass ein Pflichtteilsberechtigter durch letztwillige Verfügung zwar als Erbe berufen ist, dabei jedoch gleichzeitig mit Beschränkungen oder Beschwerungen belastet ist (Einsetzung eines Nacherben, Ernennung eines Testamentsvollstreckers, Teilungsanordnung, Vermächtnis, Auflage), dieser entweder seinen Erbteil mit all seinen Beschränkungen und Beschwerungen annehmen oder diesen Erbteil ausschlagen und seinen Pflichtteil verlangen kann.

Entziehung Bei Vorliegen besonderer Voraussetzungen kann der **Pflichtteilsanspruch entzogen werden** (§ 2333 BGB). Dies ist der Fall, wenn

1. ein Abkömmling dem Erblasser, dem Ehegatten des Erblassers, einem anderen Abkömmling oder einer dem Erblasser ähnlich nahestehenden Person nach dem Leben trachtet

2. der Abkömmling sich eines Verbrechens oder eines schweren vorsätzlichen Vergehens gegen eine der in Nummer 1 bezeichneten Personen schuldig macht

3. der Abkömmling die ihm dem Erblasser ggü. gesetzlich obliegende Unterhaltspflicht böswillig verletzt oder

4. der Abkömmling wegen einer vorsätzlichen Straftat zu einer Freiheitsstrafe von mindestens einem Jahr ohne Bewährung rechtskräftig verurteilt wird und die Teilhabe des Abkömmlings am Nachlass deshalb für den Erblasser unzumutbar ist. Gleiches gilt, wenn die Unterbringung des Abkömmlings in einem psychiatrischen Krankenhaus oder in einer Entziehungsanstalt wegen einer ähnlich schwerwiegenden vorsätzlichen Tat rechtskräftig angeordnet wird.

Gleiches gilt für die Entziehung des Eltern- oder Ehegattenpflichtteils (§ 2333 Abs. 2 BGB).

Die **Entziehung** kann nur durch **letztwillige Verfügung** erfolgen. Der Grund der Entziehung muss zur Zeit der Errichtung bestehen und in der Verfügung angegeben werden (§ 2336 Abs. 1 und 2 BGB). Das Recht zur Entziehung des Pflichtteils erlischt durch **Verzeihung** (§ 2337 BGB).

Pflichtteil

Das BGB hat Vorsorge für den Fall getroffen, dass der Erblasser zu Lebzeiten den Pflichtteilsanspruch zu schmälern versucht. Verschenkt etwa der Erblasser Teile seines Vermögens, so greift der **Pflichtteilsergänzungsanspruch** gem. §§ 2325 ff BGB ein. Hiernach kann der Pflichtteilsberechtigte die Erhöhung seines infolge der Schenkung geminderten Pflichtteilsanspruchs vom Erben bzw. Dritten verlangen. Der Anspruch ist beschränkt auf Schenkungen, die **innerhalb von zehn Jahren** vor dem Erbfall vollzogen worden sind.

Pflichtteilsergänzung

In dem davor liegenden Zeitraum sind die Rechtsfolgen gestaffelt: Innerhalb des ersten Jahres vor dem Erbfall wird die Schenkung in vollem Umfang, innerhalb jedes weiteren Jahres vor dem Erbfall um jeweils ein Zehntel weniger berücksichtigt. Bei Schenkungen an Ehegatten beginnt die Frist nicht vor der Auflösung der Ehe (§ 2325 Abs. 3 BGB).

Zeitraum

Soweit der Erbe zur Ergänzung des Pflichtteils nicht verpflichtet ist, kann der Pflichtteilsberechtigte von dem Beschenkten die Herausgabe des Geschenkes fordern (§ 2329 Abs. 1 S. 1 BGB). Im Gegenzug muss sich allerdings der Pflichtteilsberechtigte das **auf den Pflichtteil anrechnen lassen**, was ihm vom Erblasser zu Lebzeiten mit der ausdrücklichen Bestimmung der Anrechnung zugewendet worden ist (§ 2315 BGB). Außerdem besteht eine Ausgleichungspflicht unter Geschwistern, wenn einer von ihnen eine **Ausstattung** erhalten oder **Pflege und Mitarbeit** für den Erblasser geleistet hat (§ 2316 BGB).

Da Pflichtteilsansprüche Geldzahlungsansprüche sind, kann deren Geltendmachung für den Erben zu erheblichen Liquiditätsbelastungen fuhren. Dies kann bei BV im Extremfall zur Zerschlagung des Betriebs führen. § 2331a BGB sieht daher vor, dass der Erbe **Stundung** der Pflichtteilsansprüche von den Berechtigten verlangen kann, wenn die sofortige Erfüllung des gesamten Anspruchs den Erben ungewöhnlich hart treffen wurde, insb. wenn der Erbe dadurch zur **Aufgabe seines Familienheims** oder zur **Veräußerung** eines für ihn **existenziell wichtigen WG** gezwungen würde.

Stundung

In der Praxis wird der an sich Pflichtteilsberechtigte aus diesem Grund oft zum Erben eingesetzt. Hierbei wird ihm dann ein bestimmter VG, dessen Wert dem Pflichtteilsanspruch entspricht, durch Teilungsanordnung zugewiesen.

Pflichtteil

II. Erbschaftsteuerliche Auswirkungen

1. Allgemeines

Geltendmachung Der Erwerb des Pflichtteilsanspruchs unterliegt gem. § 3 Abs. 1 Nr. 1 ErbStG der ErbSt. Anders als im bürgerlichen Recht, wo der Anspruch bereits mit dem Erbfall entsteht (§ 2317 BGB), entsteht die Steuer erst mit dem **Zeitpunkt des Geltendmachens** (§ 9 Abs. 1 Nr. 1b ErbStG). Geltendmachen i.d.S. bedeutet nicht, dass er gerichtlich geltend gemacht werden müsste. Es genügt vielmehr, dass sich der Pflichtteilsberechtigte an den Erben wendet und zu erkennen gibt, dass er ernstlich auf der Erfüllung seines Anspruchs besteht.

Wird der Anspruch zwar **geltend gemacht**, sodann aber – etwa bis zum Tod eines anderen Elternteils **gestundet** – ist die **ErbSt gleichwohl entstanden**. Der **Verzicht auf eine angemessene Verzinsung** kann darüber hinaus eine freigebige Zuwendung i.S.v. § 7 Abs. 1 Nr. 1 ErbStG darstellen.

teilweise Geltendmachung Anders als der Erbe, der sein Erbteil nur **im Ganzen** annehmen oder ausschlagen kann, kann der Pflichtteilsberechtigte seinen Pflichtteil auch **zu einem Teil** geltend machen. Die ErbSt entsteht dann nur insoweit, als sie auf den geltend gemachten Teil entfällt.

Verzicht Da die bloße Existenz des Pflichtteilsanspruchs keine ErbSt auslöst, löst auch der **Verzicht auf die Geltendmachung des Pflichtteilsanspruchs** keine ErbSt aus (§ 13 Abs. 1 Nr. 11 ErbStG). Korrespondierend hierzu kann allerdings auch der Erbe den nicht geltend gemachten Pflichtteilsanspruch nicht als Nachlassverbindlichkeit bei sich abziehen (§ 10 Abs. 5 Nr. 2 ErbStG). Wird jedoch auf einen bereits **geltend gemachten Pflichtteilsanspruch verzichtet**, handelt es sich um eine freigebige Zuwendung gem. § 7 Abs. 1 Nr. 1 ErbStG. In gleicher Weise fällt ErbSt an, wenn für den Verzicht eine **Abfindung** geleistet wird (§ 3 Abs. 2 Nr. 4 ErbStG).

2. Bewertungsfragen

Bewertung mit Nennwert Da es sich bei dem Pflichtteilsanspruch um ein Forderungsrecht handelt, wird der Geldbetrag besteuert, der sich für den Pflichtteilsberechtigten auf der Grundlage seiner Erbquote und des ermittelten Nachlasswertes ergibt. Es handelt sich hierbei um eine **Kapitalforderung**, die gem. § 12 Abs. 1 ErbStG i.V.m. § 12 BewG grds. mit ihrem **Nennwert** anzusetzen ist. Dieser Bewertungsmaßstab wirkt sich für den Pflichtteilsberechtigten besonders in den Fällen steuerlich ungünstig aus, in denen ein großer Teil des Nachlasses auf VG mit niedrigeren Steuerwerten entfällt. Hier kann die Steuer-

Pflichtteil

last um ein Vielfaches höher sein als die Steuerlast, die sich ergäbe, wenn der Pflichtteilsberechtigte mit einer der Hälfte des gesetzlichen Erbteils entsprechenden Erbquote dinglich beteiligt wäre.

Beispiel

Erblasser E hat einen Sohn S sowie eine Tochter T als gesetzliche Erben. Er hat seinen Sohn S testamentarisch zum Alleinerben eingesetzt. Sein Vermögen besteht im Wesentlichen aus einem Grundstück mit einem Verkehrswert i.H.v. 3 Mio. EUR und einem Grundbesitzwert i.H.v. 2,5 Mio. EUR. Der Pflichtteilsanspruch der T beträgt somit 750.000 EUR (= 1/4 von 3 Mio. EUR).

Macht T ihren Pflichtteil in voller Höhe geltend, so beträgt ihre Steuerlast 52.500 EUR (750.000 EUR ./. 400.000 EUR Freibetrag = 350.000 EUR stpfl. Erwerb, darauf 15 % ErbSt). Wäre sie hingegen Erbin zu 1/4 oder wäre sie als Pflichtteilsberechtigte mit dieser Quote dinglich am Nachlass beteiligt, würde sich ihr stpfl. Erwerb lediglich auf 225.000 EUR belaufen (= 1/4 von 2,5 Mio. EUR abzgl. Freibetrag) und ihre ErbSt nur 24.750 EUR (11 % von 225.000 EUR) betragen.

Ihr Bruder S wird überdies noch dadurch begünstigt, dass er die Pflichtteilslast mit ihrem Nennwert abziehen kann, so dass bei ihm nur eine steuerliche Bereicherung von 1.750.000 EUR verbleibt (= 2,5 Mio. EUR ./. 750.000 EUR).

Zwar sind die Grundstückswerte durch das ErbStRefG 2009 zwischenzeitlich den Verkehrswerten weitgehend angenähert worden, so dass die steuerlichen Belastungsunterschiede nunmehr erheblich geringer sind. Gleichwohl wird das Ergebnis häufig immer noch als ungerecht empfunden. In der Praxis sind daher sog. **Erfüllungsvereinbarungen** zwischen dem Pflichtteilsberechtigten und dem Erben üblich. Häufigste Form ist die Erfüllung der Pflichtteilsverbindlichkeit durch **Hingabe eines Grundstücks** aus dem Nachlass.

Erfüllungsvereinbarungen

Nach früherer Rspr. des BFH wurde hierbei das **an Erfüllungs statt übertragene Grundstück** beim **Pflichtteilsberechtigten** mit seinem **Grundstückswert** angesetzt. In gleicher Weise durfte der **Erbe** auch nur diesen Wert als **Nachlassverbindlichkeit** bei seinem Erwerb abziehen.[106] Aufgrund geänderter Rspr. des BFH[107] gilt nunmehr der Grundsatz, dass die geltend gemachte Pflichtteilsverbindlichkeit beim Erben auch dann mit dem

Bewertung mit Nennwert

---

[106] BFH-Urt. v. 17.2.1982 – II R 160/80, BStBl II 1982, 350
[107] BFH-Urt. v. 7.10.1998 – II R 52/96, BStBl II 1999, 23

Pflichtteil

Nennwert als Nachlassverbindlichkeit abzuziehen ist, wenn sie durch Übertragung eines Nachlassgrundstücks an Erfüllungs statt erfüllt wird. Der BFH stellt insoweit darauf ab, dass der Pflichtteilsanspruch ein Geldanspruch sei, der unabhängig davon Erwerbsgegenstand sei, wie und durch welche Leistung der Anspruch zum Erlöschen gebracht werde. **Nach** der Entstehung des Steueranspruchs getroffene Erfüllungsabreden zwischen dem Erben und dem Pflichtteilsberechtigten könnten den einmal entstandenen Steueranspruch weder aufheben noch verändern. Korrespondierend hierzu hat der **Pflichtteilsberechtigte** den **Nennwert** des Pflichtteilsanspruchs zu versteuern.

Entstehung von GrESt

Mit der Änderung seiner Rspr. hat der BFH die steuerliche Benachteiligung des Pflichtteilsberechtigten verschärft. Dies wird besonders deutlich, wenn man bedenkt, dass der Übertragungsvorgang zusätzlich der **GrESt** unterliegt. Als Gegenleistung ist der mit dem Nennwert anzusetzende Pflichtteilsanspruch zzgl. evtl. Zuzahlungen zum Ausgleich etwaiger Wertunterschiede anzusehen.

Im Schrifttum wird teilweise angezweifelt, ob diese Änderung der Rspr. – jedenfalls unter der Geltungsdauer des alten Rechts – dem Grundsatz der steuerlichen Gleichbehandlung und der verfassungsrechtlichen Gewährleistung des Pflichtteilsrechts als Mindestbeteiligung am Familiengut[108] hinreichend Rechnung trägt.[109]

Als Ausweichempfehlung bietet sich der **Pflichtteilsverzicht gegen eine Abfindung** in Form eines Grundstücks an. Dann gilt das Grundstück als gem. § 3 Abs. 2 Nr. 4 ErbStG unmittelbar vom Erblasser erworben mit dem Ergebnis, dass der Pflichtteilsberechtigte nur den Grundstückswert versteuern muss, der Erbe allerdings auch nur diesen Wert als Nachlassverbindlichkeit abziehen kann. Der Vorzug dieser Konstruktion liegt darin, dass die Übertragung gem. § 3 Nr. 2 GrEStG **von der GrESt befreit ist**.[110]

---

[108] Vgl. BVerfG, Beschl. v. 19.4.2005 – 1 BvR 1644/00 u.a., NJW 2005, 1561
[109] Vgl. *Troll/Gebel/Jülicher*, ErbStG-Kom., § 3 Rz 235
[110] BFH-Urt. v. 10.7.2002 – II R 11/01, BStBl II 2002, 775

H. Ausschlagung

I. Zivilrechtliche Grundlagen

Der Erwerb durch Erbanfall vollzieht sich unmittelbar mit dem Erbfall, ohne dass es einer Handlung des Erben bedarf (sog. Vonselbsterwerb oder Anfallprinzip, §§ 1922 Abs. 1, 1942 Abs. 1 BGB). Erklärt der Erbe gleichwohl die Annahme der Erbschaft (§ 1943 BGB), so bringt er damit lediglich zum Ausdruck, die Erbschaft, die ihm ohnehin schon mit dem Erbfall zugefallen ist, behalten zu wollen.

Anfallprinzip

Will er die Erbschaft hingegen nicht annehmen, so kann er die Erbschaft oder den auf ihn entfallenden Erbteil (§ 1922 Abs. 2 BGB) durch Erklärung ggü. dem Nachlassgericht **ausschlagen** (§§ 1942, 1945 BGB). Die Frist hierfür beträgt sechs Wochen (§ 1944 Abs. 1 BGB; bei Auslandsbeziehungen sechs Monate, § 1944 Abs. 3 BGB). Sie beginnt mit dem Zeitpunkt, in welchem der Erbe von dem Anfall und dem Grund der Berufung Kenntnis erlangt. Ist der Erbe durch Verfügung von Todes wegen berufen, beginnt die Frist nicht vor der Verkündung der Verfügung durch das Nachlassgericht (§ 1944 Abs. 2 S. 2 BGB). Das Ausschlagungsrecht erlischt mit der Annahme der Erbschaft oder mit Ablauf der Ausschlagungsfrist (§ 1943 BGB).

Ausschlagungsfrist

Die Ausschlagung einer Erbschaft kann nach § 1947 BGB **nicht** unter einer **Bedingung** oder einer **Zeitbestimmung** erfolgen.

Beispiel

Erklärungen wie „Ich schlage aus, falls mir die ErbSt erlassen wird" oder „...falls der Nachlass nicht überschuldet ist", sind daher unwirksam.

Auch die Ausschlagung zugunsten eines Dritten ist hiernach unwirksam.

Beispiel

„Ich schlage zugunsten meines (nicht berufenen) Sohnes aus".

Erklärt der Ausschlagende bei der Ausschlagung hingegen, er gehe davon aus, dass die Erbschaft dem Sohn zufalle, so ist dies unschädlich, da es sich insoweit um keine Bedingung handelt. Die Erklärung kann u.U. auch dahin umzudeuten sein, dass der Ausschlagende die Erbschaft dem Dritten überlassen will. Hierin kann die Annahme der Erbschaft unter Beifügung der Erklärung liegen, sie dem Dritten übertragen zu wollen.

Ausschlagung

Teilausschlagung nicht möglich

Auch ein **Vermächtnis** kann ausgeschlagen werden. Die entsprechende Erklärung ist dann ggü. dem Erben abzugeben, der mit dem Vermächtnis beschwert ist. Hierbei gilt keine Ausschlagungsfrist. Die Ausschlagung erstreckt sich auf den **gesamten Nachlass**. Eine **Teilausschlagung** ist zivilrechtlich **nicht vorgesehen** (§ 1950 BGB), obwohl hierfür in vielen Fällen ein Bedürfnis besteht.

zivilrechtliche Folgen der Ausschlagung

Wird die Erbschaft ausgeschlagen, so gilt der Anfall an den Ausschlagenden als nicht erfolgt (§ 1953 Abs. 1 BGB). Damit tritt der Erbfall bei dem ein, der Erbe geworden wäre, wenn der Ausschlagende z.Zt. des Erbfalls nicht gelebt hätte (§ 1953 Abs. 2 BGB). Bei Erbeinsetzung kommt zunächst ein **Ersatzerbe** zum Zuge (§§ 2096 ff BGB), dessen Einsetzung sich auch aus § 2069 BGB ergeben kann.[111] Fehlt ein solcher, ist bei Miterben die Anwachsung (§ 2094 BGB) zu beachten; greift auch diese nicht ein, erhalten die gesetzlichen Erben den freigewordenen Erbteil (§ 2088 BGB).

II. Erbschaftsteuerliche Auswirkungen

1. Allgemeines

Ausschlagung kein Gestaltungsmissbrauch

Nach Eintritt des Todesfalles reduzieren sich die Möglichkeiten der ErbSt-Ersparnis zwangsläufig. Hierbei kann die **Ausschlagung der Erbschaft ein wichtiges Gestaltungsmittel sein**. Ein Bedürfnis für eine Ausschlagung kann etwa dann bestehen, wenn ein vor langer Zeit errichtetes Berliner Testament nicht angepasst worden ist oder die Gründe für eine unterbliebene testamentarische Erbeinsetzung – allen bekannt – entfallen sind. Da die ErbSt dem Zivilrecht folgt, sind die **Motive für eine Ausschlagung steuerlich unbeachtlich**. Die Ausschlagung ist daher selbst dann **nicht rechtsmissbräuchlich i.S.v. § 42 AO**, wenn sie nur zu dem einzigen Zweck erfolgt, ErbSt zu sparen oder dazu dient, den von der Ausschlagung Begünstigten unentgeltlich zu bereichern.[112]

ErbSt-Optimierung durch Ausschlagung

Schlägt der Ersterwerber aus, so kann der kraft Gesetzes eintretende Erb- oder Vermächtnisanfall beim Ersatzerwerber **nicht als Schenkung** qualifiziert werden (§ 517 BGB). Für diesen gilt daher seine StKl. im Verhältnis zum Erblasser. Eine ErbSt-Ersparnis kann somit nur erreicht werden, wenn

---

[111] Hiernach ist im Zweifel, wenn der Erblasser einen seiner Abkömmlinge bedacht hat und dieser nach der Errichtung des Testaments wegfällt, anzunehmen, dass dessen Abkömmlinge insoweit bedacht sind, als sie bei der gesetzlichen Erbfolge an dessen Stelle treten würden.

[112] BFH-Urt. v. 22.12.1976 – II R 58/67, BStBl II 1977, 420

Ausschlagung

der Ersatzerbe zu einer günstigeren StKl. gehört, so dass für ihn ein höherer Freibetrag zur Anwendung kommt und ein niedrigerer Steuersatz gilt. Darüber hinaus können sich auch Steuervorteile ergeben, wenn mehrere Ersatzerben an die Stelle des Ausschlagenden treten, so dass der Freibetrag mehrfach ausgenutzt werden kann.

Da die Ausschlagung nicht zugunsten einer bestimmten Person erfolgen kann, muss der Ausschlagende prüfen, wer an seiner Stelle Erwerber wird. Das folgende Bsp. soll aufzeigen, welche steuerwirksamen Gestaltungsmöglichkeiten die Ausschlagung eröffnet.

Beispiel

Der kinderlose B hat seine Schwester S zur Alleinerbin eingesetzt. S schlägt die Erbschaft aus, so dass ihre vier Kinder Erben werden. Steuerwert des Nachlasses: 500.000 EUR.

a) Bei Annahme der Erbschaft müsste S folgende ErbSt zahlen:

	EUR
Steuerwert des Nachlasses	500.000
Freibetrag (StKl. II)	./. 20.000
	480.000
ErbSt (25 %)	120.000

b) Bei Ausschlagung ergibt sich folgende ErbSt:

	EUR
ErbSt pro Kind	
Steuerwert des Nachlasses	125.000
Freibetrag	./. 20.000
	105.000
ErbSt (20%)	21.000
Gesamte ErbSt (4 x 21.000)	84.000
Steuerersparnis	
ErbSt a)	120.000
ErbSt b)	./. 84.000
	36.000

Die Steuerersparnis ist naturgemäß größer, wenn der Ersatzerbe einer günstigeren StKl. angehört als der zunächst berufene Erbe. Auch eine mehrfache Ausschlagung kann vorteilhaft sein.

Ausschlagung

Eine **Teilausschlagung** ist zivilrechtlich zwar nicht möglich (§ 2150 BGB); zulässig ist jedoch eine **Vollausschlagung gegen Teilabfindung** (s. das nächste Bsp.).

2. Ausschlagung gegen Abfindung

Erfolgt die Ausschlagung gegen Abfindung, so behandelt der Gesetzgeber die **Abfindung als Surrogat** des ausgeschlagenen Erwerbs und erfasst dieses ebenfalls als stpfl. Erwerb (§ 3 Abs. 2 Nr. 4 ErbStG). Hierdurch wird der Umfang des Gesamterwerbs jedoch nicht erweitert, da derjenige, dem die Ausschlagung zugute kommt, die von ihm geleistete Abfindungszahlung als Erwerbskosten gem. § 10 Abs. 5 Nr. 3 ErbStG geltend machen kann.

Beispiel

Vater V hat seinen Sohn S testamentarisch zum Alleinerben eingesetzt. S schlägt die Erbschaft zugunsten seiner Schwester T gegen eine Abfindung i.H.v. 1 Mio. EUR aus. Steuerwert des Nachlasses: 2 Mio. EUR.

a) ErbSt ohne Ausschlagung:

	EUR
Erwerb des S	2.000.000
Freibetrag	./. 400.000
	1.600.000
ErbSt (19%)	304.000

b) ErbSt mit Ausschlagung:

Erwerb des S (§ 3 Abs. 2 Nr. 4 ErbStG)	1.000.000
Freibetrag	./. 400.000
	600.000
ErbSt (15%)	90.000

Erwerb der T (§ 3 Abs. 1 Nr. 1 ErbStG)	2.000.000
Abfindung	./. 1.000.000
Freibetrag	./. 400.000
	600.000
ErbSt (15%)	90.000

Im Ergebnis handelt es sich hier um eine **Vollausschlagung gegen Teilabfindung** (s.o.). Die Steuerersparnis von 124.000 EUR beruht zum einen auf dem niedrigeren Steuersatz (15 % statt 19 %), zum anderen auf der Verdoppelung der Freibeträge.

Besonderheiten bei Personen- und Kapitalgesellschaften

I. Besonderheiten bei Personen- und Kapitalgesellschaften

Bei der Rechtsnachfolge in Gesellschaftsanteile ist zunächst zwischen den Personen der durch Verfügung von Todes Begünstigten zu unterscheiden.

I. Gesellschaftsrecht und Erbrecht

1. Alleinerbschaft mit Nachfolgeberechtigung

Hinterlässt der verstorbene Gesellschafter nur einen Erben und ist dieser nach dem Gesellschaftsvertrag nachfolgeberechtigt, ist die Rechtslage sowohl zivilrechtlich als auch steuerrechtlich eindeutig. Es erfolgt eine **Gesamtrechtsnachfolge** nach Zivilrecht und **Buchwertfortführung** bei voller Unentgeltlichkeit nach Steuerrecht. Vermächtnis- und Pflichtteilslasten sind kein Entgelt.

2. Mehrere Rechtsnachfolger von Todes wegen

Schwieriger ist die Rechtslage, wenn der verstorbene Gesellschafter mehrere Erben hinterlässt. Es entsteht dann kraft Gesetzes eine **Erbengemeinschaft** gem. § 2032 Abs. 1 BGB. Deren Auswirkungen im Gesellschaftsrecht sind bei PersG und KapG unterschiedlich:

a) Personengesellschaften

Bei den PersG (GbR, PartG, OHG und KG) wird die Erbengemeinschaft nicht Gesellschafterin, sondern die Miterben werden im Wege der **dinglichen Sonderrechtsnachfolge** in sofortiger Teilerbauseinandersetzung aufgrund des Gesellschaftsrechts mit ihren Erbquoten Gesellschafter, wenn der Gesellschaftsvertrag eine **einfache Nachfolgeklausel** enthält oder das Gesetzesrecht für Kommanditisten (§ 177 HGB) Anwendung findet. Steuerlich kommt auch diesem Fall die **Buchwertfortführung** zur Anwendung. **Privatkonten** und sonstige **Gesellschafter-Darlehenskonten** fallen demgegenüber in die **Erbengemeinschaft**.

dingliche Sonderrechtsnachfolge

Privatkonten: Erbengemeinschaft

Häufig ist es nicht erwünscht, dass einzelne oder sämtliche Rechtsnachfolger von Todes wegen beim Tode eines Gesellschafters in dessen Gesellschafterstellung nachfolgen. Es haben sich gesellschaftsrechtlich verschiedene Arten von Klauseln herausgebildet. Man unterscheidet bei diesen Klauseln zwischen denen, bei denen nach dem Tode eines Gesellschafters

Besonderheiten bei Personen- und Kapitalgesellschaften

automatisch und damit ohne weiteres Zutun der Gesellschaftsanteil übergeht, sei es auf Mitgesellschafter (**Fortsetzungsklausel**) oder auf Erben des verstorbenen Gesellschafters (**Nachfolgeklauseln**).

Oft ist jedoch in den Gesellschaftsverträgen ein zeitlich begrenztes Wahlrecht vorgesehen, das den verbliebenen Gesellschaftern die Übernahme des Anteils ermöglicht (**Übernahmeklausel**) oder den Erben den Eintritt in die Gesellschaft freistellt (**Eintrittsklausel**). Bei beiden Varianten wird der Gesellschafterkreis erst wieder durch Ausübung des Wahlrechts festgelegt.

b) Kapitalgesellschaften

Bei KapG kann im Gegensatz zu den vorgenannten PersG die Erbengemeinschaft selbst Gesellschafterin werden. Die Rechte aus den Geschäftsanteilen müssen von den Erben gemeinschaftlich ausgeübt werden.

Die Schwierigkeit der Vererbung eines KapG-Anteils liegt in der gesellschaftsrechtlichen Absicherung, dass nur erwünschte Erbberechtigte in die KapG nachfolgen. Regelmäßig bietet es sich daher an, in den Gesellschaftsvertrag eine Regelung aufzunehmen, die der qualifizierten Nachfolgeklausel bei PersG entspricht. Eine Sonderrechtsnachfolge unmittelbar vom Erblasser auf den qualifizierten Miterben ist wegen der Vererblichkeit des KapG-Anteils unzulässig.

Einziehungs-/Abtretungsklausel Mit dem Erbfall werden der Erbe oder die Miterben zwangsläufig Inhaber des Geschäftsanteils des Erblassers. Eine Lösung ermöglicht in diesem Fall eine **Einziehungs-** oder eine **Abtretungsklausel**. Enthält die Satzung eine sogenannte Abtretungsklausel, die die Miterben verpflichtet, die Erblasser-Beteiligung an den Nachfolgeberechtigten abzutreten, so sind die Erben verpflichtet mitzuwirken. Möglich ist auch eine Kombination aus Einziehung und Abtretung.

II. Steuerliche Folgen des Ausscheidens eines Gesellschafters und Besteuerung der Mitgesellschafter

1. Fortsetzungs- und Einziehungsklauseln

Sowohl bei Fortsetzungsklauseln im Bereich der **PersG** als auch bei Einziehungsklauseln bei **KapG** kommt es zu steuerbaren Tatbeständen, wenn die von den verbliebenen Gesellschaftern zu zahlenden Abfindungsbeträge unterhalb des Steuerwerts der Beteiligung liegen (§ 3 Abs. 1 Nr. 2 S. 2, 3, § 7 Abs. 7 ErbStG). Dabei ist der BFH der Auffassung, dass ein **subjektives Merkmal des Bewusstseins der Unentgeltlichkeit nicht**

Besonderheiten bei Personen- und Kapitalgesellschaften

erforderlich sei;[113] maßgebend soll allein die **objektiv eintretende Bereicherung** der Mitgesellschafter sein.

Erfolgen Übertragung oder Einziehung der Beteiligung aufgrund einer gesellschaftsvertraglichen Abtretungs- oder Einziehungsklausel unverzüglich nach deren Erwerb, ist der Besteuerung des Erben der Abfindungsanspruch zugrunde zu legen, § 10 Abs. 10 ErbStG.

Für die Mitgesellschafter ist nach Auffassung der FinVerw zu unterscheiden:

Werden die **Anteile** von den Mitgesellschaftern **übernommen**, ist der Erwerb der Anteile **nach §§ 13a, 19a ErbStG begünstigt,** wenn der Erblasser zu mehr als 25 % am Nennkapital beteiligt war.[114]

§§ 13a, 19a bei Abfindungsklausel

Werden die Anteile **eingezogen**, unterliegt die dadurch eintretende Werterhöhung der Anteile der Gesellschafter als Schenkung auf den Todesfall der Besteuerung bei diesen der Besteuerung, soweit der Wert der Abfindung unter dem Wert der Anteile liegt. Die Inanspruchnahme der Vorteile der **§§ 13a, 19a ErbStG** ist nach Auffassung der FinVerw **nicht möglich**. Da die Gesellschafter keine Anteile erwürben, seien die Begünstigungsvorschriften nicht anwendbar.[115]

keine Begünstigung bei Einziehung

Hinweis

Die Einziehungsklausel bei KapG ist insofern nicht mit einer Fortsetzungsklausel bei PersG vergleichbar, als bei Letzterer aufgrund des Fortbestands des Anteils die Begünstigungen der §§ 13a, b ErbStG zu gewähren sind.[116] Sofern satzungsmäßig zugelassen, ist schenkungsteuerlich deshalb im Zweifel die Abtretung des Anteils des ausscheidenden Gesellschafters der Einziehung vorzuziehen.

Für die Abwehrberatung sei darauf hingewiesen, dass im Schrifttum demgegenüber teilweise davon ausgegangen wird, dass die Begünstigungen zu gewähren sind.[117] Hierfür spricht folgende Überlegung: Wenn sich der Steuergesetzgeber dafür entscheidet, fiktive Tatbestände einzuführen, so ist kein Grund ersichtlich, in diesen Fällen die Begünstigung der §§ 13a, 13b ErbStG nicht zu gewähren. Zudem wurde im Gesetzgebungsverfahren in **BR-Drs. 4/1/08, S. 17** darauf hingewiesen, dass „klargestellt werden soll", dass die Entlastungen für Unternehmensvermögen auch

---

[113] BFH-Urt. v. 1.7.1992 – II R 20/90, BStBl II 1992, 912; BFH-Urt. v. 1.7.1992 – II R 12/90, BStBl II 1992, 925
[114] R E 3.4 Abs. 3 S. 5 ErbStR 2011
[115] R E 3.4 Abs. 3 S. 9 ErbStR 2011
[116] R E 13b.1 Abs. 2 S. 4 ErbStR 2011
[117] *Ostermayer/Erhart*, BB 2005, 2044, 2047

Besonderheiten bei Personen- und Kapitalgesellschaften

bei den fiktiven gesellschaftsrechtlichen Tatbeständen angewendet werden. Wenn es sich aber um eine Klarstellung handelt, dann kann eine ausdrückliche gesetzliche Regelung keinen konstitutiven Charakter haben, so dass schon für das frühere Recht die Begünstigungen zu gewähren waren. Das entspricht im Übrigen auch dem Sinn der Regelungen, die das fortgeführte unternehmerische Engagement erleichtern sollen.

2. Qualifizierte Nachfolgeklausel

Der nach heutigem Recht geltende „**Gleichlauf**" hinsichtlich der **Transportfunktion der Verschonung** bei einer freien Erbauseinandersetzung, einer Erbauseinandersetzung unter Berücksichtigung einer Teilungsanordnung wie auch bei einem Vermächtnis hat auch Bedeutung für die erbrechtliche Nachfolge bei PersG; dies gilt insb. für die sog. qualifizierte Nachfolgeklausel.

Die erbrechtliche Nachfolge bei PersG ergibt sich bekanntlich aus einem **Zusammenwirken** von **gesellschaftsvertraglicher Regelung und Erbrecht**. Aus den vereinbarten Regelungen im Gesellschaftsvertrag ergibt sich die Weichenstellung, ob und ggf. auch an welchen Personenkreis die Gesellschaftsbeteiligung vererblich ist (erbrechtliche Nachfolgeklausel). Innerhalb des durch eine entspr. Regelung im Gesellschaftsvertrag vorgesehenen Rahmens bestimmt sich dann nach Erbrecht die Person, auf die die Gesellschaftsbeteiligung erbrechtlich übergeht.

kein Durchgangserwerb Bei einer sog. qualifizierten Nachfolgeklausel geht die Gesellschaftsbeteiligung auf einen oder mehrere – nicht jedoch alle – Erben über, die in ihrer Person die im Gesellschaftsvertrag bestimmten Qualifikationsmerkmale erfüllen. Die Gesellschaftsbeteiligung geht daher aufgrund der **Sonderrechtsnachfolge** auf direktem Weg vom Erblasser auf den oder die qualifizierten Nachfolger über. **Zivilrechtlich** findet daher somit **kein Durchgangserwerb** bei der Miterbengemeinschaft statt. Letztlich ist dieser Vorgang als eine sich automatisch vollziehende Teilerbauseinandersetzung anzusehen, die zu einem Übergang einer Gesellschaftsbeteiligung mit unmittelbar dinglicher Wirkung führt.[118]

---

[118] *Leipold,* MünchKomm/BGB, § 1922 Rz 61; soll eine Gesellschaftsbeteiligung im Wege eines Vermächtnisses auf den Rechtsnachfolger übergehen, muss im Gesellschaftsvertrag sichergestellt sein, dass der Vermächtnisnehmer zu dem nachfolgeberechtigten Personenkreis gehört.

Besonderheiten bei Personen- und Kapitalgesellschaften

a) Erbschaftsteuer

Die FinVerw nimmt in R E 3.1 ErbStR 2011 zur qualifizierten Nachfolgeklausel Stellung. Nach R E 3.1. Abs. 3 S. 1 ErbStR 2011 stellt die **qualifizierte Nachfolgeklausel** – ebenso wie die Hoferbenbestimmung – den Sonderfall einer **dinglich wirkenden Teilungsanordnung** dar. In R E § 13b.1 Abs. 2 S. 1 ErbStR 2011 wird ergänzend klargestellt, dass der Übergang wie ein Erwerb durch Erbanfall zu behandeln ist. Trotz der Sondererbfolge soll diese Teilungsanordnung allerdings dann unerheblich sein, wenn die Auslegung der testamentarischen Verfügung trotz der Sondererbfolge zu keiner Verschiebung der Erbquoten führt.[119]

Auffassung der FinVerw: dinglich wirkende Teilungsanordnung

b) Einbeziehung in Erbauseinandersetzung trotz Sonderrechtsnachfolge

Zwar findet zivilrechtlich ein unmittelbarer Übergang der Gesellschaftsbeteiligung auf den qualifizierten Nachfolger statt; trotzdem ist die Beteiligung i.R.d. Erbauseinandersetzung **„wertmäßig" einzubeziehen,** da sie jedenfalls dem Werte nach Bestandteil des Nachlasses bleibt.[120] Dies bedeutet in Fällen, in denen der qualifizierte Nachfolger durch den Erwerb der Gesellschaftsbeteiligung einen höheren Wert erworben hat, als ihm nach der Erbquote zustünde, dass er insoweit Ausgleichszahlungen an die Miterben zu erbringen hat. Für die erbschaftsteuerrechtliche Beurteilung gelten dann die Grundsätze zur **Erbauseinandersetzung mit Ausgleichszahlung.** Ertragsteuerrechtlich führen sie weder zu AK noch zu Veräußerungserlösen, da es sich bzgl. dieser Wertausgleichsverpflichtung um eine private Verbindlichkeit handelt.[121]

Ausgleichspflicht des begünstigten Gesellschafters

c) Besonderheiten bei Vorliegen von Sonderbetriebsvermögen

Für steuerrechtliches SBV gelten die allgemeinen zivilrechtlichen Grundsätze, so dass insoweit ein Übergang nach § 1922 BGB im Wege der Universalsukzession auf sämtliche Miterben erfolgt, bei denen das SBV zu Gesamthandsvermögen wird.[122]

---

[119] R E 3.1 Abs. 3 S. 2 ErbStR 2011
[120] BGH v. 3.7.1989 – II ZB 1/89, NJW 1989, 3152; *Heldrich,* MünchKomm/BGB, § 2032 Rz 60
[121] BFH-Urt. v. 27.7.1993 – VIII R 72/90, BStBl II 1994, 625
[122] Hierzu *Reimann,* ZEV 2002, 487, 491 f.

Besonderheiten bei Personen- und Kapitalgesellschaften

aa) Erbschaftsteuer

begünstigtes BV beim qualifizierten Nachfolger

Damit geht unmittelbar aufgrund des Erbfalls als einheitlicher Vorgang der gesamte **Mitunternehmeranteil** auf den qualifizierten Nachfolger über, wenn auch auf „getrennten Wegen" – die Gesellschaftsbeteiligung aufgrund der qualifizierten Nachfolgeklausel mit unmittelbarer dinglicher Wirkung und das im Gesamthandsvermögen befindliche und ihm anteilig zuzurechnende SBV entspr. seiner Erbquote aufgrund § 1922 BGB.[123] Deshalb steht dem **qualifizierten Nachfolger** für dieses auf ihn übergegangene **BV** auch die erbschaftsteuerrechtliche **Verschonung** zu.

Verschonung im Fall der Erbauseinandersetzung

Sofern i.R.d. **Erbauseinandersetzung** eine anderweitige Zuteilung erfolgt, also der qualifizierte Nachfolger seine Beteiligung oder Teile hiervon auf einen Miterben überträgt, ist auch dies eine Maßnahme i.R.d. Erbauseinandersetzung, da letztlich die aus der gesellschaftsrechtlichen Nachfolgeklausel sich ergebende Teilungsanordnung bzw. deren Vollzug „rückgängig" gemacht werden. Auch in diesem Fall dürfte u.E. dem letztlich **erwerbenden Miterben** die **Verschonung** zustehen, da nach der gesetzlichen Neuregelung auch eine Erbauseinandersetzung unabhängig vom Vorliegen einer Teilungsanordnung und damit eine solche, die von einer angeordneten Teilungsanordnung abweicht, begünstigt ist.

bb) Ertragsteuer

keine Buchwertfortführung

Ertragsteuerrechtlich liegt hinsichtlich des auf diejenigen Miterben, bei denen es sich nicht um einen qualifizierten Nachfolger handelt, übergehenden SBV insoweit eine **Entnahme** vor, die dem Erblasser zugerechnet wird. Die Übertragung einer Gesellschaftsbeteiligung unter **Lebenden** unter Rückbehalt von SBV führt zu einer **Aufgabe des gesamten Mitunternehmeranteils**, so dass in diesen Fällen keine Buchwertfortführung gem. § 6 Abs. 3 EStG erfolgt.[124] **In Erbfällen** führt die teilweise Zwangsentnahme im Zusammenhang mit der qualifizierten Nachfolgeklausel hingegen **nicht** zu einer **Betriebsaufgabe**, sondern zu einem Übergang der Mitunternehmerstellung auf den qualifizierten Nachfolger. Dies hat zur Folge, dass ertrag-

---

[123] Hierzu BMF-Schr. v. 3.3.2005 – IV B 2 – S 2241 – 14/05, BStBl I 2005, 458 Tz 23: danach gilt Tz 83 - 85 i.d.F. des BMF-Schr. v. 11.1.1993 – IV B 2 – S 2242 – 86/92, BStBl I 1993, 62 zur ertragsteuerlichen Behandlung der Erbengemeinschaft und ihre Auseinandersetzung weiter; diese entsprechen Tz 72 - 74 in BMF-Schr. v. 14.3.2006 – IV B 2 – S 2242 – 7/06, IV B 2 – S 2242 – 2/04, BStBl I 2006, 253

[124] BFH-Urt. v. 31.8.1995 – VIII B 21/93, BStBl II 1995, 890; BMF-Schr. v. 3.3.2005 – IV B 2 – S 2241 – 14/05, BStBl I 2005, 458 Tz 5

Besonderheiten bei Personen- und Kapitalgesellschaften

steuerrechtlich ein „kompletter" Mitunternehmeranteil übergeht, der aus der gesamten Gesellschaftsbeteiligung und dem SBV besteht, soweit es auf den qualifizierten Nachfolger entfällt.[125]

Hinweis

Angesichts des Umstands, dass für SBV im Zusammenhang mit einer qualifizierten Nachfolgeklausel anteilig die Verschonung entfällt, kann sich ggf. auch eine Gestaltung anbieten, bei der das **SBV insg.** dem **qualifizierten Nachfolger** zugeordnet wird.

Denkbar wäre insoweit, ihm dieses als **Vorausvermächtnis** zuzuweisen. In diesem Fall würde die Gesellschaftsbeteiligung unmittelbar aufgrund der qualifizierten Nachfolgeklausel auf ihn übergehen, während das SBV von der Erbengemeinschaft auf ihn zu übertragen wäre. In diesen Fällen tritt ertragsteuerrechtlich eine Zwangsentnahme des anteilig auf die Miterben entfallenden SBV ein;[126] dadurch entfällt der betriebliche Zusammenhang, er wird aber durch die Erfüllung des Vorausvermächtnisses wiederhergestellt. Zwar ist der Erwerb von WG des SBV nur dann begünstigt, wenn er unmittelbar mit dem Erwerb einer Gesellschaftsbeteiligung verbunden ist.[127] Allerdings ließe sich für die Annahme einer Verschonung die **Gesamtplanrspr.** heranziehen; unter diesem Gesichtspunkt hat das FG Münster[128] für die ertragsteuerrechtliche Beurteilung einer zeitversetzten Übertragung von Gesellschaftsbeteiligung und SBV i.R.d. Erbauseinandersetzung auf einen Miterben eine „einheitliche Übertragung" angenommen.[129] Ohne Risiko ist eine derartige Gestaltung allerdings nicht.

Zwangsentnahme

Sicherer ist die Gestaltung, den oder die als Nachfolger in die Gesellschaftsbeteiligung vorgesehenen Personen als Erben einzusetzen und weiteren Personen Vermächtnisse hinsichtlich des sonstigen Vermögens auszusetzen („**Rollentausch**").

---

[125] *Schmidt/Wacker*, EStG, § 16 Rz 674; BMF-Schr. v. 14.3.2006 – IV B 2 – S 2242 – 7/06, IV B 2 – S 2242 – 2/04, BStBl I 2006, 253 Tz 73 f.; BFH-Urt. v. 15.3.2000 – VIII R 51/98, BStBl II 2000, 316; ebenso *Geck*, ZEV 2002, 41, 44; *Tiedtke/Hils*, ZEV 2004, 441, 446

[126] Vgl. *Schmidt/Wacker*, EStG, § 16 Rz 675

[127] BFH-Urt. v. 15.3.2006 – II R 74/04, BFH/NV 2006, 1663; R 51 Abs. 3 S. 8 ErbStR

[128] FG Münster, Urt. v. 22.5.2007 – 13 K 1622/03 E, F, EFG 2008, 200

[129] Insoweit weist das FG darauf hin, dass dies von der FinVerw bei Teilerbauseinandersetzungen anerkannt wird, BMF-Schr. v. 14.3.2006 – IV B 2 – S 2242 – 7/06, IV B 2 – S 2242 – 2/04, BStBl I 2006, 253 Tz 58 f.; anders allerdings für den vorliegenden Zusammenhang in Tz 73

Besonderheiten bei Personen- und Kapitalgesellschaften

Zudem kann – jedenfalls bei frühzeitiger Planung – SBV auch vermieden werden bzw. zusammen mit der Gesellschaftsbeteiligung in eine „rechtliche Einheit" gebracht werden, um damit die evtl. sich ergebenden Probleme der Vererbung und vor allem der Verschonung von BV zu vermeiden – Stichwort: **Schwester-PersG**.[130]

---

[130] Zur Einschaltung bzw. Zwischenschaltung einer weiteren PersG, *Schmidt/ Wacker*, EStG, § 15 Rz 858 f; § 16 Rz 675

II. Teil: Schenkungen/Vorweggenommene Erbfolge

A. Schenkung, vorweggenommene Erbfolge

B. Sonderformen der Schenkung

C. Nießbrauch

D. Einkommensteuerliche Behandlung von Versorgungsleistungen

E. Besonderheiten bei Lebensversicherungen

II. Teil: Schenkung/Vorweggenommene Erbfolge

A. Schenkung, vorweggenommene Erbfolge

I. Vorbemerkung
II. Berücksichtigung früherer Erwerbe, § 14 ErbStG
   1. Grundsätze der Zusammenrechnung
   2. Anrechnung der Steuer auf den Vorerwerb
   3. Quantitative und qualitative Steuerbefreiung
   4. Sich überschneidende Zehnjahreszeiträume
   5. Negative Erwerbe, § 14 Abs. 1 S. 5 ErbStG
III. Mittelbare Grundstücksschenkung

B. Sonderformen der Schenkung

I. Gemischte Schenkung
II. Schenkung unter Auflage
III. Kettenschenkung
IV. Übernahme der Schenkungsteuer durch den Schenker, § 10 Abs. 2 ErbStG

C. Nießbrauch

I. Das Ende des § 25 ErbStG
II. Nachweis eines niedrigeren gemeinen Wertes für ein nießbrauchbelastetes Grundstück, § 146 Abs. 6 BewG
III. Veräußerung/Verzicht auf Nießbrauchsrecht
IV. Fernwirkungen auf die Grunderwerbsteuer
V. Nießbrauchsvorbehalt versus Versorgungsleistungen
VI. Besonderheiten bei Betriebsvermögen

D. Einkommensteuerliche Behandlung von Versorgungsleistungen

I. Einschränkung des Sonderausgabenabzugs auf die Vermögensübergabe gegen Versorgungsleistungen bei Unternehmen, § 10 Abs. 1 Nr. 1a EStG
II. BMF-Schr. v. 11.3.2010 – IV C 3 – S 2221/09/10004, BStBl I 2010, 227 (Rentenerlass) – Begünstigte Vermögensübergabe gegen Versorgungsleistungen
   1. Unentgeltliche Vermögensübergabe gegen Versorgungsleistungen
   2. Entgeltliche Vermögensübertragung gegen wiederkehrende Leistungen
   3. Anwendungsregelung

E. Besonderheiten bei Lebensversicherungen
   I. Allgemeines
   II. Leistungen aus einer befreienden Lebensversicherung
   III. Steuerliche Gestaltungsmöglichkeiten
      1. Schenkung vor Fälligkeit
      2. Versicherungsnehmer und Begünstigter sind identisch
      3. Prämienzahlungen durch den Bezugsberechtigten
      4. Gegenseitige Lebensversicherungen
   IV. Anzeigepflichten

Schenkung, vorweggenommene Erbfolge

A. Schenkung, vorweggenommene Erbfolge

I. Vorbemerkung

Nach § 1 Abs. 1 Nr. 2 **unterliegen der SchSt „die Schenkungen unter Lebenden".** Damit werden Schenkungen der Erbschaft gleichgestellt, was sich auch aus der Gesetzesüberschrift „Erbschaftsteuer- und Schenkungsteuergesetz" (ErbStG) ergibt. § 7 ErbStG zählt auf, was als Schenkung unter Lebenden gilt.

§ 7 ErbStG

„(1) Als Schenkungen unter Lebenden gelten

1. jede freigebige Zuwendung unter Lebenden, soweit der Bedachte durch sie auf Kosten des Zuwendenden bereichert wird;

2. was infolge Vollziehung einer von dem Schenker angeordneten Auflage oder infolge Erfüllung einer einem Rechtsgeschäft unter Lebenden beigefügten Bedingung ohne entsprechende Gegenleistung erlangt wird, es sei denn, dass eine einheitliche Zweckzuwendung vorliegt;

3. was jemand dadurch erlangt, dass bei Genehmigung einer Schenkung Leistungen an andere Personen angeordnet oder zur Erlangung der Genehmigung freiwillig übernommen werden;

4. die Bereicherung, die ein Ehegatte oder ein Lebenspartner bei Vereinbarung der Gütergemeinschaft (§ 1415 des Bürgerlichen Gesetzbuchs) erfährt;

5. was als Abfindung für einen Erbverzicht (§§ 2346 und 2352 des Bürgerlichen Gesetzbuchs) gewährt wird;

6. (weggefallen)

7. was ein Vorerbe dem Nacherben mit Rücksicht auf die angeordnete Nacherbschaft vor ihrem Eintritt herausgibt;

8. der Übergang von Vermögen auf Grund eines Stiftungsgeschäfts unter Lebenden. Dem steht gleich die Bildung oder Ausstattung einer

Schenkung, vorweggenommene Erbfolge

Vermögensmasse ausländischen Rechts, deren Zweck auf die Bindung von Vermögen gerichtet ist;

9. was bei Aufhebung einer Stiftung oder bei Auflösung eines Vereins, dessen Zweck auf die Bindung von Vermögen gerichtet ist, erworben wird. Dem steht gleich der Erwerb bei Auflösung einer Vermögensmasse ausländischen Rechts, deren Zweck auf die Bindung von Vermögen gerichtet ist, sowie der Erwerb durch Zwischenberechtigte während des Bestehens der Vermögensmasse.[131] Wie eine Auflösung wird auch der Formwechsel eines rechtsfähigen Vereins, dessen Zweck wesentlich im Interesse einer Familie oder bestimmter Familien auf die Bindung von Vermögen gerichtet ist, in eine Kapitalgesellschaft behandelt;

10. was als Abfindung für aufschiebend bedingt, betagt oder befristet erworbene Ansprüche, soweit es sich nicht um einen Fall des § 3 Abs. 2 Nr. 5 handelt, vor dem Zeitpunkt des Eintritts der Bedingung oder des Ereignisses gewährt wird.

(2) Im Falle des Absatzes 1 Nr. 7 ist der Versteuerung auf Antrag das Verhältnis des Nacherben zum Erblasser zugrunde zu legen. § 6 Abs. 2 Satz 3 bis 5 gilt entsprechend.

(3) Gegenleistungen, die nicht in Geld veranschlagt werden können, werden bei der Feststellung, ob eine Bereicherung vorliegt, nicht berücksichtigt.

(4) Die Steuerpflicht einer Schenkung wird nicht dadurch ausgeschlossen, dass sie zur Belohnung oder unter einer Auflage gemacht oder in die Form eines lästigen Vertrags gekleidet wird.

(5) Ist Gegenstand der Schenkung eine Beteiligung an einer Personengesellschaft, in deren Gesellschaftsvertrag bestimmt ist, dass der neue Gesellschafter bei Auflösung der Gesellschaft oder im Fall eines vorherigen Ausscheidens nur den Buchwert seines Kapitalanteils erhält, werden diese Bestimmungen bei der Feststellung der Bereicherung nicht berücksichtigt. Soweit die Bereicherung den

---

[131] § 7 Abs. 1 Nr. 8, 9 ErbStG neu gefasst mit Wirkung für alle Erwerbe, für die die Steuer nach dem 3.3.1999 entstanden ist oder entsteht, durch StEntlG 1999/2000/2002

Schenkung, vorweggenommene Erbfolge

Buchwert des Kapitalanteils übersteigt, gilt sie als auflösend bedingt erworben.

(6) Wird eine Beteiligung an einer Personengesellschaft mit einer Gewinnbeteiligung ausgestattet, die insbesondere der Kapitaleinlage, der Arbeits- oder der sonstigen Leistung des Gesellschafters für die Gesellschaft nicht entspricht oder die einem fremden Dritten üblicherweise nicht eingeräumt würde, gilt das Übermaß an Gewinnbeteiligung als selbständige Schenkung, die mit dem Kapitalwert anzusetzen ist.

(7) Als Schenkung gilt auch der auf dem Ausscheiden eines Gesellschafters beruhende Übergang des Anteils oder des Teils eines Anteils eines Gesellschafters einer Personengesellschaft oder Kapitalgesellschaft auf die anderen Gesellschafter oder die Gesellschaft, soweit der Wert, der sich für seinen Anteil zur Zeit seines Ausscheidens nach § 12 ergibt, den Abfindungsanspruch übersteigt. Wird aufgrund einer Regelung im Gesellschaftsvertrag einer Gesellschaft mit beschränkter Haftung der Geschäftsanteil eines Gesellschafters bei dessen Ausscheiden eingezogen und übersteigt der sich nach § 12 ergebende Wert seines Anteils zur Zeit seines Ausscheidens den Abfindungsanspruch, gilt die insoweit bewirkte Werterhöhung der Anteile der verbleibenden Gesellschafter als Schenkung des ausgeschiedenen Gesellschafters. Bei Übertragungen im Sinne des § 10 Abs. 10 gelten die Sätze 1 und 2 sinngemäß.

(8) Als Schenkung gilt auch die Werterhöhung von Anteilen an einer Kapitalgesellschaft, die eine an der Gesellschaft unmittelbar oder mittelbar beteiligte natürliche Person oder Stiftung (Bedachte) durch die Leistung einer anderen Person (Zuwendender) an die Gesellschaft erlangt. Freigebig sind auch Zuwendungen zwischen Kapitalgesellschaften, soweit sie in der Absicht getätigt werden, Gesellschafter zu bereichern, und soweit an diesen Gesellschaften nicht unmittelbar oder mittelbar dieselben Gesellschafter zu gleichen Anteilen beteiligt sind. Die Sätze 1 und 2 gelten außer für Kapitalgesellschaften auch für Genossenschaften."

Nach § 7 ErbStG sind Schenkungen unter Lebenden wie folgt zu unterscheiden:

Schenkung, vorweggenommene Erbfolge

```
                    Schenkungen
            ┌───────────┴───────────┐
   Reale Schenkung unter      Fiktive Schenkung i.R.v.
         Lebenden            Gesellschaftsverhältnissen
    § 7 Abs. 1 Nr. 1-5, Nr. 7-10      § 7 Abs. 5-8
```

freigebige Zuwendung

Der häufigste Anwendungsfall realer Schenkungen unter Lebenden dürften die **„freigebigen Zuwendungen unter Lebenden"** sein. Die Definition, **„soweit der Bedachte durch sie auf Kosten des Zuwendenden bereichert wird"**, löst sich vom zivilrechtlichen Schenkungsbegriff in § 516 BGB insoweit, als für die **freigebige Zuwendung nicht erforderlich ist, dass Schenker und Beschenkter über die Unentgeltlichkeit der Zuwendung einig sind**. Die (steuerrechtliche) freigebige Zuwendung setzt lediglich voraus, dass sie unentgeltlich erfolgt und der **Empfänger objektiv auf Kosten des Zuwendenden bereichert ist**. Der Zuwendende muss diese Unentgeltlichkeit subjektiv gewollt haben, R E 7.1 Abs. 1 ErbStR 2011. Die freigebige Zuwendung erfasst also alle über das Schenkungsrecht des BGB hinausgehenden Zuwendungen, die zwar die Voraussetzungen des § 516 Abs. 1 BGB erfüllen, aber aus besonderen Gründen zivilrechtlich nicht als Schenkungen gelten.

objektive Bereicherung

Hinweis

In der Abgabe eines Schenkungsversprechens (§ 518 BGB) sieht die Rspr. noch keine freigebige Zuwendung.[132]

Bereicherung

Die Bereicherung kann **jede Vermögensmehrung und jede Minderung von Schulden und Belastungen** beim Bedachten **sein**, R E 7.1 Abs. 2 S. 1 ErbStR 2011. Insoweit genügt eine Substanzmehrung beim Bedachten. Zu vergleichen sind die gemeinen Werte (Verkehrswerte) der Zuwendungsgegenstände mit den ggf. vom Beschenkten zu erfüllenden Gegenleistungen und Auflagen. Dabei setzt **Unentgeltlichkeit** voraus, dass der Erwerb nicht von einer vom Erwerber auszugleichenden Gegenleistung abhängig ist. Es tritt auch **keine Bereicherung ein, soweit der Empfänger das Erhaltene** rechtlich **beanspruchen konnte**, z.B. aufgrund einer entsprechenden Forderung oder einer Entlohnung für vereinbarte Dienste. Der Zuwendende muss in dem Bewusstsein handeln, dass er zur Vermögenshingabe rechtlich nicht verpflichtet ist. Umgekehrt ist es nicht erforderlich,

---

[132] BFH-Urt. v. 28.11.1967 – II 72/63, BStBl II 1968, 239

Schenkung, vorweggenommene Erbfolge

dass die Zuwendung mit einer Bereicherungsabsicht verbunden ist, R E 7.1 Abs. 3 S. 2 ErbStR 2011.

Zu den Schenkungen i.S.d. § 7 ErbStG gehört auch der Erwerb durch vorweggenommene Erbfolge und durch Übergabevertrag.[133] Unter **vorweggenommener Erbfolge** wird die **Übertragung von Vermögen/-steilen** zu Lebzeiten des Übertragenden **mit Rücksicht auf die künftige Erbfolge** verstanden.[134] Dabei unterliegt die vorweggenommene Erbfolge nicht als selbstständiger Vertragstyp der SchSt, sondern ist unter die Begriffe „Schenkung", „gemischte Schenkung" oder „Schenkung unter Auflage" zu subsumieren. Ähnliches gilt für einen Übergabevertrag, der die Übergabe eines Betriebs(-teils) schon zu Lebzeiten des Unternehmers auf seinen Nachfolger regelt.[135] Die FinVerw nimmt jedoch grds. eine vorweggenommene Erbfolge bei freigebigen Zuwendungen an die in StKl. I genannten Erwerber an.

vorweggenommene Erbfolge

Hinweis

Der Erwerb durch Schenkung auf den Todesfall gilt als Erwerb von Todes wegen, § 3 Abs. 1 Nr. 2 S. 1 ErbStG. Die vom Erwerber übernommenen Verbindlichkeiten sind nach § 10 Abs. 1 S. 2 ErbStG vom steuerlichen Wert des Erwerbsgegenstands abzuziehen, R E 3.3 ErbStR 2011.

Schenkung auf den Todesfall

Durch die rechtzeitige Übertragung von Vermögen/-steilen kann die Generationennachfolge zeitlich gestreckt unter Berücksichtigung des Alters der Übertragenden und der Übertragungsempfänger vollzogen werden. Dies ist die **wirtschaftliche Bedeutung der vorweggenommenen Erbfolge**, die vor allem im Bereich der Unternehmensnachfolge, aber auch bei größeren Immobilienvermögen häufig praktiziert wird.

wirtschaftliche Bedeutung

Hinweis

Vollzogene Schenkungen gelten trotz eines **freien Widerrufsvorbehalts** als ausgeführt. Insoweit ist auch eine Rückschenkung grds. stpfl. Ausnahmen bestehen innerhalb bestimmter Grenzen nach § 13 Abs. 1 Nr. 10 ErbStG nur in Fällen des **Rückfalls durch Erwerb von Todes wegen** und in den in § 29 Abs. 1 Nr. 1 - 3 ErbStG genannten Fallen, vor allem also, wenn die Rückgabe in Erfüllung eines **Rückforderungsrechts** des Zuwendenden erfolgt. Dies sind Fälle des:

Rückschenkung

---

[133] Vgl. *Meincke*, ErbStG-Kom., 15. Aufl., § 7 Rz 3a
[134] Vgl. BFH-Beschl. v. 5.7.1990 – GrS 4-6/89, BStBl II 1990, 847; BMF-Erlass v. 29.11.1994, BStBl I 1994, 905; *Moench/Höll*, Die neue Erbschaftsteuer, 111
[135] Vgl. § 593a BGB

Schenkung, vorweggenommene Erbfolge

- § 527 BGB, wenn der Schenker die Herausgabe des Geschenks fordern kann, weil das Geschenk zur Vollziehung einer Auflage hätte verwendet werden müssen

- § 528 BGB, wenn der Schenker wegen Verarmung ein Rückforderungsrecht hat

- § 530 BGB, wenn der Schenker die Schenkung wegen groben Undanks widerrufen kann (weil etwa der Beschenkte ggü. dem Schenker eine schwere Verfehlung begangen hat, z.B. körperliche Misshandlung, schwere Beleidigung, ehewidriges Verhalten)

- §§ 1301, 1302 BGB, für Verlobungsgeschenke, wenn die Eheschließung unterbleibt

- §§ 119, 123 BGB, wenn eine Schenkung wegen Irrtums oder arglistiger Täuschung angefochten wird; ein Irrtum über die Höhe der SchSt ist allerdings lediglich ein unbeachtlicher Irrtum im Beweggrund.

Andererseits kann die vom Umfang des Widerrufsvorbehalts abhängige ertragsteuerliche Anerkennung einer Schenkung entscheidende Bedeutung für die schenkungsteuerliche BMG haben.

ErbSt-Optimierung Schließlich hat die vorweggenommene Erbfolge insoweit steuerrechtliche Bedeutung, als die Freibeträge des ErbStG gezielt und u.U. mehrfach genutzt werden können, so dass die **vorweggenommene Erbfolge** auch ein **Instrument der ErbSt-Optimierung** sein kann. Dabei gehört die Ausnutzung der ErbSt-Freibeträge innerhalb eines Zehnjahreszeitraums zu den grundlegenden Gestaltungsmöglichkeiten. Deshalb rechnet § 14 ErbStG die innerhalb von zehn Jahren dem Erwerber zugewendeten Vermögensteile in der Weise zusammen, als seien sie **Teil eines einheitlich zu besteuernden Gesamterwerbs**, ohne dass die einzelnen Erwerbe aber ihre Selbstständigkeit verlieren, R E 14.1 Abs. 1 S. 2 ErbStR 2011.

II. Berücksichtigung früherer Erwerbe, § 14 ErbStG

§ 14 ErbStG

„(1) Mehrere innerhalb von zehn Jahren von derselben Person anfallende Vermögensvorteile werden in der Weise zusammengerechnet, dass dem letzten Erwerb die früheren Erwerbe nach ihrem früheren Wert zugerechnet werden. Von der Steuer für den Gesamtbetrag wird die Steuer abgezogen, die für die früheren Erwerbe nach den persönlichen Verhältnissen des Erwerbers und auf der Grundlage der geltenden Vorschriften zur Zeit des letzten Erwerbs zu erheben gewesen wäre. Anstelle der Steuer nach Satz 2 ist die tatsächlich für

Schenkung, vorweggenommene Erbfolge

die in die Zusammenrechnung einbezogenen früheren Erwerbe zu entrichtende Steuer abzuziehen, wenn diese höher ist. Die Steuer, die sich für den letzten Erwerb oder Zusammenrechnung mit früheren Erwerben ergibt, darf durch den Abzug der Steuer nach Satz 2 oder Satz 3 nicht unterschritten werden. Erwerbe, für die sich nach den steuerlichen Bewertungsgrundsätzen kein positiver Wert ergeben hat, bleiben unberücksichtigt.

(2) ......

(3) Die durch jeden weiteren Erwerb veranlasste Steuer darf nicht mehr betragen als 50 vom Hundert dieses Erwerbs."

1. Grundsätze der Zusammenrechnung

§ 14 ErbStG soll verhindern, dass durch die Teilung einer Zuwendung in mehrere innerhalb eines Zehnjahreszeitraums liegende Zuwendungen die Tarifprogression vermieden wird und für jede dieser Zuwendungen ein persönlicher Freibetrag gewährt wird.[136] Dies bewirkt, dass der Zweiterwerb wegen seines Zusammenhangs mit dem **Ersterwerb auf die Steuerstufe des Gesamterwerbs gehoben wird**. Im Ergebnis wird dadurch der jeweils letzte Erwerb mit einer faktisch höheren Steuer belegt, als sie ohne Rücksicht auf den vorangehenden Erwerb verwirklicht worden wäre.[137] Außerdem ist dadurch gewährleistet, dass vom Gesamterwerb der Freibetrag nur einmal zum Abzug gelangt.

Zehnjahreszeitraum

Die Grundsätze der Zusammenrechnung sind in R E 14.1 ErbStR 2011 zusammengefasst:

1. **Für frühere Erwerbe bleibt deren steuerlicher Wert maßgebend**, für Erwerb von Grundbesitz vor dem 1.1.2009 ist also der maßgebende Grundbesitzwert (§ 138 BewG) anzusetzen, R E 14.1 Abs. 2 S. 2 ErbStR 2011.

2. Vorerwerbe mit negativem Steuerwert bleiben bei der Zusammenrechnung unberücksichtigt, § 14 Abs. 1 S. 5 ErbStG.

---

[136] Vgl. BFH-Urt. v. 17.11.1977 – II R 66/68, BStBl II 1978, 220, DStR 1978, 265
[137] Vgl. BFH-Urt. v. 31.5.1989, BStBl II 1989, 733; BFH-Urt. v. 17.4.1991 – II R 121/88, BStBl II 1991, 522, wonach es lediglich darum geht, die Steuer für den letzten Erwerb zutreffend zu ermitteln

Schenkung, vorweggenommene Erbfolge

3. Die Steuer für den Gesamterwerb ist auf der Grundlage der geltenden Tarifvorschriften im Zeitpunkt des Letzterwerbs zu berechnen. Die **StKl.**, die persönlichen **Freibeträge** und der **Steuertarif** bestimmen sich also nach **dem geltenden Recht**, R E 14.1 Abs. 3 S.1 und 2 ErbStR 2011.

4. Von der so ermittelten Gesamtsteuerbelastung wird die Steuer abgezogen, die für die früheren Erwerbe nach den persönlichen Verhältnissen und auf der Grundlage der Tarifvorschriften zur Zeit des letzten Erwerbs zu erheben gewesen wäre, sog. **fiktive Abzugsteuer**.

5. Statt der fiktiven Steuer ist die seinerzeit für die Vorerwerbe **tatsächlich zu entrichtende Steuer abzuziehen, wenn diese höher ist**, § 14 Abs. 1 S. 3 ErbStG.

2. Anrechnung der Steuer auf den Vorerwerb

keine Erstattung von „Mehrsteuer"

Nach Auffassung der FinVerw handelt es sich bei der **Anrechnung der Steuer auf den Vorerwerb nicht um eine Art Vorauszahlung**, weshalb es auch nicht zu einer Erstattung dieser „Mehrsteuer" kommen kann, R E 14.1 Abs. 3 S. 8 ErbStR 2011. Auch nach *Kapp/Ebeling*[138] ist Sinn und Zweck von § 14 ErbStG nicht das Herbeiführen einer Steuererstattung, sondern, dass durch die Zusammenrechnung der persönliche Freibetrag nur einmal im Zehnjahreszeitraum berücksichtigt wird und die Progressionsvorteile durch Aufteilung einer Zuwendung in mehrere kleinere Zuwendungen vermieden werden sollen.

Da sich die „fiktive" Steuer nach den persönlichen Verhältnissen des Erwerbers und nach den Vorschriften zur Zeit des letzten Erwerbs errechnet (R E 14.1 Abs. 3 S. 3 ErbStR 2011), kann sich durch Änderung der persönlichen Verhältnisse – durch Änderung der StKl. und/oder des persönlichen Freibetrags – ein erhebliches Schenkungspotenzial ergeben.

---

[138] *Kapp/Ebeling*, ErbStG, § 14 Rz 15

Schenkung, vorweggenommene Erbfolge

Beispiel (nach H E 14.1 (3))

S hatte 2005 seiner damaligen Lebensgefährtin 150.000 EUR geschenkt. Nach der Heirat 2011 schenkt er ihr weitere 800.000 EUR.

Berechnung des Erwerbs in 2005

Barvermögen		150.000 EUR
Persönlicher Freibetrag StKl. III	./.	5.200 EUR
Stpfl. Erwerb		144.800 EUR
Steuersatz 23%		
Steuer 2005		33.304 EUR

Berechnung des Erwerbs in 2011

Barvermögen 2011		800.000 EUR
Barvermögen 2005	+	150.000 EUR
Gesamterwerb		950.000 EUR
Persönlicher Freibetrag StKl. I Nr. 1	./.	500.000 EUR
Stpfl. Erwerb		450.000 EUR
Steuersatz 15%		
Steuer auf Gesamterwerb		67.500 EUR

Schenkung, vorweggenommene Erbfolge

Fiktive Abzugsteuer 2011 auf Vorerwerb 2005

Barvermögen 2005	150.000 EUR
Persönlicher Freibetrag 2011 (500.000 EUR), höchstens beim Erwerb 2005 verbrauchter Freibetrag der StKl. III	./. 5.200 EUR
Stpfl. Erwerb	144.800 EUR
Steuersatz 2011 11%	
Fiktive Steuer 2011	15.928 EUR
Anzurechnen ist die höhere tatsächliche Steuer 2005	./. 33.304 EUR
Festzusetzende Steuer 2011	34.196 EUR
Mindeststeuer 2011 (§ 14 Abs. 1 S. 4 ErbStG)	
Erwerb 2011	800.000 EUR
Persönlicher Freibetrag	./. 500.000 EUR
Stpfl. Erwerb	300.000 EUR
Steuersatz 11%	
Mindeststeuer	33.000 EUR
Festzusetzende Steuer 2011	34.196 EUR

3. Quantitative und qualitative Steuerbefreiung

quantitative Steuerbefreiung

qualitative Steuerbefreiung

Das ErbStG unterscheidet zwischen **Zuwendungen, die wegen ihrer Höhe steuerbefreit sind**, sog. **quantitative Steuerbefreiung, und solchen Zuwendungen, die ihrer Art nach steuerbefreit sind**, sog. **qualitative Steuerbefreiung**. Es liegt im Sinn und Zweck der Zusammenrechnung nach § 14 ErbStG, dass quantitative Steuerbefreiungen nachträglich wegfallen, wenn weitere Zuwendungen erfolgen. Zu den quantitativen Steuerbefreiungen gehören neben den persönlichen Freibeträgen nach den §§ 16, 17 ErbStG auch die Freibeträge nach § 13 Abs. 1 Nr. 1 ErbStG (Hausrat und andere bewegliche körperliche Gegenstände). Eine Zusammenrechnung muss dagegen unterbleiben, wenn die Zuwendungen ihrer Art nach steuerfrei sind, wie z.B. übliche Gelegenheitsgeschenke (§ 13 Abs. 1 Nr. 14 ErbStG), Unterhalts- und/oder Ausbildungszuwendungen (§ 13 Abs. 1 Nr. 12 ErbStG), aber auch die Schenkung des Familienheims an den Ehegatten (§ 13 Abs. 1 Nr. 4a ErbStG).

Schenkung, vorweggenommene Erbfolge

4. Sich überschneidende Zehnjahreszeiträume

Außerhalb des Zehnjahreszeitraumes liegende Zuwendungen bleiben bei der Besteuerung des Letzterwerbs grds. unberücksichtigt. Bei jeweils einer Schenkung in den Jahren 2001, 2007 und 2013 wird die Schenkung in 2007 bei der Berechnung der Steuer für den Gesamterwerb zweimal berücksichtigt: Zum Ersten innerhalb des Zehnjahreszeitraums von 2001 bis 2011 und zum Zweiten innerhalb des (rückgerechneten) Zehnjahreszeitraumes von 2003 bis 2013.

Bei dieser Konstellation kann sich eine „**Überprogression**" ergeben. Der **BFH** hat dies in seiner Rspr.[139] im Wesentlichen durch zwei Maßnahmen korrigiert: Zum einen soll der **Freibetrag nach Ablauf des Zehnjahreszeitraums wieder aufleben** (wiederauflebender Freibetrag), und zum anderen soll bei der Berechnung die Abzugsteuer für die Vorerwerbe auf den Steuersatz des Gesamtbetrags der Zuwendung angehoben und damit einhergehend eine Kürzung der auf den Letzterwerb entfallenden Steuer eintreten.[140]

wiederauflebender Freibetrag

Die **FinVerw** hat ihre ursprüngliche Rechtsauffassung hierzu geändert. In R 70 Abs. 4 S. 2 ErbStR 2003 hieß es noch: „Um den persönlichen Freibetrag, der dem Erwerber für jeden Zehnjahreszeitraum zusteht, zur Wirkung kommen zu lassen, ist für die Ermittlung der Abzugsteuer bei Beginn eines neuen Zehnjahresszeitraums der im vorhergehenden Zehnjahreszeitraum verbrauchte persönliche Freibetrag als ‚wiederauflebender Freibetrag' hinzuzurechnen." Demgegenüber ist in R E 14.1 Abs. 4 ErbStR 2011 nunmehr geregelt, dass ein „wiederauflebender Freibetrag" nicht zu berücksichtigen ist, wenn eine Schenkungskette über einen Zeitraum von mehr als zehn Jahren reicht.

---

[139] BFH-Urt. v. 17.11.1977 – II R 66/68, BStBl II 1978, 220, DStR 1978, 265; BFH-Urt. v. 2.3.2005 – II R 43/03, BStBl II 2005, 728; BFH-Urt. v. 14.1.2009 – II R 48/07, BStBl II 2009, 538
[140] Vgl. hierzu *Meincke*, ErbStG-Kom., 15. Aufl., § 14 Rz 17

Schenkung, vorweggenommene Erbfolge

Beispiel (nach H E 14.1 (4))[141]

Vater V schenkt seiner Tochter am 3.1.1991 einen Geldbetrag von 600.000 DM (306.775 EUR). Am 2.1.2001 erhält sie weitere 600.000 DM und am 1.1.2011 schließlich 500.000 EUR.

	1. Zehnjahreszeitraum	2. Zehnjahreszeitraum	
Besteuerungszeitpunkt	3.1.1991	2.1.2001	1.1.2011
Zuwendung	600.000 DM	600.000 DM	500.000 EUR
Vorschenkung innerhalb des Zehnjahreszeitraums		+ 600.000 DM	+ 306.775 EUR
Gesamtbetrag	600.000 DM	1.200.000 DM	806.775 EUR
Persönlicher Freibetrag	./. 90.000 DM	./. 400.000 DM	./. 400.000 EUR
Steuerpflichtiger Erwerb (abgerundet)	510.000 DM	800.000 DM	406.700 EUR
Steuersatz	8%	15%	15%
Steuer	40.8000 DM	120.000 DM	61.005 EUR

---

[141] Schenkungskette über einen Zeitraum von mehr als zehn Jahren; BFH-Urt. v. 2.3.2005 – II R 43/03, BStBl II 2005, 728; BFH-Urt. v. 14.1.2009 – II R 48/07, BStBl II 2009, 538; Entnommen BStBl I 2011, SonderNr. 1/2011, 180

Schenkung, vorweggenommene Erbfolge

Anzurechnende Steuer 2001 aus Schenkung 1991

Wert der Vorschenkung 1991	600.000 DM	
Persönlicher Freibetrag 2001 (400.000 DM) höchstens beim Erwerb 1991 verbrauchter Freibetrag	./. 90.000 DM	
Nettobetrag des Vorerwerbs	510.000 DM	
Steuersatz (Härteausgleich)		
Fiktive Abzugsteuer	60.000 DM	
Tatsächlich zu entrichtende Steuer 1991 40.800 DM		
Abzuziehen ist die höhere fiktive Steuer	60.000 DM	
Steuer 2001 (120.000 DM – 60.000 DM =)	60.000 DM	

Anzurechnende Steuer 2011 aus Schenkung 2001

Wert der Vorschenkung 2001 600.000 DM = 306.775 EUR	306.775 EUR	
Persönlicher Freibetrag 2011 (400.000 EUR), höchstens 2001 verbrauchter Freibetrag 400.000 DM – verbrauchter Freibetrag 1991 90.000 DM = 310.000 DM, das entspricht 158.500 EUR	./. 158.500 EUR	
stpfl. Erwerb	148.275 DM	
Abgerundet	148.200 EUR	
Steuer 11%	16.302 EUR	
Abzuziehen ist die höhere tatsächliche Steuer 60.000 DM, das entspricht 30.678 EUR		
Steuer 2011		61.005 EUR
Abzuziehen sind		./. 30.678 EUR
Steuer 2011		30.327 EUR
Mindeststeuersatz nach § 14 Abs. 1 S. 4 ErbStG		
Barvermögen 2011	500.000 EUR	
Persönlicher Freibetrag	./. 400.000 EUR	
stpfl. Erwerb	100.000 EUR	
Mindeststeuer 11%	11.000 EUR	
Festzusetzende Steuer 2011		30.327 EUR

Schenkung, vorweggenommene Erbfolge

5. Negative Erwerbe, § 14 Abs. 1 S. 5 ErbStG

gemischte Schenkung

Die Vorschrift, dass negative Vorerwerbe bei der Zusammenrechnung unberücksichtigt bleiben, den nachfolgenden positiven Erwerb also nicht mindern, hat insoweit an Bedeutung verloren, als insb. bei Grundstückszuwendungen und einer damit verbundenen Übernahme von Belastungen die Schenkung in einen entgeltlichen und einen unentgeltlichen Teil aufgeteilt wird. In diesem Bereich sind negative Erwerbe ausgeschlossen. Lediglich bei der Übertragung von **Betrieben** und **Betriebsvermögensanteilen**, bei denen die Grundsätze der gemischten Schenkung nicht anzuwenden sind, hat § 14 Abs. 1 S. 4 ErbStG noch Bedeutung.[142]

Die Vorschrift gilt nur für zeitlich getrennt ausgeführte Zuwendungen, nicht dagegen, wenn VG mit negativem und positivem Steuerwert durch einen einheitlichen Schenkungsvertrag zugewendet werden.[143]

III. Mittelbare Grundstücksschenkung

Das Zuwendungsobjekt muss nicht notwendigerweise aus dem bereits vorhandenen Vermögen des Zuwendenden stammen, es kann auch auf Kosten des Zuwendenden dem Zuwendungsempfänger verschafft werden, sog. **mittelbare Schenkung**. Dies kann in mehrfacher Weise geschehen:[144]

Formen mittelbarer Schenkungen

– Der Zuwendende kann mit einem Dritten einen Vertrag darüber schließen, dass dieser das Zuwendungsobjekt an den Zuwendungsempfänger übertragen soll, sog. Zuwendung durch Vertrag zugunsten Dritter.

– Er kann den Vertragsabschluss auch dem Zuwendungsempfänger überlassen und den aus dem Vertrag resultierenden Kaufpreis übernehmen.

– Er kann den Vertrag gemeinsam mit dem Zuwendungsempfänger abschließen und den daraus resultierenden Kaufpreis zur Verfügung stellen.[145]

---

[142] Vgl. *Kapp/Ebeling*, ErbStG, § 14 Rz 31
[143] BFH-Urt. v. 18.3.1981 – II R 11/79, BStBl II 1981, 532
[144] Vgl. im Einzelnen *Meincke*, ErbStG-Kom., 15. Aufl., § 7 Rz 17a
[145] FG Münster, Urt. v. 9.1.1992 – 3 K 2365/89 Erb, EFG 1993, 588, DB 1992, Heft 35

Schenkung, vorweggenommene Erbfolge

– Er kann dem Zuwendungsempfänger die Geldmittel zur Verfügung stellen, damit dieser das zu erwerbende Objekt bezahlt.

Der zuletzt genannte Fall wurde in der Vergangenheit häufig bei Grundstücken wegen der Differenz zwischen dem steuerlichen Grundstückswert und dem nominellen Geldwert praktiziert, sog. **mittelbare Grundstücksschenkung**.[146]

Durch die mit dem ErbStG 2009 vorgenommene Angleichung der Steuerwerte von Grundstücken an deren Verkehrswerte hat die mittelbare Grundstücksschenkung an Bedeutung eingebüßt. Gleichwohl hat sie auch heute noch ihren Anwendungsbereich.

Hinweis

Der Annahme einer Grundstücksschenkung steht grds. nicht entgegen, dass der Beschenkte das Grundstück unmittelbar nach der Schenkung veräußert. Allerdings ist es angeraten, eine „Schonfrist" (1, besser 2 Kj) einzuhalten. Eine rechtliche Verpflichtung zur Veräußerung des Grundstücks an einen bestimmten Dritten dürfte unter Würdigung der Schenkungsabrede dazu führen, dass nicht das Grundstück, sondern der durch den Verkauf erzielte Erlös als geschenkt gilt.[147]

Bei **Durchführung einer mittelbaren Grundstücksschenkung** sollten deshalb **nachfolgende Regeln** der Schenkungsabwicklung **beachtet werden**:

– Die Verwendung des Geldbetrags sollte schriftlich vereinbart sein, das Grundstück oder die Baumaßnahme möglichst genau bezeichnet sein.

Regeln für mittelbare Grundstücksschenkungen

– Die getroffene Vereinbarung ist tatsächlich einzuhalten und das Geld bestimmungsgemäß zu verwenden.

---

[146] Gefestigte BFH-Rspr., z. B. BFH-Urt. v. 6.3.1985 – II R 19/84, BStBl II 1985, 382; BFH-Urt. v. 5.2.1986 – II R 188/83, BStBl II 1986, 460 betr. die Auflage, ein bestimmtes Grundstück zu kaufen und das Gebäude zu renovieren; BFH-Urt. v. 3.8.1988 – III R 89/86, BStBl II 1988. 1025 betr. die Auflage ein unbebautes Grundstück zu kaufen und es zu bebauen; dem ist die FinVerw gefolgt, BMF-Erlass v. 2.11.1989, BStBl I 1989. 443; BMF-Erlass v. 10.9.1996, BStBl I 1996, 1173

[147] BFH-Urt. v. 26.9.1990 – II R 150/88, BStBl II 1991, 320

Schenkung, vorweggenommene Erbfolge

– Zwischen der Geldzuwendung und der Verwendung des Geldbetrags für den Grundstückserwerb oder die Baumaßnahme muss ein enger zeitlicher Zusammenhang bestehen. Der Geldbetrag sollte vom Schenker grds. bereits im Erwerbszeitpunkt oder bei Baumaßnahmebeginn zur Verfügung gestellt sein. Nur wenn dem FA ggü. (z.B. durch eine schriftliche Erklärung des Schenkers zur Übernahme der AK/HK) nachgewiesen werden kann, dass zu diesem Zeitpunkt eine rechtliche Bindung bestand, kann die Zahlung des vereinbarten Geldbetrags auch nachträglich (allerdings nicht mehr *nach* der Bezahlung der AK/HK durch den Beschenkten) erfolgen, R E 7.3 Abs. 1 S. 5 ErbStR 2011.

Rohbau Wird eine mittelbare Grundstücksschenkung **ausgeführt**,[148] ist das Grundstück mit seinem **Grundbesitzwert** anzusetzen, § 12 ErbStG. Übernimmt der Schenker die Kosten für den Erwerb eines bestimmten **Grundstücks mit einem Gebäude im Zustand der Bebauung** (z.B. einem Rohbau), ohne auch die Kosten für die endgültige Fertigstellung des Gebäudes zu tragen, ist die Zuwendung mit dem Grundbesitzwert für ein Grundstück im Zustand der Bebauung anzusetzen.[149]

unbedeutende Geldzuwendungen **Wendet der Schenker** dem Zuwendungsempfänger **lediglich** den **Restkaufpreis für die Gebäudeherstellung** zu, während die Hypotheken und Grundschulden vom Beschenkten übernommen werden, gilt der dem Restkaufpreis entsprechende Grundstücksteil als zugewendet. Sofern nur ein unbedeutender Teil der AK/HK vom Schenker zugewendet wird, handelt es sich um eine Geldzuwendung zu einem vom Zuwendungsempfänger in vollem Umfang für eigene Rechnung erworbenen Grundstück. Als unbedeutend werden bis zu 10% des vom Zuwendungsempfänger aufgebrachten Kaufpreises bzw. der HK angesehen, H E 7.3 „Mittelbare Grundstücksschenkung-Einzelfälle" Nr. 2 ErbStR 2011.

---

[148] Eine Grundstücksschenkung gilt als ausgeführt, wenn die für die Grundbucheintragung erforderlichen Erklärungen abgegeben sind und der Beschenkte aufgrund dieser Erklärungen die Rechtsänderung bewirken kann, R E 9.1 Abs. 1 S. 1 ErbStR 2011; nach Auffassung des BFH genügt es, wenn der Schenker die Eintragung der Rechtsänderung in das Grundbuch bewilligt hat; BFH-Urt. v. 26.9.1990 – II R 150/88, BStBl II 1991, 320

[149] § 12 ErbStG, § 196 BewG, H E 7.3 „Mittelbare Grundstücksschenkung-Einzelfälle" Nr. 1 ErbStR 2011

Schenkung, vorweggenommene Erbfolge

Hinweis

Stellt der Schenker dem Zuwendungsempfänger Geld zur Verfügung, um dafür im eigenen Namen und für eigene Rechnung ein Grundstück zu erwerben, **ohne dass feststeht, um welches Grundstück es sich handelt, liegt eine Geldschenkung unter Auflage vor**, R E 7.3 Abs. 2 ErbStR 2011. Die Schenkung gilt mit der Geldhingabe als ausgeführt; die Auflage ist, weil sie dem Beschenkten selbst zugutekommt, nicht abzugsfähig, § 10 Abs. 9 ErbStG. Damit unterliegt der Geldbetrag uneingeschränkt der Besteuerung.

Geldschenkung unter Auflagen

Werden dem Beschenkten für den Ausbau des Grundstücks eines Dritten Geldmittel zugewandt und erhält der Beschenkte hierfür ein **Dauerwohnrecht**, ist Gegenstand der Schenkung ebenfalls der Geldbetrag.[150] Der BFH begründet dies damit, dass durch die weisungsgemäße Verwendung der Geldmittel kein Eigentum an den im Zuge des Um- bzw. Ausbaus eingebauten Sachen erworben wird, sondern diese als wesentliche Bestandteile des Grundstücks in das Eigentum des Grundstückseigentümers übergehen. Aus diesem Grund ist der Beschenkte durch die grundstücksbezogene Verwendung selbst nicht bereichert, so dass keine mittelbare Grundstücksschenkung vorliegt.

Geldmittel für Dauerwohnrecht

Die mittelbare Schenkung ist steuerlich nur relevant, wenn sie eine nach Steuerwerten berechnete Bereicherung zur Folge hat, § 10 Abs. 1 S. 1 ErbStG. Dies hat Auswirkungen auf Schenkungen zwecks Durchführung von **Reparaturen, Modernisierungen oder Renovierungen** an einem Gebäude, soweit damit keine Erhöhung des Grundstückswerts verbunden ist. In diesem Fall liegt keine steuerlich relevante Schenkung vor, denn maßgebend ist der Steuerwert des Grundstücks **nach** Durchführung der Reparaturen bzw. Modernisierungsarbeiten.[151] Im Übrigen ist bei derartigen Schenkungen eine mittelbare Grundstücksschenkung nur anzunehmen, wenn die Zuwendungen für die Durchführung der Maßnahmen im **wirtschaftlichen Zusammenhang** mit der Zuwendung eines bestimmten Grundstücks oder Gebäudes erfolgen und somit ein einheitliches Rechtsgeschäft angenommen werden kann.[152]

Steuerwert des Grundstücks nach Schenkung

---

[150] BFH-Urt. v. 17.6.1998 – II R 51/96, BFH/NV 1998, 1378
[151] Dies ist gleichzeitig der Zeitpunkt, zu dem die Grundstücksschenkung als ausgeführt gilt, R E 9.1 Abs. 2 S. 4 ErbStR 2011
[152] BFH-Urt. v. 5.2.1986 – II R 188/83, BStBl II 1986, 460; H E 7.3 „Mittelbare Grundstücksschenkung-Einzelfälle" Nr. 7 ErbStR 2011

B. Sonderformen der Schenkung

I. Gemischte Schenkung

Von einer gemischten Schenkung spricht man, wenn ein Gegenstand teils entgeltlich und teils unentgeltlich hingegeben wird, wobei der unentgeltliche Teil überwiegen muss. Voraussetzung ist, dass eine **objektive Wertdifferenz** zwischen **Leistung und Gegenleistung** nach bürgerlich-rechtlichen Maßstäben vorliegt. Bei einem **erheblichen** oder **offenbaren Missverhältnis** von Leistung und Gegenleistung wird eine gemischte Schenkung vermutet.

Fraglich ist, wann ein solches Missverhältnis anzunehmen ist. Die Praxis geht davon aus, dass ein solches vorliegt, wenn die **tatsächliche Gegenleistung** die sonst **übliche angemessene Gegenleistung um 20-25% unterschreitet**.[153] Das FG Münster hat sich für einen solchen Angemessenheitsspielraum ausgesprochen;[154] das FG München sieht eine Wertdifferenz von 51% als auffällig an.[155]

Beispiel

V verkauft seinem Sohn ein Grundstück mit einem Verkehrswert von 600.000 EUR für 200.000 EUR. Der Steuerwert soll 560.000 EUR betragen.

Es liegt eine gemischte Schenkung vor. Der Verkehrswert des Grundstücks übersteigt den Kaufpreis um 400.000 EUR. S hat damit das Grundstück zu 1/3 im Wege eines Kaufs (600.000 EUR ./. 400.000 EUR) und zu 2/3 im Wege einer freigebigen Zuwendung (600.000 EUR ./. 200.000 EUR) erworben.

Verhältnisrechnung des BFH

Zur Ermittlung der steuerlichen BMG bei gemischten Schenkungen hat der BFH in ständiger Rspr. eine **Verhältnisrechnung** angestellt, indem er den Steuerwert der Leistung des Schenkers in dem Verhältnis aufgeteilt hat, in dem der Verkehrswert der Bereicherung des Beschenkten zu dem Ver-

---

[153] *Kapp/Ebeling*, ErbStG, § 7 Rz 51.1; *Felix*, FR 1963, 492
[154] FG Münster, Urt. v. 18.9.1997 – 3 K 4562, 4563/95 Erb, EFG 1998, 673
[155] FG München, Beschl. v. 5.2.2001 – 4 V 3339/00, EFG 2001, 701

Sonderformen der Schenkung

kehrswert des geschenkten Vermögen steht.[156] Daraus ergab sich für den Steuerwert der freigebigen Zuwendung eine Berechnung nach folgender Formel:

$$\frac{\text{Steuerwert der Leistung des Schenkers} \times \text{Verkehrswert der Bereicherung des Beschenkten}}{\text{Verkehrswert der Leistung des Schenkers}} = \text{Steuerwert der freigebigen Zuwendung}$$

Dem ist die FinVerw bisher gefolgt.[157] Mit ihren gleichlautenden Ländererlassen v. 20.5.2011[158] hat die FinVerw diese Rechtsauffassung aufgegeben und nimmt seitdem eine **Saldierung** vor. Damit ermittelt die FinVerw für alle Erwerbe seit dem 1.1.2009 die steuerliche Bereicherung, indem sie den Steuerwert der Gegenleistung vom Steuerwert des Leistungsgegenstands abzieht. Hierbei geht sie davon aus, dass aufgrund der seit dem ErbStG 2009 gültigen Bewertungsmaßstäbe die Steuerwerte den Verkehrswerten entsprechen.

Auch die ErbStR 2011 ordnen für gemischte Schenkungen an, dass zur Ermittlung der Bereicherung von dem nach § 12 ErbStG zu ermittelnden Steuerwert der Leistung des Schenkers die Gegenleistungen des Beschenkten mit ihrem nach § 12 ErbStG ermittelten Wert abzuziehen sind, R E 7.4 Abs. 1 S. 2 ErbStR 2011.

FinVerw: Saldierung

Die unterschiedlichen Berechnungsmethoden führen zu unterschiedlichen steuerlichen Ergebnissen:

Beispiel[159]

V schenkt seiner Tochter ein Grundstück mit einem Verkehrswert i.H.v. 1.200.000 EUR und einem Steuerwert i.H.v. 1.080.000 EUR. T muss als Gegenleistung ein aus dem Grundstückskauf herrührendes Darlehen mit einem Steuerwert i.H.v. 200.000 EUR übernehmen.

---

[156] BFH-Urt. v. 12.12.1979 – II R 157/78, BStBl II 1980, 260; BFH-Urt. v. 21.10.1981 – II R 176/78, BStBl II 1982, 83
[157] R 17 Abs. 2 ErbStR 2003
[158] Gleichlautende Ländererlasse v. 20.5.2011, BStBl I 2011, 562
[159] Vgl. *Wenhardt*, NWB-EV 2/2012, 52, 53

Sonderformen der Schenkung

Lösung (nach den ErbStR 2003)

$$\frac{1.080.000 \text{ EUR (Steuerwert der Leistung des V)} \times 1.000.000 \text{ EUR (Verkehrswert der Bereicherung der T)}}{1.200.000 \text{ EUR (Verkehrswert der Leistung des V)}} = 900.000 \text{ EUR (Steuerwert der freigebigen Zuwendung)}$$

Ermittlung der SchSt:

Bereicherung (anteiliger Steuerwert Grundstück)	900.000 EUR
persönlicher Freibetrag (§ 16 Abs. 1 Nr. 2 ErbStG)	./. 400.000 EUR
Stpfl. Erwerb	500.000 EUR
SchSt	75.000 EUR

Lösung (nach den ErbStR 2011)

Leistung des Schenkers (Steuerwert Grundstück)	1.080.000 EUR
Gegenleistung (Darlehen)	./. 200.000 EUR
Bereicherung	880.000 EUR
persönlicher Freibetrag	./. 400.000 EUR
Stpfl. Erwerb	480.000 EUR
SchSt	72.000 EUR

II. Schenkung unter Auflage

Die Schenkung unter Auflage gem. § 525 BGB ist eine unentgeltliche Zuwendung, der die Nebenbestimmung beigefügt ist, dass der Beschenkte eine ihm von der Zuwendung gesondert obliegende Leistung bewirkt, auf die der Begünstigte keinen oder zumindest keinen frei verfügbaren Rechtsanspruch hat. Für die Besteuerung ist maßgebend, dass der Erwerber keine Leistung aus seinem eigenen Vermögen zu erbringen hat, sondern lediglich die Nutzung des übertragenen Gegenstands durch den Schenker dulden muss.

Sonderformen der Schenkung

Insoweit war bisher die Unterscheidung zwischen **gemischten Schenkungen** sowie Schenkungen unter **Duldungs- und Leistungsauflagen** von Bedeutung.[160] Dies hing mit der (zwischenzeitlich abgeschafften) Vorschrift des § 25 ErbStG zusammen,[161] wonach der Erwerb von Vermögen, dessen Nutzungen dem Schenker oder dem Ehegatten des Erblassers (Schenkers) zustehen oder das mit einer Verpflichtung oder mit der Verpflichtung zu sonstigen wiederkehrenden Leistungen zugunsten dieser Personen belastet ist, ohne Berücksichtigung dieser Belastungen besteuert wird. Die Anwendung der Vorschrift setzte den Erwerb eines entsprechend belasteten Vermögens voraus, so dass § 25 ErbStG bei Rechtsgeschäften unter Lebenden auf gemischte Schenkungen oder Schenkungen unter Leistungsauflage (= Geld- oder Sachleistungen) keine Anwendung fand. Lediglich Schenkungen unter einer Nutzungs- (Nießbrauch) oder Duldungsauflage (Wohnrecht) waren vom Anwendungsbereich der Vorschrift erfasst.[162]

Der BFH hat in ständiger Rspr.[163] Schenkungen unter Leistungsauflagen den gemischten Schenkungen gleichgestellt und damit die Leistungsauflage wie eine Gegenleistung behandelt. Nutzungs- oder Duldungsauflagen werden hingegen lediglich als bereicherungsmindernde Faktoren angesehen, die im Wege der Saldierung zu berücksichtigen sind.[164]

Mit dem Wegfall der Vorschrift und der Angleichung der Steuerwerte an die Verkehrswerte durch die Erbschaftsteuerreform 2009 ist nach Auffassung der FinVerw das Bedürfnis nach unterschiedlicher steuerlicher Behandlung derartiger Schenkungen entfallen. Bereits mit gleichlautenden Ländererlassen v. 20.5.2011 hat sie die steuerliche Behandlung von gemischten Schenkungen sowie von Schenkungen unter Auflage neu geregelt.[165] Die Neuregelung ist in die ErbStR 2011 übernommen worden, R E 7.4 Abs. 1, H E 7.4 (1)-(4) ErbStR 2011.

Damit wird auch für Schenkungen unter einer Auflage die steuerliche Bereicherung ermittelt, indem von dem nach § 12 ErbStG zu ermittelnden Steuerwert der Leistung des Schenkers die vom Beschenkten übernommenen Leistungs-, Nutzungs- und Duldungsauflagen mit ihrem nach § 12

---

[160] Vgl. BFH-Urt. v. 13.4.2011 – II R 27/09, BStBl II 2011, 730
[161] Siehe S. 135
[162] Vgl. R 17 Abs. 7 ErbStR 2003
[163] BFH-Urt. v. 12.4.1989 – II R 37/87, BStBl II 1989, 524
[164] Soweit nicht die inzwischen weggefallene Vorschrift des § 25 ErbStG dem entgegenstand.
[165] Gleichlautende Erlasse der obersten Finanzbehörden der Länder v. 20.5.2011, BStBl I 2011, 562

Sonderformen der Schenkung

ErbStG ermittelten Wert abgezogen werden. **Eine Verhältnisrechnung ist künftig nicht mehr durchzuführen.** Zwischen **Duldungs- und Leistungsauflagen wird nicht mehr unterschieden.**

III. Kettenschenkung

verpflichtende/freiwillige Weiterleitung

Bei einer Kettenschenkung wird die Zuwendung alsbald nach dem Erwerb an eine dritte Person weitergeleitet. Die Weiterleitung kann aufgrund einer unverbindlichen Erwartung des Schenkenden erfolgen oder aufgrund einer für den Beschenkten verbindlich getroffenen Anordnung. **Soweit der Beschenkte wirksam verpflichtet wird,** den Erwerb ganz oder teilweise an einen **Dritten weiterzuleiten,** liegt eine **Schenkung unter Auflage** vor. Erfolgt die Weiterleitung **ohne rechtliche oder tatsächliche Verpflichtung,** sind zwei aufeinanderfolgende, **voneinander unabhängige Schenkungen** anzunehmen, durch die zunächst der Bedachte und anschließend der Dritte bereichert werden. Dies lässt sich zur SchSt-Optimierung nutzen.

Beispiel

Der Vater will seiner Tochter 800.000 EUR steuerfrei zukommen lassen. Er schenkt ihr 400.000 EUR direkt und 400.000 EUR seiner Ehefrau, die dann den zu ihrer Tochter bestehenden Freibetrag nutzt, und die 400.000 EUR an ihre Tochter weiterleitet.

Gestaltungsmissbrauch

Es liegt auf der Hand, dass die FinVerw derartige **Weiterschenkungen unter dem Gesichtspunkt des Gestaltungsmissbrauchs** gem. § 42 AO infrage stellt. Dabei ist entscheidend, ob dem Erstempfänger ein eigener Entscheidungsspielraum für die Weitergabe des Vermögens verbleibt. Ist dies nicht der Fall, wird der Erstempfänger nur als Durchgangs- oder Mittelsperson angesehen. Es liegt dann nur *eine* Zuwendung aus dem Vermögen des Zuwendenden an den Dritten vor; eine Schenkung der Mittelsperson an den Dritten kommt nicht in Betracht.[166]

Zur Vermeidung des Vorwurfs eines Gestaltungsmissbrauchs sollten folgende Punkte beachtet werden:

---

[166] BFH-Urt. v. 13.10.1993 – II R 92/91, BStBl II 1994, 128 in einem Fall, in dem mehrere Verträge an einem Tag in aufeinanderfolgenden Urkundenrollennummern abgeschlossen wurden und eine Absprache hinsichtlich der Weiterschenkung nicht vorlag. Hier hat der BFH eine Weiterleitungsverpflichtung aufgrund der Vertragsabfolge unterstellt.

Sonderformen der Schenkung

1. Bei Schenkungen zwischen Ehegatten sollten keine Auflagen im Hinblick auf die Weiterleitung der Gelder erteilt werden. Der beschenkte Ehegatte muss über die Verwendung der Mittel frei entscheiden können.

2. Es sollte ein zeitlicher Abstand zwischen der Schenkung und der Weiterschenkung an die Kinder bestehen, und zwar von mindestens 6 Monaten (besser über 1 Jahr). Der Beschenkte muss die Möglichkeit haben, eine andere Entscheidung treffen zu können. Indizien dafür sind z. B., wenn der Beschenkte die erhaltenen Mittel zunächst einmal als Festgeld anlegt.

3. Geschenkte und weiter geschenkte Beträge sollten nicht identisch sein, um auch im Hinblick darauf den Verdacht des Gestaltungsmissbrauchs widerlegen zu können.

IV. Übernahme der Schenkungsteuer durch den Schenker, § 10 Abs. 2 ErbStG

Wenn der Schenker die vom Beschenkten geschuldete Steuer übernimmt, erhöht sich dadurch nach § 10 Abs. 2 ErbStG der Wert der Schenkung. Dies ist auf die gesetzliche Vorgabe zurückzuführen, dass der Beschenkte Schuldner der SchSt ist und hierfür beim Schenker keinen Rückgriff nehmen kann. Die Besonderheit des § 10 Abs. 2 ErbStG liegt darin, dass bei der Zusammenrechnung nur der Betrag berücksichtigt werden soll, der sich aus dem stpfl. Erwerb ohne Beachtung der Steuerklausel und der aus diesem Erwerb errechneten Steuer ergibt. Der Vorteil der gesetzlichen Regelung liegt darin, dass § 10 Abs. 2 ErbStG von der vereinfachten Annahme ausgeht, dass aus der übernommenen Steuer nicht noch einmal Steuer entsteht.

Die Übernahme der SchSt durch den Schenker kann in geeigneten Fällen zu einer **erheblichen Steuerersparnis** führen.[167] Geeignete Fälle sind Geldschenkungen und vom Grundbesitzwert unabhängige Schenkungen.

---

[167] S. im Einzelnen *Kapp/Ebeling*, ErbStG, § 10 Rz 60

Sonderformen der Schenkung

Beispiel (nach H E 10.5 ErbStR 2011)[168]

A schenkt seiner Freundin B (StKl. III) 2011 Wertpapiere im Wert von 205.736 EUR und erklärt sich bereit, die SchSt zu übernehmen.

Wert der Zuwendung		205.736 EUR
Daraus errechnete Steuer		
Zuwendung	205.736 EUR	
Persönlicher Freibetrag	./. 20.000 EUR	
Verbleiben	185.736 EUR	
Abgerundet	185.700 EUR	
Steuer bei Steuersatz 55%	55.710 EUR	+ 55.710 EUR
Erwerb einschl. Steuer		261.446 EUR
Persönlicher Freibetrag		./. 20.000 EUR
stpfl. Erwerb		241.446 EUR
Abgerundet		241.400 EUR
Steuer bei Steuersatz 30%		72.420 EUR

Will A im obigen Beispielsfall auf jeden Fall sicherstellen, dass B Wertpapiere im Wert von ca. 205.800 EUR netto erhält, ohne dass A sich zur Übernahme der SchSt verpflichtet, müsste er ihr Wertpapiere mit einem Wert von ca. 285.400 EUR übereignen, um das gleiche wirtschaftliche Ergebnis zu erzielen.

Abwandlung

Wert der Zuwendung		285.400 EUR
Persönlicher Freibetrag	./.	20.000 EUR
Stpfl. Erwerb		265.400 EUR
SchSt		79.620 EUR

Die SchSt-Ersparnis bei Übernahme der SchSt beträgt also 7.200 EUR (79.620 EUR ./. 72.420 EUR).

---

[168] Entnommen BStBl I 2011, SonderNr. 1/2011, 137

C. Nießbrauch

Nießbrauch und **Versorgungsleistungen** sind zwei seit Jahrzehnten **bewährte Instrumente** zur finanziellen Absicherung der Übergeber i.R.e. Übertragung von Vermögen im Wege der vorweggenommenen Erbfolge. Keineswegs von geringerer Bedeutung ist ihr Einsatz im Rahmen der Nachlassplanung. Insbesondere bei Erbeinsetzung der Kinder werden häufig Erträge des Nachlasses dem überlebenden Ehepartner als Vermächtnis ausgesetzt. In den letzten zwei Jahren sind **zwei wesentliche Veränderungen** eingetreten:

Rechtsänderungen

Zum einen ist durch das Erbschaftsteuerreformgesetz[169] § 25 ErbStG mit Wirkung ab 1.1.2009 **aufgehoben worden.**

Aufhebung § 25 ErbStG

Zum anderen zwingen Restriktionen des **JStG 2008**[170] die Gestaltungspraxis zu einer **Neuausrichtung der Vermögensübergabe gegen Versorgungsleistungen** jedenfalls im Bereich der Überschusseinkunftsarten.

Einschränkung dauernde Last

I. Das Ende des § 25 ErbStG

§ 25 ErbStG a.F. war nur vor dem **Hintergrund der niedrigen Grundstücksbewertung** zu verstehen. Der Gesetzgeber hatte bei Einführung des Abzugsverbots des § 25 ErbStG die Sorge, der Abzug der Nießbrauchslast könne bei den sehr niedrigen Grundstückswerten (damals Einheitswerten) dazu führen, dass keinerlei BMG mehr verbleibe.[171]

Abzugsverbot

Hierauf aufbauend sah das **frühere gesetzliche Konzept** bekanntlich wie folgt aus:

---

[169] BR-Drucks. 888/08 v. 28.11.2008
[170] JStG 2008 v. 20.12.2007, BGBl I 2007, 3150; hierzu ausführl. *Wälzholz*, DStR 2008, 273
[171] Vgl. zur Rechtsentwicklung *Kapp/Ebeling*, ErbStG, § 25 Rz 4 ff

Nießbrauch

- kein Abzug der Nießbrauchslast bei lebzeitiger Nachfolge, falls Nießbraucher der Schenker und/oder sein Ehepartner ist;

- kein Abzug der Nießbrauchslast bei Erwerben von Todes wegen, wenn das Nießbrauchsrecht zugunsten des Ehepartners des Erblassers bestellt wird;

- kein Abzug der Rentenlast bei Erwerben von Todes wegen, falls Berechtigter der Ehepartner des Erblassers ist;

- Abzug der Rentenlast hingegen bei Übergabe gegen Versorgungsleistungen zu Lebzeiten, da sog. Leistungsauflage.

Stundung

Als **"Entlastung"** sah § 25 Abs. 1 S. 2 ErbStG a.F. vor, dass die Steuer, die nur deshalb festgesetzt wird, weil die Nießbrauchslast nicht abzugsfähig ist, bis zu deren Erlöschen **zinslos gestundet** oder auf Antrag des Stpfl. abgezinst entrichtet werden kann (insoweit § 25 Abs. 1 S. 3 ErbStG a.F.).

Die **Nießbrauchslast** wird gem. § 16 BewG ermittelt, indem der Steuerwert des mit dem Nießbrauch belasteten Gegenstands durch 18,6 geteilt und mit der Lebenserwartung des Berechtigten multipliziert wird.

Beispiel zur Berechnung nach altem Recht

A ist 55 Jahre alt und überträgt eine gewerblich genutzte Eigentumswohnung im Wert von 100.000 EUR (Verkehrswert = Steuerwert) seinem Neffen unter Nießbrauchsvorbehalt.

Steuerliche Behandlung nach **früherem** Recht:

	EUR
Erwerb	100.000
abzgl. Freibetrag StKl. II	10.300
stpfl. Erwerb	89.700
Steuer 17 %	15.249

Nießbrauch

Ermittlung des Stundungs- und Ablösebetrags

	EUR
Erwerb	100.000
abzgl. Nießbrauchslast	
(100.000 EUR : 18,6 = 5.376 EUR x 10,448)[172]	56.168
abzgl. Freibetrag Steuerklasse II	10.300
steuerpflichtiger Erwerb	33.532
sofort zu zahlende Steuer 12 %	4.023
Der Ablösebetrag beläuft sich auf	4.512

Insgesamt waren somit bei Antrag auf Ablösung **8.535 EUR** zu zahlen.

Durch den heutigen Ansatz der Grundstückswerte mit dem gemeinen Wert ist die Grundlage des § 25 EStG nicht mehr tragfähig; konsequenterweise wurde deshalb im Zuge der Reform **§ 25 ErbStG aufgehoben.**

Seit 2009 ist daher der **Abzug der Nießbrauchslast zulässig.** Die **Rahmenbedingungen** stellen sich somit zusammengefasst wie folgt dar:

Abzugsfähigkeit des Nießbrauchs

- Geänderte Bewertung des Übertragungsgegenstands (meistens Grundstücke)

- Abzug der Nießbrauchslast wie eine Gegenleistung

- geänderter Vervielfältiger

- veränderte Freibeträge

- (höhere) Steuersätze in StKl. II und III.

In vielen Fällen wird heute die höhere Bewertung des Grundbesitzes durch den höheren Abzugsposten kompensiert, wie folgendes Beispiel zeigt:

---

[172] Angesetzt wurde der Vervielfältiger und Abzinsungsfaktor nach alter gesetzlicher Regelung auf Basis der Sterbetafel 1985: Aufgrund der Rspr. des BFH wären allerdings auf Antrag auch im alten Recht bereits Faktoren aufgrund der aktuellen Sterbetafeln anzusetzen gewesen.

Nießbrauch

Beispiel

	EUR
Verkehrswert Geschäftsgrundstück	1.000.000
Steuerwert 2008	700.000
Steuerwert 2012	950.000
Nießbrauchslast	500.000

Lösung

	EUR
BMG SchSt altes Recht:	700.000
mit teilweiser Stundung	
BMG SchSt neues Recht	450.000

Regelmäßig ist deshalb von einer durch das heutige Recht verbesserten Situation auszugehen, wenn:

– die BMG nur geringfügig steigt

– der Nießbraucher ein relativ jugendliches Alter hat und damit die abziehbare Duldungsauflage erheblich ist.

Dies zeigt auch die Lösung des Ausgangsbeispiels (S. 136) nach heutigem Recht:

Steuerliche Behandlung nach **heutigem Recht**:

	EUR
Erwerb abzgl. Nießbrauchslast	100.000
(100.000 EUR: 18,6 = 5.376 x 13,838)[173]	74.397
abzgl. Freibetrag StKl. II	20.000
stpfl. Erwerb	5.602
Steuer 15 %	1.840

---

[173] Bewertung einer lebenslänglichen Nutzung oder Leistung Vervielfältiger für Bewertungsstichtage ab 1.1.2012; BMF-Schr. v. 26.9.2011 – IV D 4 – S 3104/9/10001, BStBl I 2011, 834

Nießbrauch

Das heutige Recht führt in diesem Fall zu einer erheblichen **Minderbelastung**.

Dies sei umso mehr betont, als infolge der durch das **JStG 2008**[174] geänderten Rechtslage bei einer **Vermögensübergabe gegen Versorgungsleistungen** über steuerliches **PV** zukünftig der Abzug der Versorgungslast durch den Übernehmer als **SA ausgeschlossen** ist.[175] Der Übernehmer erwirbt teilentgeltlich. Dies bedeutet schon unter dem einkommensteuerlichen Aspekt eine **Renaissance** der Übertragung unter **Nießbrauchsvorbehalt**, da eine der Versorgungsleistung angenäherte Absicherung des Schenkers erreicht werden kann, indem im wirtschaftlichen Ergebnis die mit dem übertragenen Gegenstand erwirtschafteten Erträge dem Übergeber vorbehalten bleiben.

Renaissance des Nießbrauchs

Zu berücksichtigen ist allerdings, dass nach **§ 10 Abs. 6 S. 3 ErbStG** bei **vermieteten Wohngrundstücken** der Abschlag von 10 v.H. gem. § 13c Abs. 1 ErbStG dazu führt, dass auch die korrespondierenden Belastungen und damit u.U. die **Nießbrauchslast** um **10 v.H. gekürzt** werden, um eine Doppelbegünstigung zu vermeiden. Die Rechtslage entspricht in etwa der des § 3c EStG.

Beispiel

	EUR
Steuerwert Mietwohngrundstück	1.000.000
Nießbrauchslast	500.000

Lösung

Sowohl das Grundstück als auch die Nießbrauchslast sind nur mit 90 v.H. anzusetzen bzw. abzuziehen. BMG vor Berücksichtigung des persönlichen Freibetrags ist damit ein Betrag von 450.000 EUR.

Hinweis

Durch den Abzug der Nießbrauchslast ergeben sich auch neue Überlegungen, wenn **Nießbrauchsrechte** u. U. dem **Ehepartner des Schenkers zugewandt** werden sollen. Bis 2009 wurde allgemein empfohlen, den Nießbrauch so auszuge-

---

[174] Jahressteuergesetz 2008 v. 20.12.2007, BStBl I 2008, 218; dazu *Schulze zur Wiesche*, BB 2007, 2379.
[175] Vgl. dazu nachfolgend S. 151 ff

Nießbrauch

Gesamtberechtigung

stalten, dass er zunächst dem Schenker vorbehalten bleibt. Erst mit Vorversterben des Schenkers wird das Nießbrauchsrecht dann vom zivilrechtlichen Eigentümer erneut ausgegeben, und zwar dann an den Ehepartner des Schenkers. Die alternative **Gesamtberechtigung** wurde regelmäßig deshalb verworfen, weil die Nießbrauchslast nach § 25 ErbStG nicht abzugsfähig war und ferner eine sofortige freigebige Zuwendung i.H.d. hälftigen Kapitalwerts des Nießbrauchs an den Ehepartner vermieden werden sollte. Nach heutigem Recht ist zu überlegen, ob nicht anders gestaltet werden soll. Der Abzug der Nießbrauchslast hat zur Folge, dass die höhere Lebenserwartung und damit regelmäßig die der Ehefrau für die Höhe der bereicherungsmindernden Belastung maßgebend ist. Der damit erhöhte Abzugsposten ist bereicherungsmindernd zu berücksichtigen. Der hierin liegende Vorteil kann den Nachteil der Schenkungsteuerbelastung zwischen den Ehegatten häufig überkompensieren.

Allerdings ist **einkommensteuerlich** zu beachten, dass es sich um einen **Zuwendungsnießbrauch** zwischen den Ehepartnern handelt, so dass die **AfA-Befugnis** hinsichtlich des hälftigen Anteils **ausgeschlossen ist**. Vor- und Nachteile sind sorgfältig abzuwägen.

II. Nachweis eines niedrigeren gemeinen Wertes für ein nießbrauchbelastetes Grundstück, § 146 Abs. 6 BewG

Nach § 145 Abs. 3 und § 146 Abs. 7 BewG bzw. § 198 BewG ist ein niedrigerer als der sich unmittelbar aus den Bewertungsvorschriften ergebende Wert festzusetzen, wenn der Stpfl. einen **niedrigeren gemeinen Grundstückswert** nachweist. Der Nachweis kann durch Vorlage eines Sachverständigengutachtens oder Ableitung aus einem im gewöhnlichen Geschäftsverkehr zeitnah erzielten Kaufpreis für das zu bewertende Grundstück geführt werden.

Bereicherungsebene

Nach der Konzeption des ErbStG sind **Nutzungsrechte** grds. **nicht** auf der **Bewertungsebene** zu erfassen, sondern mindern nach § 10 ErbStG die steuerrechtliche Bereicherung.

Bewertungsebene

Nach Auffassung der **FinVerw**[176] kann gleichwohl bereits i.R.d. **Verkehrswertermittlung** durch Sachverständigengutachten das **Nießbrauchsrecht**

---

[176] FinMin NRW, Erlass v. 7.12.2000 – S 3806 – 3 – VA 2

Nießbrauch

als Belastung abgezogen werden. Die FinVerw räumt dem Stpfl. insofern ein **Wahlrecht** ein.[177]

Der BFH hat ein derartiges Wahlrecht zwar grds. abgelehnt und die Berücksichtigung des Nutzungsrechts auf der Bewertungsebene ausgeschlossen.[178] Das Urteil wird aber aufgrund eines Nichtanwendungserlasses von der FinVerw über den entschiedenen Einzelfall nicht angewandt.[179] Die Auffassung der FinVerw hat für die Stpfl. häufig **vorteilhafte Konsequenzen**:

– Die **Abzugsbeschränkung** für aufschiebend bedingte Nutzungsrechte (etwa zugunsten des Ehegatten) **nach § 6 BewG greift nicht**, da ein Gutachter regelmäßig aufschiebend bedingte Nutzungsrechte berücksichtigt.

– Es **entfällt** die Bindung an die Ermittlung des Kapitalwerts der Nutzung nach § 13 ff BewG, insb. auch die **Begrenzung des Jahreswerts von Nutzungen** nach § 16 BewG.

– Der Gutachter ist **nicht** an den **Zinssatz von 5,5 v.H. gebunden**.

Zur Verhinderung einer doppelten Berücksichtigung auf beiden Ebenen wurde i.R.d. Reform die Vorschrift des **§ 10 Abs. 6 S. 6 ErbStG** neu eingefügt. Dieser hat folgenden Wortlaut:

„Haben sich Nutzungsrechte als Grundstücksbelastungen bei der Ermittlung des gemeinen Wertes einer wirtschaftlichen Einheit des Grundbesitzes ausgewirkt, ist deren Abzug bei der Erbschaftsteuer ausgeschlossen."[180]

Damit wird verhindert, dass Nutzungsrechte an einem Grundstück, die bereits i.R.e. Sachverständigengutachtens auf der Bewertungsebene berücksichtigt wurden, zusätzlich als Nachlassverbindlichkeit i.R.d. § 10 ErbStG abgezogen werden.

---

[177] Vgl. R E 7.4 Abs. 1 S. 3 ErbStR 2011; R E 10.10 Abs. 6 S. 2 ErbStR 2011; ebenso *Daragan* DB 2001, 355, 356; *Höhl* DB 2002, 397; *Geiß* ZEV 2004, 149; *Rössler/Troll*, BewG, § 146 Rz 47 (Halaczinsky)
[178] BFH-Urt. v. 8.10.2003 – II R 27/02, BStBl II 2004, 179
[179] Gleichlautende Ländererlasse vom 1.3.2004, BStBl I 2004, 272
[180] Vgl. dazu auch R E 10.10 Abs. 6 S. 7 ErbStR 2011

Nießbrauch

Wahlrecht

Zugleich aber bestätigt dies das schon bisher von der FinVerw gewählte **Wahlrecht**. Nach neuem Recht ist es somit dem Stpfl. grds. freigestellt, ob er den **Kapitalwert des Nießbrauchs** bereits auf der **Bewertungsebene** im Feststellungsverfahren für die Grundbesitzbewertung gegenrechnet oder erst auf der nachfolgenden Ebene der **Ermittlung der ErbSt**.

Die Berücksichtigung des Nießbrauchs bereits auf der Bewertungsebene kann aus den vorstehend dargestellten Gründen insb. der fehlenden Begrenzung des Jahreswertes nach § 16 BewG und eines freieren Zinsansatzes erhebliche Vorteile mit sich bringen.

Beispiel

Schenkung eines Geschäftsgrundstücks an Lebensgefährtin;
Schenker 60 Jahre alt;
Nießbrauchsvorbehalt auf Lebenszeit;

	EUR
Steuerwert = Verkehrswert Grundstück	1.000.000
Tatsächlicher Jahreswert Nießbrauch	70.000
Begrenzung Jahreswert nach § 16 BewG	
Steuerwert 1.000.000 : 18,6	53.763
Vervielfältiger für einen Mann 60 Jahre	12,531

1. Alt. Berücksichtigung Nießbrauch als Abzugsposten

		EUR
Steuerwert Grundstück		1.000.000
Begrenzung Jahreswert nach § 16 BewG		
Steuerwert 1.000.000 : 18,6 = 53.763 x 12,531		673.704
Bereicherung		326.295
Abgerundet		326.200
Freibetrag (StKl. III)	./.	20.000
Stpfl. Erwerb		306.200
Steuer 30 %		91.860

Nießbrauch

2. Alt. Berücksichtigung Nießbrauch auf Bewertungsebene

	EUR
Verkehrswert	1.000.000
Jahreswert lebenslänglicher Nießbrauch 70.000 EUR x 12.531	./. 877.170
Verkehrswert	122.830
Abgerundet	122.800
Freibetrag (StKl. III)	./. 20.000
Stpfl. Erwerb	102.800
Steuer 30 %	30.840
Ersparnis:	61.020

Hinweis

Ungeachtet der Abschaffung des § 25 ErbStG und der damit herbeigeführten vollen Abzugsfähigkeit des Nießbrauchs auf der Bereicherungsebene kann es somit auch nach **heutigem Recht günstig** sein, den **Nießbrauch** bereits auf der **Bewertungsebene** in **Abzug** zu bringen. Dies gilt insb. dann, wenn der tatsächliche Nießbrauchswert deutlich über der sich nach § 16 BewG ergebenen Begrenzung liegt. Hierzu kommt es vor allem dann, wenn der Sachverständige aufgrund Berücksichtigung individueller Gebäudemerkmale zu einem in Relation zu der erzielten Miete niedrigen Verkehrswert des Gebäudes gelangt.

III. Veräußerung/Verzicht auf Nießbrauchsrecht

Die Praxis hat in **Altfällen** weiterhin zu beachten, dass gem. § 25 Abs. 2 ErbStG a.F. die **Stundung endet** und damit die **Steuer fällig** wird, wenn der Erwerber das belastete Vermögen vor dem Erlöschen der Belastung ganz oder teilweise **veräußert**.

Veräußerung

Beispiel

A überträgt unter Nießbrauchsvorbehalt im Jahre 2005 ein Grundstück an B. Die auf den Kapitalwert der nicht abziehbaren Nießbrauchslast entfallende ErbSt wird gestundet. Im Jahre 2012 veräußert B das Grundstück.

Lösung

Die Stundung erlischt. Ferner ergibt sich aus der Neufassung, dass auch die jederzeit mögliche Ablösung der Steuer zum Barwert nach § 12 Abs. 3 BewG möglich ist.

Nießbrauch

Abwandlung

Im vorgenannten Fall entschließt sich B, im Jahre 2012 die Steuer abgezinst zu entrichten.

Lösung

Die abgezinste Zahlung ist auch auf Grundlage des neuen Rechts ohne Weiteres möglich.[181]

Aus der Übergangsvorschrift ergibt sich ferner, dass bei der **unentgeltlichen Zuwendung** des zunächst vorbehaltenen **Nießbrauchsrechts** an den zivilrechtlichen Eigentümer (Beschenkten) auch heute die Fälle so abzuwickeln sind, wie dies in der Entscheidung des BFH v. 17.3.2004[182] vorgezeichnet ist.

Verzicht = freigebige Zuwendung

Der unentgeltlich ausgesprochene Verzicht ist danach eine erneute freigebige Zuwendung. Soweit bei Übergabe des Grundstücks unter Nießbrauchsvorbehalt die Nießbrauchslast nicht abgezogen werden konnte, kann sie nunmehr zwecks Vermeidung einer wirtschaftlichen Doppelbelastung von der BMG des Nießbrauchsverzichts abgezogen werden.

Beispiel

Im Jahre 2005 hat V an S ein Grundstück unter Nießbrauchsvorbehalt übertragen. Der Kapitalwert des Nießbrauchs im Zeitpunkt der Schenkung betrug 100.000 EUR. Im Jahre 2012 verzichtet V unentgeltlich auf das Nießbrauchsrecht.

Lösung

Die BMG für den Verzicht beträgt 120.000 EUR. Von ihm kann ein Betrag von 100.000 EUR abgezogen werden, so dass die BMG vor Freibetrag nur 20.000 EUR beträgt.

---

[181] Gleichlautende Ländererlasse v. 18.11.2008, BStBl I 2008, 989.
[182] BFH v. 17.3.2004 – II R 3/01, BStBl II 2004, 429, ZEV 2004, 211; dazu *Rödl/Seifried*, ZEV 2004, 328

Nießbrauch

Sofern die Nießbrauchslast nach altem Recht nicht abgezogen werden konnte, ist i.R.d. Zusammenrechnung nach § 14 ErbStG (Zehnjahresfrist) dem Verzicht der Vorerwerb ohne Kürzung um die Nießbrauchslast hinzuzurechnen.[183]

Wird durch den Nießbraucher **entgeltlich** verzichtet, kann der entgeltliche Verzicht nicht auf den Zeitpunkt der Schenkung zurückwirken. Es bleibt somit bei einer Vorschenkung i.S.d. § 14 ErbStG.[184] Der entgeltliche Verzicht ist **kein Ereignis mit Rückwirkung**.

IV. Fernwirkungen auf die Grunderwerbsteuer

Der Satz „Schenkungsteuer schlägt Grunderwerbsteuer" ist steuerliches Allgemeingut. Er gilt jedoch nicht ausnahmslos. Nach § 3 Nr. 2 S. 2 GrEStG sind Schenkungen unter einer Auflage der Besteuerung bei der GrESt hinsichtlich des Wertes solcher Auflagen zu unterziehen, die bei der SchSt abziehbar sind.

Bislang hatte sich die Praxis daran gewöhnt, bei Schenkungen unter Nießbrauchsvorbehalt der GrESt keine Aufmerksamkeit zollen zu müssen, da die Nießbrauchslast wegen § 25 ErbStG a.F. nicht abzugsfähig war. Bei Übertragung unter Leistungsauflagen hingegen war der Wert der Leistungsauflage BMG der GrESt.[185]

Die steuerlichen Rahmendaten haben sich seit 2009 verändert. Da die **Nießbrauchslast** seitdem als Auflage abzugsfähig ist, entsteht auf ihren **Kapitalwert GrESt**. Dies führt nur zu einer Steuerfestsetzung, wenn zivilrechtlicher Eigentümer eine Person ist, die in keinem Verwandtschaftsverhältnis i.S.d. § 3 Nr. 4, 6 GrEStG zum Schenker steht.

GrESt auf Nießbrauch

Beispiel

Steuerwert des Grundstücks 1.000.000 EUR. Kapitalwert Nießbrauchslast 500.000 EUR. Erwerber ist der Neffe des Schenkers.

---

[183] BFH-Urt. v. 7.10.1998 – II R 64/96, BStBl II 1999, 25; *Kapp/Ebeling*, ErbStG, § 14 Rz. 42.1

[184] BFH-Urt. v. 19.12.2007 – II R 34/06, BStBl II 2008, 260 = ZEV 2008, 210 m. Anm. *Geck*; zur entgeltlichen Ablösung des Vorbehaltsnießbrauchs vgl. auch Landesamt für Steuern Bayern, Vfg. v. 28.1.2011 – S 2196.1.1 – 2/1 St 32, DStR 2011, 312; Meyer/Bell, DStR 2011, 1211; Geck/Messner, ZEV 2011, 420

[185] *Boruttau/Sack*, GrEStG, 17. Aufl., § 3 Rz 261 – 270a

Nießbrauch

Lösung

BMG der GrESt: 500.000 EUR x 4,5 v.H. = festzusetzende GrESt 22.500 EUR.

V. Nießbrauchsvorbehalt versus Versorgungsleistungen

Die geänderten erbschaftsteuerlichen Bedingungen von Übertragungen und Vorbehalt von Rechten ermöglichen es, nunmehr sowohl Nießbrauchslast als auch Versorgungsleistungen bereicherungsmindernd zu berücksichtigen. Gleichwohl bleiben Unterschiede, die Wahlmöglichkeiten eröffnen.

Beispiel

A überlegt, zu Lebzeiten ein Mehrfamilienhaus auf Tochter T unter Nießbrauchsvorbehalt zu übertragen.

Steuerwert des Grundstücks	1.000.000 EUR
Verbindlichkeiten	600.000 EUR
kapitalisierter Wert der Nießbrauchslast	200.000 EUR

A erwägt, sich entweder den Nießbrauch vorzubehalten oder von T bei gleichzeitiger Übernahme der Verbindlichkeiten eine Versorgungsleistung zu fordern.

Welche **schenkungsteuerlichen** Unterschiede ergeben sich?

Lösung 1. Alt. - Nießbrauchsvorbehalt

Bei Übergabe eines der Einkunftserzielung dienenden VG unter Nießbrauchsvorbehalt verbleiben die Verbindlichkeiten jedenfalls regelmäßig schuldrechtlich beim Übergeber. Denn nur so können die Schuldzinsen steuerlich als BA bzw. WK geltend gemacht werden. Würde der Übernehmer die Verbindlichkeiten zins- und tilgungsmäßig bedienen, ohne Einkünfte zu erzielen, stünde § 3c Abs. 1 EStG dem Abzug der Aufwendungen als BA oder WK entgegen.

kein Abzug der Verbindlichkeiten

Bezogen auf die schenkungsteuerliche Beurteilung hat die Gestaltung zur Folge, dass bei einer **Übergabe unter Nießbrauchsvorbehalt** zwar die Nießbrauchslast abzugsfähig ist, die **Verbindlichkeiten** jedoch – weil den

Nießbrauch

Übernehmer (noch) nicht belastend – **nicht bereicherungsmindernd** abgezogen werden können.[186]

Die Bereicherung errechnet sich somit wie folgt:

Steuerwert des Grundstücks	1.000.000 EUR
./. kapitalisierter Wert der Nießbrauchslast	200.000 EUR
Bereicherung	800.000 EUR

Erst mit **Erlöschen des Nießbrauchs** gehen die Verbindlichkeiten regelmäßig aufgrund der vertraglichen Vereinbarungen auf den Übernehmer über. Dies führt nunmehr zur Annahme einer gemischt entgeltlichen Zuwendung, so dass der **ursprüngliche Schenkungsteuerbescheid zu berichtigen** ist (§ 175 Abs. 1 Nr. 1 AO i.V.m. §§ 6 Abs. 2, 5 Abs. 2 BewG).

Berichtigung des SchSt-Bescheids

Hinweis

In der Praxis ist besonders auf die **Jahresfrist des § 5 Abs. 2 S. 2 BewG** zu achten. Danach ist der Antrag bis Ablauf des Jahres zu stellen, das auf den Eintritt der Bedingung folgt.

Jahresfrist

Sind **keine Verbindlichkeiten** vorhanden, ergibt sich eine andere Beurteilung. Denn in diesem Fall errechnet sich die schenkungstpfl. Bereicherung aus dem Wert des übertragenen Gegenstands abzgl. des kapitalisierten Werts des Nießbrauchs, ermittelt nach § 16 BewG.

Lösung 2. Alt. – Rentenauflage

Bei der **Vermögensübergabe gegen Versorgungsleistungen** war schon bislang die Versorgungslast als sog. Leistungsauflage bereicherungsmindernd abzugsfähig. § 25 ErbStG a.F. galt für Übertragung unter Lebenden nicht.

Da der Übernehmer im Zuge einer Vermögensübergabe gegen Versorgungsleistungen die Verbindlichkeiten regelmäßig nicht nur dinglich, sondern auch schuldrechtlich (Erfüllungsübernahme) sofort übernimmt, sind sowohl die **Versorgungslast** als auch die übernommenen **Verbindlichkeiten** erbschaftsteuerlich **bereicherungsmindernd** zu berücksichtigen. Anders als beim Nießbrauch findet somit eine **sofortige Berücksichtigung** der übernommenen Verbindlichkeiten statt.

Verbindlichkeiten sofort abzugsfähig

---

[186] BFH-Urt. v. 17.10.2001 – II R 60/99, BStBl II 2002, 165, ZEV 2002, 121 m. Anm. *Daragan*

Nießbrauch

unterschiedliche Besteuerung

Hieraus ergibt sich, dass bei **Übergabe einer belasteten Vermögenseinheit** bezogen auf den Stichtag der Entstehung der Steuer die BMG i.R.e. Vermögensübergabe gegen Versorgungsleistungen niedriger ist als bei der parallel zu beurteilenden Übertragung unter Nießbrauchsvorbehalt. Wie vorstehend ausgeführt, ist dort regelmäßig der Betrag der übernommenen Verbindlichkeiten erst zeitlich verzögert – mit dem Erlöschen des Nießbrauchs – abzugsfähig. Dies soll die folgende Berechnung zeigen:

Die Bereicherung errechnet sich somit wie folgt:

Steuerwert des Grundstücks		1.000.000 EUR
./. Verbindlichkeiten	./.	600.000 EUR
./. Versorgungslast	./.	200.000 EUR
BMG		200.000 EUR

Fazit

I.R.e. Vermögensübergabe gegen Versorgungsleistungen sind beide Belastungen sofort bereicherungsmindernd abzugsfähig. Dies führt zu einer niedrigeren BMG als beim Nießbrauch. Voraussetzung des Vergleichs ist allerdings, dass **Nießbrauchslast** und **Versorgungslast** den **gleichen Wert** haben. Dies wird nur in seltenen Fällen der Fall sein, da sich der Nutzungswert des Nießbrauchs aus dem typisierten Ertrag des Übertragungsgegenstands ableitet, indem dessen Wert durch 18,6 geteilt wird, während es sich bei der Versorgungslast um die individuell vereinbarten und typisierten Erträge handelt. Da die Ertragskraft und damit die Höhe der dauernden Last häufig auf die Nettoerträge nach Abzug der Schuldzinsen begrenzt wird, dürfte die Versorgungslast zumeist mit einem geringeren Betrag als das Nießbrauchsrecht vereinbart werden. Insofern werden sich die Unterschiede nicht als so gravierend darstellen, wie es auf den ersten Blick den Anschein hat.

unbelasteter VG

Ist der Übergabegegenstand **nicht belastet**, sind **Nießbrauch** und **Versorgungslast sofort abzugsfähig**, so dass die Belastung zu vereinbaren ist, deren Wert höher ist.

Als **Faustformel** kann man ausführen, dass je höher der mit der Übernahme der Verbindlichkeiten und der hiermit verbundenen Zinsbelastungen angestrebte WK-Überschuss ist, umso niedriger die BMG für die Übertragung gegen Versorgungsleistungen ist. Dies beruht schlicht auf der Übernahme der Verbindlichkeiten bereits am Stichtag der Übergabe.

VI. Besonderheiten bei Betriebsvermögen

Bei Übergabe von BV ist zu berücksichtigen, dass Voraussetzung für die BV-Vergünstigungen der §§ 13a, 13b ErbStG bei Übergabe unter Nießbrauchsvorbehalt sowohl nach altem als auch neuem Recht ist, dass der **Übernehmer MU** i. S. des Ertragsteuerrechts wird.

Nießbraucher als MU

MU-Stellung setzt MU-Risiko und MU-Initiative voraus.[187] Da der zivilrechtliche Eigentümer das Stimmrecht jedenfalls bei Grundlagengeschäften innehat,[188] ist eine MU-Initiative dann gegeben, wenn dieses Stimmrecht nicht durch **Stimmrechtsvollmachten** ausgeschlossen wird.[189] Der BFH hat entschieden, dass die grds. Widerruflichkeit einer derartigen Vollmacht hieran nichts ändere, wenn die Vollmacht aufgrund des begleitenden Nießbrauchs faktisch unwiderruflich sei.[190] Bei einer derartigen Konstellation sei **regelmäßig keine MU-Initiative** gegeben.

keine MU-Initiative bei Stimmrechtsvollmacht

Hinsichtlich des kumulativ erforderlichen **MU-Risikos** bestehen Bedenken, dem Nießbraucher über die Gewinnanteile hinaus ein **Entnahmerecht** zuzubilligen, insb. bezogen auf **Altrücklagen** oder sogar **über das KapKto** hinaus. Denn dessen Ausgleich obliegt regelmäßig dem zivilrechtlichen Eigentümer und damit eben nicht dem Nießbraucher. Diese Form des Risikos ist mit § 15 Abs. 1 Nr. 2 EStG regelmäßig nicht gemeint.

Bei der Vermögensübergabe gegen Versorgungsleistungen ergeben sich diese Bedenken aus der MU-Stellung des Übernehmers heraus nicht. Die Stimmrechte stehen regelmäßig originär dem Übernehmer zu. Er hat lediglich einen Teil der Erträge an den Übergeber herauszugeben. Dies schließt auch das MU-Risiko nicht aus.

Hinweis

Zumindest **in Zweifelsfällen ist** eher zu einer **Vermögensübergabe gegen Versorgungsleistungen** zu raten, wenn die BV-Vergünstigungen auf jeden Fall gesichert werden sollen.

---

[187] BFH-Urt. v. 1.7.2003 – VIII R 2/03, BFH/NV 2003, 1564; ausf. *Schmidt/Wacker*, EStG, 30. Aufl., § 15 Rz 305 ff
[188] BGH-Urt. v. 9.11.1998 – II ZR 213/97, NJW 1999, 571
[189] FG Rheinland-Pfalz, Urt. v. 27.4.2006 – 4 K 2163/03, EFG 2007, 1792
[190] BFH-Urt. v. 10.12.2008 – II R 34/07, BStBl II 2009, 312

Nießbrauch

Bei einer Vermögensübergabe eines Anteils an einer KapG, die unter § 13a Abs. 4 Nr. 3 ErbStG fällt, spielt diese Abgrenzung keine Rolle, weil insoweit der Übernehmer kein MU werden muss.

D. Einkommensteuerliche Behandlung von Versorgungsleistungen

I. Einschränkung des Sonderausgabenabzugs auf die Vermögensübergabe gegen Versorgungsleistungen bei Unternehmen, § 10 Abs. 1 Nr. 1a EStG

Nach § 10 Abs. 1 Nr. 1 a EStG in der seit dem 1.1.2008 geltenden Fassung ist ein SA-Abzug nur noch möglich für

> „1 a.: auf besonderen Verpflichtungsgründen beruhende, lebenslange und wiederkehrende Versorgungsleistungen, die nicht mit Einkünften im wirtschaftlichen Zusammenhang stehen, die bei der Veranlagung außer Betracht bleiben, wenn der Empfänger unbeschränkt einkommensteuerpflichtig ist. Dies gilt nur für Versorgungsleistungen im Zusammenhang mit der Übertragung eines Betriebes, Teilbetriebes oder eines Mitunternehmeranteils an einer Personengesellschaft, die eine Tätigkeit im Sinne des § 13, § 15 Abs. 1 S. 1 Nr. 1 oder § 18 Abs. 1 ausübt; ..."

Mit der gesetzlichen Neuregelung ist das Rechtsinstitut der **Vermögensübergabe gegen Versorgungsleistungen** deshalb auf **seinen vermeintlichen Kern**, die Übergabe von LuF-Vermögen gegen dauernde Last,[191] **zurückgeführt** worden. Neben diesem rechtshistorischen, in der Gesetzesbegründung zitierten Argument steht ein weiteres rechtstatsächliches, das beschämt: Wie die zuständige Referentin im nordrhein-westfälischen FinMin, *Risthaus*, in einem Zeitschriftenbeitrag bekundet hat,[192] hat der Bundesrechnungshof die frühere Rechtslage hinsichtlich der Vermögensübergabe gegen Versorgungsleistungen mit der Begründung beanstandet, **90 v.H. der überprüften Fälle** seien in den **zuständigen FÄ fehlerhaft bearbeitet** worden.

Einschränkung auf BV

Ein **SA-Abzug** ist somit heute nur noch möglich bei der Übertragung

---

[191] Zur Rechtsentwicklung vgl. BFH-Beschl. v. 5.7.1990 – GrS 4-6/89, BStBl II 1990, 847
[192] *Risthaus*, DB 2007, 240

Einkommensteuerliche Behandlung von Versorgungsleistungen

- eines Betriebes,

- eines Teilbetriebes oder

- eines MU-Anteils an einer PersG, die eine Tätigkeit i. S. d. § 13, § 15 Abs. 1 S. 1 Nr. 1 oder § 18 Abs. 1 EStG ausübt, oder von

- GmbH-Geschäftsanteilen (nicht AG!) von mind. 50 v.H. des Stammkapitals, wenn der Übergeber als GF tätig war und der Übernehmer diese Tätigkeit nach der Übertragung fortführt.

- des Wohnteils als Bestandteil land- und forstwirtschaftlichen Vermögens

Ausgenommen sind die bloß **gewerblich geprägten Mitunternehmerschaften** nach § 15 Abs. 3 Nr. 2 EStG.[193]

keine Differenzierung Rente – dauernde Last

Aus Vereinfachungsgründen wurde zugleich auf die bisherige **Unterscheidung zwischen Renten und dauernden Lasten verzichtet**. In dem begrenzten Rahmen sind die Versorgungsleistungen **stets im vollen Umfang als SA abzuziehen** und vom Empfänger entsprechend **zu versteuern**. Die bei Leibrenten früher vorzunehmende Ermittlung des Ertragsanteils entfällt hiernach. Dementsprechend ist in **§ 22 Nr. 1b EStG** das **Korrespondenzprinzip** ausdrücklich **statuiert** und geregelt, dass der Rentenempfänger die Leistungen zu versteuern hat.

Vorteil der Neuregelung

Die oft feinsinnige Unterscheidung, ob und in welchem Umfang eine Anpassung aufgrund der veränderten Bedürfnisse des Übergebers bzw. der veränderten Leistungsfähigkeit des Übernehmers vorzunehmen ist, ist jedenfalls für steuerliche Zwecke entfallen. Für die Übergeber hat dies einen wesentlichen Vorteil: Waren bislang die Sicherungsinstrumente bei der sog. dauernden Last eher schwach, da die Reduzierung des schuldrechtlichen Anspruchs auf Zahlung der Versorgungsleistung auch das dingliche Recht entwertete, spielt diese Abgrenzung nunmehr für die Absicherung der Übergeber keine Rolle mehr. Die oft schwierige Entscheidung, entweder eine steuerungünstige Regelung durch eine Versorgungsrente zu wählen oder zivilrechtliche Unsicherheiten, aber steuerliche Vorteile beim Übernehmer durch eine dauernde Last zu erhalten, entfällt zukünftig.

---

[193] Der Gesetzeswortlaut ist nicht ganz eindeutig; dies dürfte jedoch dem Regelungsziel entsprechen; vgl. *Schmidt/Heinicke*, EStG, 30. Aufl., § 10 Rz 60

Einkommensteuerliche Behandlung von Versorgungsleistungen

Hinweis

Der BFH hat mit Beschl. v. 9.5.2007[194] die Meinung vertreten, bei einer Übergabe gegen Versorgungsleistungen sei bei **Ausschluss** der **Versorgungsleistungen für Pflegebedürftigkeit** oder Heimunterbringung keine dauernde Last mehr gegeben, sondern nur eine private Versorgungsrente. Diese Abgrenzung betrifft nur noch Altfälle. Diese Gestaltung kann in Neufällen **uneingeschränkt** verwendet werden, da sie den Vollabzug der Zahlungen nicht infrage stellt. Allerdings ist zu beachten, dass der BFH die Meinung vertritt, die Versorgungsleistungen seien auf die Erträge des übergebenen Vermögens begrenzt, so dass diese übersteigenden Pflegeleistungen nicht als SA abgezogen werden können.[195]

Im Überblick stellt sich die gesetzliche Neuregelung somit wie folgt dar:

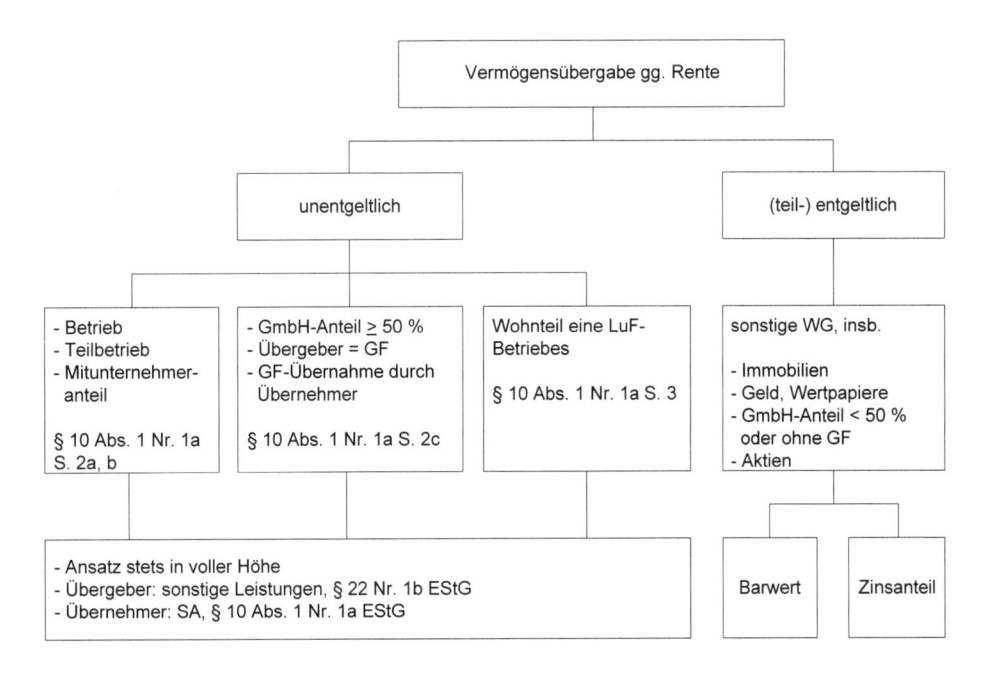

```
                        Vermögensübergabe gg. Rente
                                  |
                 ┌────────────────┴────────────────┐
            unentgeltlich                    (teil-) entgeltlich
                 |                                  |
   ┌─────────────┼─────────────┐                    |
- Betrieb      - GmbH-Anteil ≥ 50 %    Wohnteil eine LuF-    sonstige WG, insb.
- Teilbetrieb  - Übergeber = GF         Betriebes           - Immobilien
- Mitunternehmer- - GF-Übernahme durch                       - Geld, Wertpapiere
  anteil          Übernehmer           § 10 Abs. 1 Nr. 1a S. 3  - GmbH-Anteil < 50 %
                                                                oder ohne GF
§ 10 Abs. 1 Nr. 1a   § 10 Abs. 1 Nr. 1a S. 2c                - Aktien
S. 2a, b
                                                         ┌──────┴──────┐
   └─────────────┬─────────────┘                      Barwert      Zinsanteil
- Ansatz stets in voller Höhe
- Übergeber: sonstige Leistungen, § 22 Nr. 1b EStG
- Übernehmer: SA, § 10 Abs. 1 Nr. 1a EStG
```

---

[194] BFH-Beschl. v. 9.5.2007 – X B 162/06, BFH/NV 2007, 1501; vgl. hierzu auch *Risthaus*, DB 2007, 2109
[195] BFH-Urt. v. 13.12.2005 – X R 61/01, ZEV 2006, 226 m. Anm. *Schönfelder*

Einkommensteuerliche Behandlung von Versorgungsleistungen

II. BMF-Schr. v. 11.3.2010 – IV C 3 – S 2221/09/10004, BStBl I 2010, 227 (Rentenerlass) – Begünstigte Vermögensübergabe gegen Versorgungsleistungen

Das Gesetz hat allerdings zahlreiche Zweifelsfälle unklar gelassen, zu denen sich die FinVerw mit Schreiben v. 11.3.3010[196] geäußert hat.

1. Unentgeltliche Vermögensübergabe gegen Versorgungsleistungen

a) Begünstigtes Vermögen

aa) Betrieb

Verpachtung begünstigt

§ 10 Abs. 1 Nr. 1a S. 2b EStG fordert lediglich die Übertragung eines Betriebes oder Teilbetriebes. Da auch aus einem **verpachteten Betrieb** Einkünfte i.S.d. § 15 EStG erzielt werden, erkennt die FinVerw die Übertragung verpachteter Betriebe an, sofern diese mangels Aufgabeerklärung als fortgeführt gelten.[197]

bb) Teilbetrieb

Die FinVerw umschreibt den Teilbetriebsbegriff unter Verweisung auf **R 16 Abs. 3 EStR**. Hiernach muss ein mit einer gewissen Selbstständigkeit ausgestatteter, organisch geschlossener Teil des Gesamtbetriebes alle Merkmale eines Betriebes i.S.d. EStG aufweisen und für sich lebensfähig sein. Eine selbstständige Organisation mit eigener Buchführung ist nicht erforderlich.

Teilbetrieb vor Übertragung

Entscheidend ist nach Auffassung der FinVerw, dass der Teilbetrieb bereits **vor der Vermögensübertragung** als solcher bestanden haben muss.[198]

---

[196] BMF-Schr. v. 11.3.2010 – IV C 3 – S 2221/09/10004, BStBl I 2010, 227; Zur Vertiefung vgl. aus dem Schrifttum *Wälzholz*, DStR 2010, 383; *Röder*, DB 2008, 146; *Risthaus*, DB 2010, 744 u. 803; *Wälzholz*, DStR 2010, 850; *Seilz*, DStR 2010, 629; *Geck*, ZEV 2010, 161

[197] BMF-Schr. v. 11.3.2010 – IV C 3 – S 2221/09/10004, BStBl I 2010, 227 Rz 12

[198] BMF-Schr. v. 11.3.2010 – IV C 3 – S 2221/09/10004, BStBl I 2010, 227 Rz 13

Einkommensteuerliche Behandlung von Versorgungsleistungen

Die Teilbetriebsfiktion des § 16 Nr. 1 S. 2 EStG für **100%ige Beteiligungen** an **KapG** im BV erkennt die FinVerw **nicht** an.[199] Derartige Anteile sind nur begünstigtes Vermögen, sofern die Voraussetzungen des § 10 Abs. 1 Nr. 1a S. 2c EStG erfüllt sind.

Hinweis

Problematisch ist bei der Aufgliederung von Betrieben stets eine etwaige Grundstücksverwaltung. Nach einer – allerdings älteren – BFH-Entscheidung bildet diese i.R.e. Gewerbebetriebs nur dann einen Teilbetrieb, wenn sie als solche ausnahmsweise auch außerhalb des Gewerbebetriebs gewerblichen Charakter hätte.[200]

cc) MU-Anteil

Der Erlass erwähnt **OHG, KG, GbR** sowie die **atypisch stille Gesellschaft**. Gleich zu behandeln sind nach Auffassung der FinVerw auch **Erbengemeinschaften** und **Gütergemeinschaften**.[201]

Hinweis

Nicht ausdrücklich erwähnt sind die PartG sowie PersG ausländischen Rechts. Nach zutreffender Auffassung im Schrifttum sind aber auch diese einzubeziehen.[202]

(1) Betriebsaufspaltung

Nach Auffassung der FinVerw kann auch ein MU-Anteil an einer Besitzgesellschaft i.R.e. Betriebsaufspaltung **begünstigt** übertragen werden, soweit der Besitzgesellschaft die gewerbliche Tätigkeit der Betriebsgesellschaft auch nach der Übertragung zugerechnet wird.[203]

Betriebsaufspaltung begünstigt

(2) Gewerblich geprägte PersG

Erwartungsgemäß vertritt die FinVerw letztlich überzeugend die Auffassung, der Anteil an einer gewerblich geprägten PersG nach § 15 Abs. 3 Nr. 2 EStG könne **nicht Gegenstand einer Vermögensübergabe gegen Ver-**

Ausschluss der gewerblich geprägten PersG

---

[199] BMF-Schr. v. 11.3.2010 – IV C 3 – S 2221/09/10004, BStBl I 2010, 227 Rz 14
[200] BFH-Urt. v. 24.4.1969 – IV R 202/68, BStBl II 1969, 397; vgl. auch *Risthaus*, DB 2010, 744, 745
[201] BMF-Schr. v. 11.3.2010 – IV C 3 – S 2221/09/10004, BStBl I 2010, 227 Rz 8
[202] *Korn*, KÖSDI 2010, 16920, 16924
[203] BMF-Schr. v. 11.3.2010 – IV C 3 – S 2221/09/10004, BStBl I 2010, 227 Rz 9

sorgungsleistungen sein.[204] Das Gesetz erwähnt ausdrücklich nur PersG i.S.d. § 15 Abs. 1 Nr. 1, nicht aber nach § 15 Abs. 3 Nr. 2 EStG. Auch unter systematischen und teleologischen Aspekten ist dies gerechtfertigt. Ist allein die Übergabe unternehmerisch tätiger Einheiten privilegiert, entspricht dies einer verfassungsrechtlich gebotenen Gleichbehandlung. Auch eine natürliche Person als Eigentümer von Verwaltungsvermögen kann dieses nicht gegen Versorgungsleistungen übergeben. Bei Übertragung von Anteilen an **gewerblich geprägten PersG** handelt es sich somit **nicht** um ein **unentgeltliches Rechtsgeschäft** mit der möglichen Folge der Gewinnrealisierung auf der einen und von AK auf die WG der PersG auf der anderen Seite.

Hinweis

In derartigen Fällen ist eine Veränderung der **Rechtsform** zu erwägen.

Gestaltungsmittel Infektion

In Betracht kommt zunächst, gezielt von der sog. **Infektionsbetrachtung**[205] Gebrauch zu machen, indem die gewerblich geprägte Tätigkeit um eine gewerbliche Tätigkeit ergänzt wird. Gelingt die Infektion, handelt es sich um eine gewerblich tätige Gesellschaft i.S.d. § 15 Abs. 3 S. 1 EStG. Eine Übergabe gegen Versorgungsleistungen nach §§ 10 Abs. 1 Nr. 1a, 22 Nr. 1 EStG ist in diesem Fall auch nach Auffassung der FinVerw möglich.

Alternativ kommt die gezielte Begründung einer **Betriebsaufspaltung** in Betracht, bei der die Besitzgesellschaft im Ergebnis auch durch die gewerbliche Tätigkeit der Betriebs-KapG infiziert wird.

vermögensverwaltende GmbH begünstigt

Schließlich ist es möglich, die Rechtsform der Gesellschaft **vor** der Übertragung dadurch zu verändern, dass im Wege des identitätswahrenden **Formwechsels** (§ 20 UmwStG) eine **GmbH** entsteht, an der der Übergeber zu mehr als 50 v.H. beteiligt ist. Die **vermögensverwaltende GmbH** ist nach der gesetzlichen Neuregelung bei Beteiligungen von 50 v.H. oder mehr unabhängig von der Zusammensetzung des Vermögens der KapG und ihrer Tätigkeit stets **begünstigt**[206] – letztlich ein weiterer **Wertungswiderspruch** des Gesetzes. Die unentgeltliche Übertragung ist auch keine Veräußerung sperrfristbehafteter Geschäftsanteile (§ 22 Abs. 1 UmwStG). Der Erwerber setzt die Sperrfrist fort.

---

[204] So auch *Schmidt/Heinicke*, EStG, 30. Aufl., § 10 Rz 60
[205] BFH-Urt. v. 29.11.2001 – IV R 91/99, BStBl II 2002, 221; zum Verfassungsrecht, BVerfG v. 15.1.2008 – 1 BvL 2/04, DStR 2008, 1243
[206] Im Erg. so auch *Risthaus*, DB 2010, 803, 811

Einkommensteuerliche Behandlung von Versorgungsleistungen

(3) MU-Teilanteil

Nach dem Wortlaut des Gesetzes ist offen, ob auch der MU-Teilanteil Gegenstand der vorweggenommenen Erbfolge sein kann, da dieser in § 10 Abs. 1 Nr. 1a S. 2 EStG nicht ausdrücklich aufgeführt ist.

§ 6 Abs. 3 S. 1 HS. 2 EStG sieht den MU-Teilanteil dagegen ausdrücklich als Gegenstand einer unentgeltlichen Übertragung zu Buchwerten vor.

Beispiel

Der Vermögensübergeber V ist alleiniger vermögensmäßig beteiligter Kommanditist der gewerblich tätigen V-GmbH & Co. KG. Dieser hat er auch ein Grundstück, das in seinem Alleineigentum steht, zur Nutzung überlassen (SBV I). V beabsichtigt, seinem Sohn S einen MU-Anteil von 50 v.H. an der KG sowie einen quotal gleichen, hälftigen Miteigentumsanteil am Grundbesitz gegen wiederkehrende Leistungen i.H.v. 5.000 EUR monatlich zu übertragen.

Nach Auffassung der FinVerw erfüllt die Übertragung eines MU-Teilanteils dann die Voraussetzungen einer begünstigten Vermögensübertragung i.S.d. § 10 Abs. 1 EStG, wenn auch das funktional wesentliche SBV **in gleicher Quote** mitübertragen wird.[207] In diesem Fall kommt es also zu einem **Gleichlauf** der Vorschriften des **§ 6 Abs. 3 EStG** und des **§ 10 Abs. 1 Nr. 1a EStG**.

MU-Teilanteil + quotales SBV begünstigt

(4) Disquotale Übertragung

Abwandlung 1

V überträgt 90 v.H. des KG-Anteils, aber lediglich einen Miteigentumsanteil am Grundstück von 10 v.H. auf S gegen Versorgungsleistungen.

Nach § 6 Abs. 3 S. 2 EStG erfolgt die Übertragung eines Teil-MU-Anteils selbst dann zwingend zum BW, wenn das funktional wesentliche SBV nicht in gleicher Quote auf den Erwerber mitübertragen wird.

disquotale Übertragung nicht begünstigt

Nach Auffassung der FinVerw liegt bei einer disquotalen Vermögensübertragung **kein Fall des § 10 Abs. 1 Nr. 1a EStG** vor.[208] Es handelte sich somit nicht um eine unentgeltliche Übertragung. Dies hat die Konsequenz,

---

[207] BMF-Schr. v. 11.3.2010 – IV C 3 – S 2221/09/10004, BStBl I 2010, 227 Rz 8
[208] BMF-Schr. v. 11.3.2010 – IV C 3 – S 2221/09/10004, BStBl I 2010, 227 Rz 8

Einkommensteuerliche Behandlung von Versorgungsleistungen

dass **§ 6 Abs. 3 EStG keine Anwendung** findet, weil das Rechtsgeschäft durch die Vereinbarung von Versorgungsleistungen zu einem teilentgeltlichen Rechtsgeschäft wird. Dies führt zur **Aufdeckung stiller Reserven**, wenn nach der sog. Einheitsbetrachtung der kapitalisierte Wert des Versorgungsanspruchs den anteiligen BW des KapKto des Übertragenden übersteigt.

Die Auffassung der FinVerw führt deshalb im Ergebnis zu einem **Wertungswiderspruch** zwischen § 6 Abs. 3 EStG und § 10 Abs. 1 Nr. 1a EStG. Im Schrifttum ist diese Auffassung bereits nahezu einhellig auf Ablehnung gestoßen.[209] Gerade dieses Thema ist in der FinVerw allerdings monatelang diskutiert worden und hat letztlich zu der verzögerten Veröffentlichung des Erl. geführt. Eine Änderung der Auffassung der FinVerw ist deshalb nicht zu erwarten. Bis zur Klärung durch die Rspr. ist dies bei der Gestaltungsberatung zu beachten.

Abwandlung 2

überquotales SBV schädlich

V überträgt 49 v.H. des KG-Anteils, aber einen Miteigentumsanteil am Grundstück von 90 v.H. auf S gegen Versorgungsleistungen.

Die gleiche Problematik stellt sich, wenn das SBV **überquotal** übertragen wird. Die FinVerw ist im Zweifel dahingehend zu verstehen, dass auch diese Gestaltung insgesamt schädlich ist. Im Schrifttum wird demgegenüber davon ausgegangen, die Regeln der Vermögensübertragung seien grds. anwendbar, lediglich der überquotal übertragene Grundstücksanteil stelle nicht begünstigtes Vermögen dar.[210]

Abwandlung 3

V hat 2 Kinder, S und T. Er überträgt gegen Versorgungsleistungen wie folgt:

S: 90 % KG-Anteil, 1/10 Miteigentumsanteil Grundstück
T: 10 % KG-Anteil, 9/10 Miteigentumsanteil Grundstück

mehrere Erwerber

Formal ist der Wortlaut des Gesetzes erfüllt, da V seinen gesamten MU-Anteil überträgt. Dass bei **mehreren Erwerbern** jeder quotenentsprechend bedacht werden muss, ist dem Erlass nicht zu entnehmen. Gleichwohl ist auf dem Boden der vorstehend dargelegten Auffassung der FinVerw zu

---

[209] *Seitz*, DStR 2010, 629; *Korn*, KÖSDI 2010, 16920; *Geck*, ZEV 2010, 161, 166
[210] *Korn*, KÖSDI 2010, 16920, 16923

Einkommensteuerliche Behandlung von Versorgungsleistungen

befürchten, dass sie auch insoweit die Voraussetzungen des §10 Abs. 1 Nr. 1a nicht als gewahrt ansieht.

dd) GmbH

(1) Beteiligungsquote 50 v.H.

Übergabegegenstand einer Vermögensübergabe gegen Versorgungsleistungen sind nur Geschäftsanteile an einer GmbH, die **mind. 50 v.H.** des Nennkapitals ausmachen.

Beteiligungsquote ≥ 50 %

Hinweis

Beträgt die GmbH-Beteiligung weniger als 50 v.H., kann nach Auffassung der FinVerw die Begünstigung nicht durch eine **Einlage in ein BV** erreicht werden, für das keine Mindestbeteiligungsquote gilt.[211] Nach ihrer Auffassung ist in diesen Fällen eine begünstigte Übertragung nicht anzunehmen, wenn der Anteil an der GmbH binnen eines Jahres vor der Vermögensübertragung in das BV eingelegt wird. Die Jahresfrist ist nur dann nicht zu beachten, wenn der Geschäftsanteil zum notwendigen BV des Unternehmens gehört. Gleiches gilt, wenn der Betrieb, Teilbetrieb oder die Mitunternehmerschaft binnen eines Jahres vor der zu beurteilenden Vermögensübertragung durch Umwandlung einer KapG entstanden ist. Die 8-monatige Rückbeziehungsfrist des § 2 UmwStG gilt in diesem Zusammenhang nicht.

Missbrauchsregelung

Nach Auffassung der FinVerw sind der GmbH gleichzusetzen Anteile an einer **Unternehmergesellschaft** i.S.d. § 5a GmbHG, die allerdings lediglich eine Unterform der GmbH darstellt.[212] Zur Vermeidung europarechtlicher Probleme ist auch die Übertragung von Anteilen an einer **der GmbH vergleichbaren Gesellschaftsform** eines anderen Mitgliedstaates der EU oder eines Staates, auf den das Abkommen über den europäischen Wirtschaftsraum anwendbar ist, begünstigt.[213]

Unternehmergesellschaft haftungsbeschränkt

Europa KapG

---

[211] BMF-Schr. v. 11.3.2010 – IV C 3 – S 2221/09/10004, BStBl I 2010, 227 Rz 23
[212] BMF-Schr. v. 11.3.2010 – IV C 3 – S 2221/09/10004, BStBl I 2010, 227 Rz 15
[213] BMF-Schr. v. 11.3.2010 – IV C 3 – S 2221/09/10004, BStBl I 2010, 227 Rz 15 – Die Anlagen zum BMF Schr. v. 24.12.1999 – IV B 4 – S 1300-111/99, BStBl I 1999, 1076 listen ausdrücklich alle vergleichbaren Rechtsformen anderer Staaten auf.

Einkommensteuerliche Behandlung von Versorgungsleistungen

Hinweis

AG nicht begünstigt

Die **Diskriminierung der AG** ist ein „Höhepunkt der Ungleichbehandlung".[214] Es ist nicht einsichtig, warum etwa die AG ohne Börsenzulassung der GmbH – im Gegensatz zu europäischen KapG – nicht gleichzusetzen ist.[215] Allein die Höhe der Beteiligung, nicht die Rechtsform ist ein Indiz für eine unternehmerische Aktivität. Dies gilt umso mehr, als die dargestellte 50 v.H.-Grenze bei PersG nicht gilt. Die FinVerw sieht insoweit allerdings keine Einbeziehung oder Erleichterung vor. Die Praxis wird sich in derartigen Fällen – soweit möglich – mit **Strukturveränderungen** helfen müssen, wie etwa einem Formwechsel in eine GmbH oder GmbH & Co. KG. Hierbei dürfen die Folgewirkungen wie die zwangsweise Ausschüttung der thesaurierten Gewinne etwa beim Formwechsel aus einer KapG in eine PersG nicht außer Acht gelassen werden.

Übernehmer ≥ 50 %

Überträgt der Vermögensübergeber seine GmbH-Beteiligung auf **mehrere Vermögensübernehmer**, liegt eine begünstigte Vermögensübertragung i.S.d. § 10 Abs. 1 Nr. 1a S. 2c EStG nach Auffassung der FinVerw nur bezogen auf den Vermögensübernehmer vor, der mindestens einen 50 v.H. betragenden Anteil erhalten und die GF-Tätigkeit übernommen hat.[216] Überträgt der Vermögensübergeber seine 100 v.H.-GmbH-Beteiligung zu jeweils 50 v.H. auf zwei Vermögensübernehmer, wird aber nur einer der Vermögensübernehmer GF, führt nur die Anteilsübertragung auf diesen zu einer begünstigten Vermögensübertragung i.S.d. § 10 Abs. 1 Nr. 1a EStG. Sind oder werden beide Übernehmer GF der Gesellschaft, dann liegt in beiden Fällen eine begünstigte Übertragung i.S.d. § 10 Abs. 1 Nr. 1a EStG vor.

Schwieriger ist die Rechtslage, wenn die Übernehmer nicht jeweils einen Anteil von 50 v.H. erhalten.

Beispiel nach Rz 20

V ist zu 80 v.H. an der X-GmbH beteiligt. Er ist außerdem GF der Gesellschaft. V überträgt seine GmbH-Beteiligung auf seine drei Söhne S, T und U. S erhält einen 15 v.H. betragenden Anteil an der GmbH und verpflichtet sich, seinem Vater V wiederkehrende Leistungen i.H.v. 300 EUR monatlich zu zahlen. V überträgt dem Sohn T ebenfalls einen 15 v.H. betragenden Anteil an der GmbH und die Geschäftsführung im Bereich der Produktionsplanung. T verpflichtet sich, V wiederkehrende Leistungen i.H.v. 800 EUR

---

[214] So drastisch, aber zutreffend *Spiegelberger*, DStR 2008, 1063, 1064
[215] Ebenso *Geck*, ZEV 2010, 161, 168
[216] BMF-Schr. v. 11.3.2010 – IV C 3 – S 2221/09/10004, BStBl I 2010, 227 Rz 15 - 17

Einkommensteuerliche Behandlung von Versorgungsleistungen

monatlich zu zahlen. U erhält von V einen 50 v.H. betragenden Anteil an der GmbH und übernimmt die Geschäftsführung für den finanziellen Bereich der Gesellschaft von V. Er verpflichtet sich, V wiederkehrende Leistungen i.H.v. 2.000 EUR monatlich zu zahlen. V hat die GF-Tätigkeit insgesamt aufgegeben.

Die **FinVerw** vertritt folgende Rechtsauffassung[217]:

Die Übertragungen der Anteile an S und T stellen keine begünstigten Übertragungen von Vermögen i.S.d. § 10 Abs. 1 Nr. 1a S. 2 EStG dar, da in beiden Fällen nicht mindestens ein 50 v.H. betragender Anteil übertragen worden sei. An diesem Ergebnis ändere im Fall des T auch die Übertragung der GF-Tätigkeit im Bereich der Produktionsplanung nichts, da die Voraussetzungen der Anteilshöhe und der Übernahme der Geschäftsführung gemeinsam erfüllt sein müssten.

Lediglich die Übertragung auf den Sohn U sei begünstigt nach § 10 Abs. 1 Nr. 1a EStG.

Hinweis

Das Gesetz enthält lediglich die Anforderung, dass der Anteil des Vermögensübergebers mind. 50 v.H. betragen muss. Die Auffassung der FinVerw, dass die Vermögensübertragung nur dann begünstigt ist, wenn der Erwerber ebenfalls mindestens einen 50%igen Anteil erhält und mithin bei der Aufteilung auf mehrere Erwerber nicht anwendbar ist, findet im Gesetz keine Stütze. In der Abwehrberatung ist deshalb gegen diese Auffassung vorzugehen. In der Gestaltungsberatung sollte die Meinung der FinVerw jedoch vorsorglich beachtet werden.

(2) Geschäftsführung

Nach dem Gesetzeswortlaut muss der **Übergeber vorher** als **GF** tätig sein und der **Übernehmer** diese Tätigkeit nach der Übertragung **fortführen**.

Ungeklärt ist die häufige Konstellation, wonach nämlich Übergeber **und** Übernehmer vor Übergabe bereits GF waren. Nach dem Wortlaut des § 10 Abs. 1 Nr. 1a EStG steht dies seiner Anwendbarkeit entgegen. Die FinVerw hat zumindest an dieser Stelle ein pragmatisches Verständnis gezeigt. Danach ist es **unschädlich**, wenn der **Übernehmer** bereits **vor der Übertragung GF** der Gesellschaft war, solange er dies auch nach Übertragung

Übernehmer GF vor Übertragung

---

[217] BMF-Schr. v. 11.3.2010 – IV C 3 – S 2221/09/10004, BStBl I 2010, 227 Rz 20

Einkommensteuerliche Behandlung von Versorgungsleistungen

bleibt.[218] Stellt er seine Tätigkeit später ein, soll die Versorgungsleistung ab diesem Zeitpunkt nicht mehr nach § 10 Abs. 1 Nr. 1a EStG absetzbar sein. Allerdings muss der **Übergeber** seine **GF-Tätigkeit** insgesamt **aufgeben**, kann aber weiterhin für die Gesellschaft etwa als Berater tätig bleiben. Ob dieses Konzept überzeugend ist, mag dahinstehen. Entscheidend ist, dass für die Gestaltungspraxis – vorbehaltlich abweichender Auffassung der Rspr. – Sicherheit besteht.

ee) Wohnteil eines Betriebs der LuF

Nach dem Gesetzeswortlaut ist auch der Wohnteil eines Betriebs der LuF begünstigt. Dies ist letztlich Konsequenz der Tatsache, dass der Wohnteil nach dem Wegfall der Nutzungswertbesteuerung nicht mehr zum BV, sondern zum PV gehört. Da in der Praxis regelmäßig die gesamte bewertungsrechtliche Einheit „Betrieb der LuF" übertragen wird, handelt es sich letztlich um eine **Ausnahmeregelung** zur Vermeidung der Aufteilung von Versorgungsleistungen.

Hinweis

Es handelt sich letztlich um eine schwer nachvollziehbare **Privilegierung**, die nach dem eindeutigen Wortlaut jedoch auf Inhaber von Gewerbebetrieben nicht anwendbar ist, auch wenn sich bei diesen nicht selten die Whg. ebenfalls im Betriebsgebäude befindet.

Nach ständiger Rspr. muss sich die Whg. des Betriebsinhabers nicht in unmittelbarer Nachbarschaft oder auf dem Hauptgrundstück eines LuF-Betriebes befinden, sondern es dem Betriebsinhaber nur ermöglichen, soweit erforderlich im Betrieb anwesend zu sein und in den Betriebsablauf einzugreifen.[219]

ff) Nießbrauch

Sicherungsnießbrauch

gleitende Vermögensübertragung

Überträgt der Vermögensübergeber begünstigtes Vermögen im Zusammenhang mit Versorgungsleistungen unter Vorbehalt eines Nießbrauchs und erhält er zusätzlich Versorgungsleistungen, ist die Nießbrauchsbestellung nach Auffassung der FinVerw unschädlich, wenn sie lediglich zu **Sicherungszwecken** erfolgt und der Vermögensübernehmer gleichzeitig die Aus-

---

[218] BMF-Schr. v. 11.3.2010 – IV C 3 – S 2221/09/10004, BStBl I 2010, 227 Rz 18; kritisch *Korn*, KÖSDI 2010, 16920, 16925 m.w.N.
[219] Vgl. zur Vertiefung *Risthaus*, DB 2010, 744, 748 m.w.N.

Einkommensteuerliche Behandlung von Versorgungsleistungen

übung des Nießbrauches nach § 1059 BGB dem Vermögensübergeber überlässt.[220]

Weiterhin anerkannt wird die sog. **„gleitende" Vermögensübertragung**. Wird ein vorbehaltenes oder durch Vermächtnis eingeräumtes Nießbrauchsrecht an begünstigtem Vermögen gegen Zusage wiederkehrender Leistungen abgelöst, können diese im sachlichen Zusammenhang mit der Vermögensübertragung stehen und daher als Versorgungsleistungen i.S.d § 10 Abs. 1 Nr. 1a EStG anzuerkennen sein.[221]

gg) Gemischte Übertragung

Bei gemischten Zuwendungen begünstigter und nicht begünstigter Einheiten, etwa Grundvermögen, Wp, sind die wiederkehrenden Leistungen nach Auffassung der FinVerw **aufzuteilen.**[222] Die FinVerw räumt den Stpfl. hierbei ausdrücklich ein **Gestaltungswahlrecht** ein und beanstandet es nicht, wenn die Leistungen in vollem Umfang der Übertragung des begünstigten Vermögens zugeordnet werden. Wird keine Vereinbarung getroffen, nimmt die FinVerw eine Aufteilung anhand eines angemessenen Maßstabs, etwa der Erträge, vor.[223]

Aufteilung gestaltbar

b) Beteiligte Personen

Unverändert ist die Auffassung zu den an einem Übergabevertrag i.S.d. § 10 Abs. 1 Nr. 1a EStG zu beteiligenden Personen.[224]

---

[220] BMF-Schr. v. 11.3.2010 – IV C 3 – S 2221/09/10004, BStBl I 2010, 227 Rz 24
[221] BMF-Schr. v. 11.3.2010 – IV C 3 – S 2221/09/10004, BStBl I 2010, 227 Rz 25
[222] BMF-Schr. v. 11.3.2010 – IV C 3 – S 2221/09/10004, BStBl I 2010, 227 Rz 47
[223] BMF-Schr. v. 11.3.2010 – IV C 3 – S 2221/09/10004, BStBl I 2010, 227 Rz 47
[224] BMF-Schr. v. 11.3.2010 – IV C 3 – S 2221/09/10004, BStBl I 2010, 227 Rz 4 und 50

Einkommensteuerliche Behandlung von Versorgungsleistungen

Beteiligte Personen	
Vermögensübernehmer	**Empfänger von Versorgungsleistungen**
- Abkömmlinge - gesetzlich erbberechtigte entfernte Verwandte - gds. sogar familienfremde Dritte	- grds. nur pflichtteilsberechtigte Personen - Ehegatten - Kinder - eingetragene Lebenspartner - Enkel - Eltern, sofern diese das Vermögen dem Übergeber auch gegen Versorgungsleistungen übertragen hatten **regelmäßig nicht** - nur erbberechtigte Personen - Geschwister - Lebensgefährten - Fremde

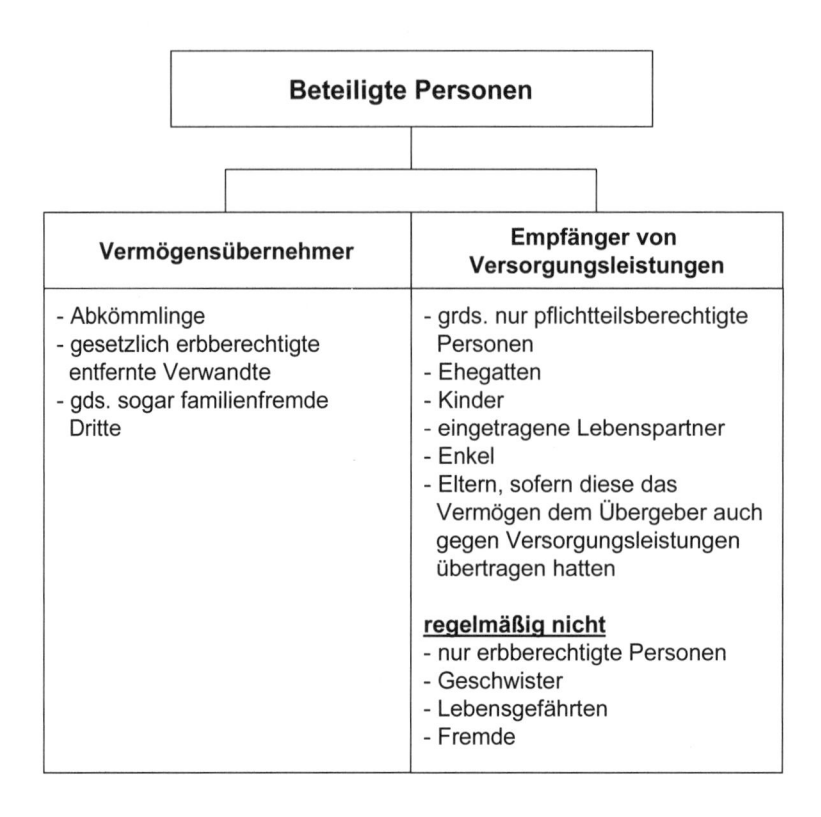

Hinweis

Die **Einschränkung auf pflichtteilsberechtigte Personen** als Versorgungsempfänger **überzeugt nicht.**[225] Insbesondere etwa der ansonsten von der Rspr. vorgenommene Vergleich mit einem Vorbehaltsnießbrauch trägt sie nicht. Darüber hinaus bleiben folgende Fragen offen:

– Sind Versorgungsleistungen anzuerkennen, wenn der Empfänger bereits vor der vertraglichen Zuwendung einen Pflichtteilsverzicht ausgesprochen hat?[226]

– Ist eine „Kappung" der anzuerkennenden Versorgungsleistungen vorzunehmen, wenn deren kapitalisierter Wert den Pflichtteilsanspruch deutlich übersteigt?

Ungeachtet dieser Fragen **übersieht der Erl.**, dass die **Eltern** des Übergebers unabhängig von einer eigenen früheren Vermögensübergabe gegen Versorgungsleistungen an den Übergeber jedenfalls **auch dann als Empfänger (originärer) Rentenleistungen zuzulassen sind**, wenn der

---

[225] Ablehnend insb. *Paus,* DStZ 2004, 724
[226] Vgl. zur Vereinbarung wiederkehrender Leistungen unter Lebenden gegen Erb- und Pflichtteilsverzicht BFH-Urt. v. 20.10.1999 – X R 132/95, BStBl II 2000, 82

Einkommensteuerliche Behandlung von Versorgungsleistungen

Übergeber keine Kinder hat und die Eltern somit pflichtteilsberechtigt sind (§ 2303 Abs. 2 BGB).

c) Ausreichend ertragbringendes Vermögen

Das Kriterium der ausreichenden **Ertragskraft** hat durch die Einschränkung des begünstigten Vermögens an **Bedeutung verloren**. Bei Übertragung eines Betriebs, Teilbetriebs, MU-Anteils, MU-Teilanteils oder begünstigten GmbH-Anteils besteht eine **widerlegbare Vermutung** dafür, dass die Erträge ausreichen, um die wiederkehrenden Leistungen in der vereinbarten Höhe zu erbringen, wenn eine Fortführung durch den Übernehmer tatsächlich erfolgt.[227] Ein Ausnahmefall wird angenommen bei mehrjährigen Verlusten oder im Verhältnis zu den wiederkehrenden Leistungen geringen Gewinnen des Unternehmens.

widerlegbare Vermutung

Darüber hinaus ist die Beweiserleichterung bei verpachteten oder überwiegend verpachteten Betrieben i.w.S. sowie in den Fällen nicht anzuwenden, in denen i.R.e. einheitlichen Vermögensübertragung neben begünstigtem Vermögen weiteres nicht begünstigtes Vermögen – etwa Grund- oder Wp-Vermögen – übertragen wird.[228]

gemischtes Vermögen: keine Beweiserleichterung

Greift die Beweiserleichterung nicht, sind zur Ermittlung der maßgebenden Erträge die auf der Grundlage des **steuerlichen Gewinns** ermittelten Erträge mit folgenden **Anpassungen** heranzuziehen:[229]

- AfA, erhöhte Absetzungen und Sonderabschreibungen sowie außerordentliche Aufwendungen (z.B. größere Erhaltungsaufwendungen) sind den Erträgen hinzuzurechnen;

- Ein Unternehmerlohn ist bei Einkünften aus LuF und Gewerbebetrieb nicht abzuziehen;

- Bei GmbH-Anteilen mindert die GF-Vergütung des Vermögensübergebers den Gewinn nicht, wenn auf die Vergangenheitserträge abgestellt wird, und die Vergütung des Übernehmers nicht, soweit auf die Zukunftserträge abgestellt wird.

---

[227] BMF-Schr. v. 11.3.2010 – IV C 3 – S 2221/09/10004, BStBl I 2010, 227 Rz 29
[228] BMF-Schr. v. 11.3.2010 – IV C 3 – S 2221/09/10004, BStBl I 2010, 227 Rz 30
[229] BMF-Schr. v. 11.3.2010 – IV C 3 – S 2221/09/10004, BStBl I 2010, 227 Rz 32

Einkommensteuerliche Behandlung von Versorgungsleistungen

Im Fall der Gewinnermittlung nach § 13a EStG kann die Ertragskraft nach § 4 Abs. 1 oder Abs. 3 EStG berechnet werden.[230]

Regel: Vergangenheitsertrag

Wie bisher sind die Ertragsaussichten im **Zeitpunkt** der **Vermögensübertragung** maßgeblich. Regelmäßig ist es hierbei nicht zu beanstanden, wenn hierbei der Ertrag des Jahres des Vermögensübergangs und der beiden **Vorjahre** herangezogen wird.[231] Reicht dieser Ertrag nicht aus, lässt die FinVerw auch den Nachweis eines höheren **Zukunftsertrags** zu. Hierbei genügt es, wenn die tatsächlich im Übertragungsjahr und den beiden Folgejahren tatsächlich erzielten bereinigten Erträge ausreichend sind.[232]

Zukunftsertrag

Hinweis

keine mittelbare Vermögensübertragung

Bei nicht eindeutigen wirtschaftlichen Verhältnissen empfiehlt es sich, im Vorfeld des Vertragsabschlusses eine substanziierte **Dokumentation** sowohl zur eigenen Prüfung als auch zum späteren Nachweis ggü. der FinVerw aufzustellen.

d) Vermögensumschichtung

Die Einschränkungen des Rechtsinstituts durch das JStG 2008 schließen es aus, eine Vermögenseinheit dann einzubeziehen, wenn sie nicht aus dem Vermögen des Übergebers stammt, sondern etwa im Wege einer mittelbaren Zuwendung erst durch den Übernehmer mit Unterstützung des Übergebers angeschafft wird. Eine **mittelbare Vermögensübertragung** gegen Versorgungsleistungen ist deshalb nach neuem Recht **ausgeschlossen**. Selbst wenn sich der Übernehmer schon im Übertragungsvertrag zur Umschichtung des nicht begünstigt übertragenen Vermögens in begünstigtes Vermögen i.S.d. § 10 Abs. 1 Nr. 1a S. 2 EStG verpflichtet, liegt keine begünstigte Vermögensübertragung im Zusammenhang mit Versorgungsleistungen vor.[233]

Hinweis

Anstelle der Übergabe von Bargeld zum Zwecke des Erwerbs einer bestimmten ertragbringenden Vermögenseinheit ist diese daher zunächst unmittelbar durch den Übergeber anzuschaffen und anschließend auf den Übernehmer gegen Versorgungsleistungen zu übertragen.[234] Ein enger zeitlicher Zusammenhang sollte vor-

---

[230] BMF-Schr. v. 11.3.2010 – IV C 3 – S 2221/09/10004, BStBl I 2010, 227 Rz 33
[231] BMF-Schr. v. 11.3.2010 – IV C 3 – S 2221/09/10004, BStBl I 2010, 227 Rz 34
[232] BMF-Schr. v. 11.3.2010 – IV C 3 – S 2221/09/10004, BStBl I 2010, 227 Rz 35
[233] BMF-Schr. v. 11.3.2010 – IV C 3 – S 2221/09/10004, BStBl I 2010, 227 Rz 36
[234] Vgl. auch *Wälzholz*, FR 2008, 641

Einkommensteuerliche Behandlung von Versorgungsleistungen

sorglich vermieden werden, um eine Diskussion über die Anwendbarkeit des § 42 AO zu vermeiden.

Erfolgt nach der Übertragung begünstigten Vermögens eine **Betriebsaufgabe**, **Übertragung**, **Umwandlung** oder **Umschichtung**, endet grds. der sachliche Zusammenhang mit den fortgezahlten wiederkehrenden Leistungen. Die FinVerw sieht in diesen ab diesem Zeitpunkt grds. **Unterhaltszahlungen** i.S.d. § 12 Nr. 2 EStG mit der Folge, dass sie weder beim Übergeber noch Übernehmer für die Zukunft steuerlich zu berücksichtigen sind.[235]

Umschichtung führt zu Unterhaltszahlungen

Hinweis

Die Auffassung der FinVerw beruht auf einer BFH-Entscheidung aus dem Jahr 2004. Da heute die Übertragung nicht privilegierten Vermögens i.S.d. § 10 Abs. 1 Nr. 1a EStG als im Grundsatz (teil-)entgeltlich angesehen wird, erscheint dieses Ergebnis nicht zwingend.

Von diesem Grundsatz lässt die FinVerw jedoch **Ausnahmen** zu:

- Die Abzugsfähigkeit der Versorgungsleistungen als SA bleibt erhalten, wenn der Vermögensübernehmer seinerseits das übernommene Vermögen i.R.d. **vorweggenommenen Erbfolge** weitergibt. Nach Auffassung der FinVerw ist allerdings zusätzliche Voraussetzung, dass der Übernehmer die von ihm geschuldeten Versorgungsleistungen weiterhin selbst deshalb erbringen kann, weil ihm i.R. seiner vorweggenommenen Erbfolge wiederum mindestens gleich hohe Versorgungsleistungen eingeräumt werden oder er sich durch Nießbrauchsvorbehalt hinreichend hohe Erträge gesichert hat.

  vorweggenommene Erbfolge

- Wird nur ein **Teil** des begünstigten Vermögens auf Dritte **weiter übertragen**, ist der SA-Abzug weiterhin zulässig, wenn die verbliebenen Erträge zur Finanzierung der Versorgungsleistungen ausreichen.[236]

  Teilübertragung

- Wie bisher unschädlich ist die zeitnahe **Umschichtung** des übertragenen Vermögens durch den Übernehmer in **neues begünstigtes Vermögen**.[237] Konsequenterweise kann es nicht darauf ankommen, ob der **gesamte Erlös** aus der Veräußerung für die Anschaffung eingesetzt wird, sofern die Erträge des neu erworbenen begünstigten

---

[235] BMF-Schr. v. 11.3.2010 – IV C 3 – S 2221/09/10004, BStBl I 2010, 227 Rz 37
[236] BMF-Schr. v. 11.3.2010 – IV C 3 – S 2221/09/10004, BStBl I 2010, 227 Rz 40
[237] BMF-Schr. v. 11.3.2010 – IV C 3 – S 2221/09/10004, BStBl I 2010, 227 Rz 41

Einkommensteuerliche Behandlung von Versorgungsleistungen

Vermögens ausreichen, die wiederkehrenden Leistungen zu erbringen.[238]

Vorgänge nach dem UmwStG
– Unschädlich ist weiter die nachträgliche **Einbringung** des begünstigten Vermögens nach **§§ 20, 24 UmwStG** sowie ein **Anteilstausch** i.S.d. § 21 UmwStG. Gleiches gilt für den **Formwechsel** und die **Verschmelzung** von PersG.[239]

Realteilung nur, wenn
- Teilbetrieb
- MU-Anteil
– Im Fall der **Realteilung** nach § 16 Abs. 3 S. 2 bis 4 EStG ist demgegenüber der sachliche Zusammenhang nur dann nicht beendet, wenn der Vermögensübernehmer einen **Teilbetrieb** oder **MU-Anteil** erhält und nach der Realteilung die weiteren Voraussetzungen begünstigten Vermögens vorliegen. Insoweit werden Betriebe der LuF begünstigt, bei denen es ausreicht, wenn der Vermögensübernehmer einzelne WG erhält, die bei ihm nach der Realteilung einen selbständigen landwirtschaftlichen Betrieb darstellen.[240]

2. Entgeltliche Vermögensübertragung gegen wiederkehrende Leistungen

a) Grundlagen

systematische Einordnung Durch das Gesetz ist nicht geklärt, wo die Vermögensübergabe aus der Anwendbarkeit des Sonderrechtsinstitutes ausgenommener Einheiten gegen wiederkehrende Leistungen in dem Spannungsfeld entgeltlicher Übertragungen einerseits und unentgeltlicher Übertragungen **steuersystematisch** andererseits **einzuordnen** ist.

Der **Bundesrechnungshof** nimmt an, die Einschränkung des § 10 Abs. 1 Nr. 1a EStG auf betriebliches Vermögen führe dazu, die im Zusammenhang mit der Übergabe der zukünftig von dieser Vorschrift nicht mehr erfassten WG vornehmlich des PV geleisteten Rentenzahlungen dem steuerlich unbeachtlichen **privaten Bereich** zuzuordnen.[241] Auch im Schrifttum wird die Auffassung vertreten, gegen eine steuerliche Berücksichtigung spreche die **Systematik des EStG**.[242] Der SA-Abzug sei ggü. einer Geltendmachung als WK nachrangig. Die Abschaffung eines bisher zugelassenen SA-Abzugs

---

[238] Ebenso *Seitz*, DStR 2010, 629, 634
[239] BMF-Schr. v. 11.3.2010 – IV C 3 – S 2221/09/10004, BStBl I 2010, 227 Rz 42
[240] Vgl. dazu BMF-Schr. v. 28.2.2006 – IV B 2 – S 2242 – 6/06, BStBl I 2006, 228
[241] Zitiert nach *Risthaus*, DB 2007, 240, 243 m.w.N.
[242] *Seifried*, ZEV 2007, Heft 7, S. VI

Einkommensteuerliche Behandlung von Versorgungsleistungen

könne deshalb nicht dazu führen, entspr. Zahlungen zukünftig als WK geltend zu machen.[243]

Die **Rspr.** hat zwar bereits seit dem Preußischen EStG 1891 Übergabeverträge gegen Versorgungsleistungen als **unentgeltlich** behandelt.[244] Sie hat jedoch niemals infrage gestellt, dass die **Zahlungen beim Empfänger** als – wenn auch gewerbliche – Einkünfte **stpfl.** und **beim Leistungsverpflichteten** – nicht als BA oder WK, so doch als SA – grds. **steuerlich abzugsfähig** waren. Zeitweise hatte der RFH Rentenleistungen eines übernehmenden Landwirts sogar als BA behandelt.[245] Im Ergebnis darf deshalb nicht verkannt werden, dass mit der Einordnung als auf Veräußererseite unentgeltlich und auf Erwerberseite als SA faktisch eine erhebliche **Privilegierung der Beteiligten beabsichtigt** war. Weder stellte sich auf Seiten des Übergebers die Problematik eines steuerbaren Veräußerungsgewinns noch ergab sich beim Rentenverpflichteten die Problematik der Aufteilung in allenfalls über AfA geltend zu machende AK sowie den Zinsanteil. Wirtschaftlich beinhaltete deshalb der formal nachrangige SA-Abzug eine erhebliche Privilegierung, so dass der Rangaspekt nur vordergründiger Natur ist.

Privilegierung durch Sonderrechtsinstitut

Die **FinVerw** vertritt in dem Rentenerl. nunmehr die Auffassung, dass die nicht mehr von § 10 Abs. 1 Nr. 1a EStG erfassten Vermögensübergaben gegen Versorgungsleistungen den **allgemeinen Regeln des ESt-Rechts unterliegen** und somit als **(teil-)entgeltliche Rechtsgeschäfte** anzusehen sind.[246]

(teil-)entgeltliches Rechtsgeschäft

Dies erscheint **sachgerecht. Zivilrechtlich** handelt es sich bei der Vermögensübergabe gegen Versorgungsleistungen um ein **synallagmatisches** und damit **nicht (voll-) unentgeltliches Rechtsgeschäft.**[247]

---

[243] *Seifried*, ZEV 2007, Heft 7, S. VI; offen *Spiegelberger* DStR 2007, 1277
[244] Vgl. zur historischen Entwicklung BFH-Beschl. v. 5.7.1990 – GrS 4-6/89, BStBl II 1990, 847, 852
[245] RFH-Urt. v. 12.9.1934 – VI A 360/34, RStBl 1935, 157; aufgegeben durch BFH-Urt. v. 16.9.1965 – IV 67/61 S, BStBl III 1965, 706
[246] BMF-Schr. v. 11.3.2010 – IV C 3 – S 2221/09/10004, BStBl I 2010, 227 Rz 65 ff, so bereits aus dem FinMin NRW *Risthaus*, DB 2007, 240, 243, 245
[247] Vgl. zur Abgrenzung entgeltlicher und unentgeltlicher Beziehungen zuletzt BFH-Urt. v. 15.3.2007 – II R 5/04, BStBl II 2007, 472, BB 2007, 1087, ZEV 2007, 285

Einkommensteuerliche Behandlung von Versorgungsleistungen

Auch **steuersystematisch** wäre es kaum zu begründen, die Übertragung von PV gegen Versorgungsleistungen zukünftig generell als unentgeltlich zu betrachten. Nach bisherigem Recht kam das Sonderrechtsinstitut der Vermögensübertragung gegen Versorgungsleistungen nicht zur Anwendung, wenn die Beteiligten Leistung und Gegenleistung nach kfm. Gesichtspunkten gegeneinander abgewogen hatten und subjektiv von der Gleichwertigkeit der beiderseitigen Leistungen ausgingen.[248] Vielmehr wird in diesem Fall grds. von einer entgeltlichen Vermögensübertragung gegen wiederkehrende Leistungen ausgegangen und eine Besteuerung im obigen Sinn vorgenommen. Es ist schlechterdings nicht nachvollziehbar, dass der Vorgang bei einer – ggf. nur geringfügigen – Differenz zur Gleichwertigkeit nicht als (teil-)entgeltlich, sondern als insg. unentgeltlich zu beurteilen sein sollte. Festzuhalten ist deshalb, dass es sich bei der **Vermögensübergabe gegen Versorgungsleistung** grds. um einen **Unterfall der (teil-)entgeltlichen Vorgänge** handelt, der lediglich ausnahmsweise – in eingeschränkten Fällen – wie ein unentgeltlicher Vorgang behandelt wird.

b) Konsequenzen

Die Gegenstände, die nunmehr **nicht** mehr **Gegenstand** einer **Vermögensübergabe gegen Versorgungsleistungen** sein können, also insb.

nicht begünstigte Gegenstände

– nicht begünstigte Gegenstände

– Geldvermögen

– Aktien, gleich welcher Beteiligungshöhe

– Anteile an KapG von weniger als 50 v.H.

– Immobilien des steuerlichen PV

werden nunmehr i.R.e. **(teil-)entgeltlichen Übertragung** übergeben, soweit die Summe der vom Vermögensübernehmer zu erbringenden Leistungen unter Einbeziehung der Versorgungsleistungen den Verkehrswert des übertragenen Vermögens nicht überschreitet.

---

[248] BFH-Urt. v. 30.7.2003 – X R 12/01, BStBl II 2004, 211 m. w. N.; BMF-Schr. v. 16.9.2004 – IV C 3 – S 2255 – 354/04 (sog. Rentenerl. III), BStBl I 2004, 922, Tz 4 und Tz 50 ff

Einkommensteuerliche Behandlung von Versorgungsleistungen

Der **Vermögensübernehmer** hat **AK,** deren Höhe sich aus den übernommenen Verbindlichkeiten, Gleichstellungsgeldern an Dritte und sonstigen Gegenleistungen sowie dem kapitalisierten Wert der Verpflichtung ggü. dem Vermögensübergeber ergibt. Hieraus ermittelt sich dann die anteilige BMG für die abschreibbaren WG.

Der **Vermögensübergeber** erzielt einen **Veräußerungserlös** und hat die Summe der vom Übergeber erbrachten Leistungen seinen AK oder HK gemindert um zwischenzeitliche Abschreibungen gegenüberzustellen.

Veräußerungserlös

Die Zahlungen sind wiederum in **Barwert** und **Zinsanteil** aufzuteilen.

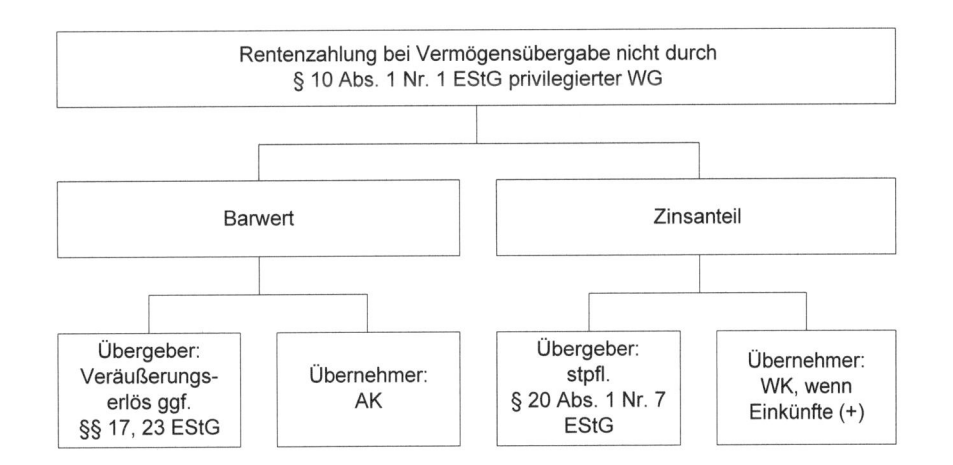

Aufteilung Barwert - Zinsanteil

```
        Rentenzahlung bei Vermögensübergabe nicht durch
                § 10 Abs. 1 Nr. 1 EStG privilegierter WG
                            │
              ┌─────────────┴─────────────┐
           Barwert                     Zinsanteil
              │                            │
       ┌──────┴──────┐              ┌──────┴──────┐
   Übergeber:    Übernehmer:    Übergeber:    Übernehmer:
   Veräußerungs-    AK          stpfl.        WK, wenn
   erlös ggf.                   § 20 Abs. 1   Einkünfte (+)
   §§ 17, 23 EStG               Nr. 7 EStG
```

Beispiel[249]

S erwirbt von seinem Vater V ein Mietwohngrundstück, das von V vor 12 Jahren gekauft worden war und das bei V und S zum PV gehört. Aufgrund des notariellen Kaufvertrags hat S auf Lebenszeit des V monatlich 40 v.H. der Bruttomieten aus dem Mietwohngrundstück zu zahlen (voraussichtliche durchschnittliche monatliche Bruttomiete 6.000 EUR). Die Zahlungen sind ab dem 1.1.10 zu leisten (1.1.10: Übergang von Nutzen und Lasten). V hat am 1.1.10 sein 65. Lj vollendet. Von dem gesamten Grundstückswert entfallen 20 v.H. auf den Wert des Grund und Bodens. Die tatsächlichen Mieteinnahmen des Jahres 2010 belaufen sich auf mtl. 6.000 EUR. Der Barwert der wiederkehrenden Leistung soll dem Verkehrswert des Grundstücks entsprechen (vollentgeltlich).

Veräußerer V: Er hat den Zinsanteil nach § 20 Abs. 1 Nr. 7 EStG zu versteuern. Die Ermittlung kann nach Auffassung der FinVerw alternativ

---

[249] Nach *Brüggemann*, Erbfolgebesteuerung, 54, 57

Einkommensteuerliche Behandlung von Versorgungsleistungen

- in entsprechender Anwendung der Ertragsanteilstabelle nach § 22 Nr. 1 S. 3 a bb EStG (nachfolgend angewandt) oder

- nach finanzmathematischen Grundsätzen bei einem Zinsfluss von 5,5 v.H.

erfolgen[250]:

18 % von 28.800 EUR (12 x 40 % von 6.000 EUR)		5.184 EUR
./. WK-PB (§ 9 a Nr. 2 EStG)	./.	51 EUR
./. Sparer-Freibetrag (§ 20 Abs. 4 EStG)	./.	750 EUR
Einkünfte		4.383 EUR

Zu beachten ist wegen der Entgeltlichkeit des Rechtsgeschäfts die Steuerpflicht eines Veräußerungsgewinns innerhalb der Zehnjahresfrist des § 23 EStG oder im Falle der Übertragung eines GmbH-Anteils oberhalb der 1 v.H.-Grenze die Steuerpflicht des Veräußerungsgewinns gem. § 17 EStG. Ein privates Veräußerungsgeschäft i.S.d. § 23 EStG liegt wegen des Ablaufs der Zehnjahresfrist jedoch nicht vor.

Hinweis

Gefahren bestehen insb. bei Anteilen i.S.d. § 17 EStG. Da die AK dort regelmäßig niedrig sind, drohen erhebliche Belastungen selbst unter Berücksichtigung des Teileinkünfteverfahrens.

Erwerber S: Der **Zinsanteil** der Rentenzahlung **(5.184 € jährlich)** zählt zu den **WK** bei den Einkünften aus VuV (§ 9 Abs. 1 S. 3 Nr. 1 EStG).

Der nach § 14 BewG ermittelte Barwert für das Jahr 2010[251] stellt die AK für das Grundstück dar:

28.800 EUR x 11,208	322.790 EUR

Soweit diese auf das Gebäude entfallen, bilden sie die AfA-BMG (ggf. zzgl. Erwerbsnebenkosten):

80 % von 322.790 EUR	258.232 EUR

---

[250] BMF v. 11.3.2010– IV C 3 – S 2221/09/10004, BStBl I 2010, 227 Rz 71
[251] BMF v. 1.10.2009 – IV C 2 – S 3104/09/10001, BStBl I 2009, 1168

Einkommensteuerliche Behandlung von Versorgungsleistungen

Hinweis

Die **Praxis** sollte hieraus den Schluss ziehen, **Versorgungsleistungen** in Zusammenhang mit der Übergabe nicht unter § 10 Abs. 1 Nr. 1a EStG fallender WG des PV **niedriger zu kalkulieren**, als dies bislang der Fall war. Denn der Vermögensübergeber hat die Einkünfte regelmäßig nicht zu versteuern; der Zahlungsverpflichtete kann sie aber auch lediglich eingeschränkt abziehen.

Erreichen die Versorgungsleistungen kapitalisiert nicht den Wert des übertragenen VG, ist eine Aufteilung vorzunehmen.[252]

Beispiel

V übergibt ein Grundstück im Verkehrswert von 1 Mio. EUR. Zu übernehmen sind Verbindlichkeiten i.H.v. 200.000 EUR. Erwerber S verpflichtet sich zu monatlichen Rentenleistungen im Barwert von 400.000 EUR. Die AK bei V – schon gekürzt um die AfA – belaufen sich auf 300.000 EUR.

Lösung

Das Rechtsgeschäft ist im Umfang von 60 v.H. entgeltlich. S hat somit AK i.H.v. 600.000 EUR aus dem entgeltlichen Teil. Hinsichtlich des unentgeltlichen Teils setzt er die AfA-BMG des V fort. Hat V seinerzeit für 300.000 EUR erworben, beläuft sich die AfA-BMG nunmehr für den unentgeltlichen Teil auf 120.000 EUR. Zur Vereinfachung ist der Grund- und Bodenanteil vorstehend nicht berücksichtigt.

Hieraus ergibt sich folgende **Erkenntnis**: Die **Neuregelung** ist für den **Vermögensübergeber in vielen Fällen jedenfalls nicht nachteilig**. Der **Vermögensübernehmer** hingegen wird **liquiditätsmäßig** zusätzlich **belastet**, da der Sofortabzug der Versorgungsleistungen nicht mehr möglich ist. Die Vorteile über die erhöhte AfA-BMG vermögen diesen Nachteil nicht zu kompensieren. Zum Teil ist auch zu berücksichtigen, dass die AK auf nicht abschreibbare WG, wie etwa Grund und Boden entfallen.

Hinweis

Sofern es sich bei VG außerhalb des Anwendungsbereichs des § 10 Abs. 1 Nr. 1a EStG um solche handelt, die nicht steuerverstrickt sind, ist daran zu denken, das Rechtsgeschäft entgeltlich auszugestalten. Dies empfiehlt sich immer dann, wenn der Übergeber keinen stpfl. Veräußerungsgewinn erzielt und der Übernehmer keine Leistungen erbringen möchte, die über den Wert des erworbenen Vermögens

---

[252] BMF-Schr. v. 11.3.2010 – IV C 3 – S 2221/09/10004, BStBl I 2010, 227 Rz 66

Einkommensteuerliche Behandlung von Versorgungsleistungen

hinausgehen. Ferner ist dies dann interessant, wenn aus Sicht des Übernehmers zumindest abschreibbare WG erworben werden.

3. Anwendungsregelung

Übertragungen ab 1.1.2008 Die gesetzliche Neuregelung gilt seit dem 1.1.2008. Für Vermögensübergaben, die vor diesem Zeitpunkt rechtswirksam vereinbart wurden, bleibt das frühere BMF-Schr. v. 16.9.2004 (sog. Rentenerl. III)[253] weiter anwendbar. Der jetzige Rentenerlass findet **Anwendung**, wenn der wirksame **Übertragungsvertrag nach** dem **31.12.2007** abgeschlossen worden ist. Im Ergebnis entspricht dies der Anwendungsregelung in § 52 Abs. 23f S. 1 EStG. Darüber hinaus sind folgende **Sonderregelungen** zu beachten:

- Bringt das übertragene Vermögen nur deshalb einen ausreichenden Ertrag, weil **ersparte Aufwendungen** zu den Erträgen gerechnet werden, gilt bereits unmittelbar § 10 Abs. 1 Nr. 1a EStG i.d.F. des JStG 2008. Eine Ausnahme gilt für den Fall, wenn ein ausreichender Ertrag in Form des Nutzungsvorteils eines zu eigenen Zwecken genutzten Grundstücks vorliegt.[254]

- Bedarf die schuldrechtliche Vereinbarung einer **staatlichen Genehmigung** (z.B. des Betreuungs- oder Nachlassgerichts), **wirkt** die Erteilung dieser Genehmigung **zurück**, wenn die Vertragsparteien alles in ihrer Macht Stehende getan haben, um einen wirksamen zivilrechtlichen Vertrag abzuschließen. Steht hingegen der Vertrag unter einer aufschiebenden Bedingung, tritt seine Wirksamkeit erst mit deren Eintritt ein.[255]

- Bei der sog. „**zeitlich gestreckten Vermögensübertragung**" kommt es darauf an, ob die Ablösung des Nießbrauchs gegen Versorgungsleistungen bereits hinreichend konkret in einem **vor dem 1.1.2008** abgeschlossenen Übergabevertrag **vereinbart** wurde. Ist dies der Fall, ist die bisherige Regelung weiterhin anwendbar. Wird demgegenüber die Ablösung des Nießbrauchsrechts gegen Versorgungsleistungen erst nach dem 31.12.2007 vereinbart, sind die Einschränkungen der Neuregelung des § 10 Abs. 1 Nr. 1a EStG zu beachten, so dass etwa

---

[253] BMF-Schr. v. 16.9.2004 – IV C 3 – S 2255-354/04, BStBl I 2004, 922; vgl. dazu *Messner*, AktStR 2005, 19
[254] BMF-Schr. v. 11.3.2010 – IV C 3 – S 2221/09/10004, BStBl I 2010, 227 Rz 82 S. 3
[255] BMF-Schr. v. 11.3.2010 – IV C 3 – S 2221/09/10004, BStBl I 2010, 227 Rz 84

Einkommensteuerliche Behandlung von Versorgungsleistungen

ein Vorbehaltsnießbrauch an einem Vermietungsobjekt nicht mehr Gegenstand der Vermögensübergabe sein kann.[256]

- I.R. von **Umschichtungen** sind zwei Fälle zu unterscheiden: Wurde die Umschichtungsverpflichtung bereits im **Übergabevertrag** vereinbart, gilt bereits die Neuregelung, wenn die Umschichtung nicht vor dem 1.1.2008 vollzogen wurde.[257] Demgegenüber beurteilt die FinVerw in den Fällen, in denen vor dem 1.1.2008 rechtswirksam eine Vermögensübergabe im Zusammenhang mit Versorgungsleistungen vereinbart wurde und das begünstigte Vermögen nach dem 31.12.2007 **nachträglich umgeschichtet** wurde, diese Umschichtung weiterhin nach den Regelungen des BMF Schr. v. 16.9.2004.[258]

Übergabevertrag

nachträgliche Umschichtung

Hinweis

In entspr. Fällen kann somit weiterhin eine Umschichtung in Vermögen, das nicht den Anforderungen des § 10 Abs. 1 Nr. 1a S. 2 EStG n.F. entspricht, bspw. in Mietwohngrundstücke, erfolgen.[259]

§ 22 Nr. 1b EStG, das sog. **strenge Korrespondenzprinzip**, gilt ab dem VZ 2008 unabhängig vom Zeitpunkt des Vertragsabschlusses. Ist in einem vor dem 1.1.2008 abgeschlossenen Übergabevertrag eine Leibrente vereinbart, die beim Vermögensübergeber zu Versorgungsleistungen führt, die lediglich i.H.d. Ertragsanteils als SA abzugsfähig sind, unterliegen beim Empfänger der Versorgungsleistungen diese auch nur insoweit der Besteuerung nach § 22 Nr. 1b EStG.[260] Eine früher bestehende Möglichkeit,[261] eine (nur mit dem Ertragsanteil absetzbare) Leibrente in eine (voll absetzbare) dauernde Last umzuwandeln, bleibt jedoch auch dann erhalten, wenn die Vertragsänderung nach dem 31.12.2007 erfolgt.

strenges Korrespondenzprinzip

---

[256] BMF-Schr. v. 11.3.2010 – IV C 3 – S 2221/09/10004, BStBl I 2010, 227 Rz 85
[257] BMF-Schr. v. 11.3.2010 – IV C 3 – S 2221/09/10004, BStBl I 2010, 227 Rz 87
[258] BMF-Schr. v. 11.3.2010 – IV C 3 – S 2221/09/10004, BStBl I 2010, 227 Rz 88
[259] Ebenso *Seitz*, DStR 2010, 629, 635
[260] BMF-Schr. v. 11.3.2010 – IV C 3 – S 2221/09/10004, BStBl I 2010, 227 Rz 89
[261] BMF-Schr. v. 11.3.2010 – IV C 3 – S 2221/09/10004, BStBl I 2010, 227 Rz 48

E. Besonderheiten bei Lebensversicherungen

I. Allgemeines

Hat der Versicherungsnehmer **keinen Bezugsberechtigten benannt**, so ist er selbst derjenige, dem der Anspruch auf die Versicherungssumme zusteht. Mit seinem Tode tritt der Versicherungsfall ein, so dass sein Anspruch auf Auszahlung der Versicherungssumme in den Nachlass fällt, somit von den Erben erworben und bei ihnen gem. § 3 Abs. 1 Nr. 1 ErbStG als Erwerb von Todes wegen besteuert wird.

eigene LV des Erblassers

Dritter ist bezugsberechtigt

Hat der Versicherungsnehmer dagegen – wie häufig – **einen Bezugsberechtigten benannt**, so handelt es sich bei dem Lebensversicherungsvertrag um einen echten **Vertrag zugunsten Dritter auf den Todesfall**, der gem. § 3 Abs. 1 Nr. 4 ErbStG beim Bezugsberechtigten der ErbSt unterliegt. Hierbei erwirbt der Bezugsberechtigte einen direkten Anspruch ggü. dem Versicherungsunternehmen auf Auszahlung der Versicherungsleistung; dieser Erwerb vollzieht sich **außerhalb des Erbrechts**. Der Anspruch fällt demgemäß **nicht in den Nachlass**.

Erfolgt die Auszahlung an einen Bezugsberechtigten noch **zu Lebzeiten** des Versicherungsnehmers, ist sie als **freigebige Zuwendung** nach § 7 Abs. 1 Nr. 1 ErbStG stpfl., R E 3.6 Abs. 1 S. 2 ErbStR 2011. Dies gilt auch bei Versicherungssummen aus einer **verbundenen Lebensversicherung**, d.h. aus einer auf das Leben eines zuerst versterbenden Mitversicherungsnehmers – zumeist Ehegatten – abgeschlossenen LV, R E Abs. 1 S. 3 ErbStR 2011.

II. Leistungen aus einer befreienden Lebensversicherung

Besonderheiten bei befreienden LV

In der Vergangenheit wurde gelegentlich von der Möglichkeit Gebrauch gemacht, eine **LV als Ersatz für eine Pflichtversicherung** abzuschließen. Die steuerliche Behandlung derartiger Zahlungen aus einer solchen befreienden LV war lange Zeit strittig.[262]

---

[262] Für eine Stpfl. gem. § 3 Abs. 1 Nr. 4 ErbStG: OFD Düsseldorf v. 21.8.1969, DB 1969, 1823; dagegen: Nds. FG, Urt. v. 29.9.1999 – III 533/92, EFG 2000, 509

Besonderheiten bei Lebensversicherungen

Nach Auffassung des **BFH** unterliegt der Bezug einer vom Erblasser zur Befreiung von der Pflichtversicherung in der gesetzlichen Rentenversicherung abgeschlossenen LV aufgrund § 3 Abs. 1 Nr. 4 ErbStG der ErbSt.[263] Der Rechtsauffassung des BFH wird im Schrifttum u.a. mit dem Hinweis darauf zugestimmt, dass andernfalls die Gefahr einer gesetzgeberischen Gleichstellung bzw. Gleichbehandlung mit sonstigen Versorgungsbezügen bestehe, die auf einzelvertraglicher und auf arbeits- oder dienstvertraglicher Regelung beruhen und bis zur Angemessenheitsgrenze von dem Besteuerungstatbestand des § 3 Abs. 1 Nr. 4 ErbStG ausgenommen werden.[264]

III. Steuerliche Gestaltungsmöglichkeiten

1. Schenkung vor Fälligkeit

Es kann in Einzelfällen steuerlich sinnvoll sein, Ansprüche aus LV **vor ihrer Fälligkeit zu schenken**; sie sind dann nicht mit dem zu erwartenden Auszahlungsbetrag anzusetzen, sondern nur mit dem niedrigeren **Rückkaufswert**, § 12 Abs. 4 BewG.

Bewertung noch nicht fälliger LV

Die **unwiderrufliche Einräumung des Bezugsrechts** zu Lebzeiten des Versicherungsnehmers **unterliegt nicht der SchSt**; Zuwendungsgegenstand ist erst die in diesem Fall mit dem Ableben des Versicherungsnehmers ausgezahlte Versicherungsleistung.[265]

Einräumung eines Bezugsrechts keine Schenkung

2. Versicherungsnehmer und Begünstigter sind identisch

Zu einer Besteuerung nach § 3 Abs. 1 Nr. 4 ErbStG kommt es nur, wenn der **Erblasser Versicherungsnehmer** des zu Gunsten auf einen Dritten abgeschlossenen Lebensversicherungsvertrags ist, d.h. wenn im Valutaverhältnis zwischen dem Versprechensempfänger (Versicherungsnehmer und Erblasser) und dem Begünstigten eine freigebige Zuwendung vorliegt, R E 3.7 Abs. 2 S. 1 ErbStR 2011.

Bezugsberechtigter ist Versicherungsnehmer

Ist der **bezugsberechtigte Dritte** hingegen **selbst Versicherungsnehmer** und **zahlt er auch die Prämien aus eigenem Vermögen**, so handelt es sich um einen **vertraglichen steuerfreien Erwerb** und nicht mehr um einen stpfl. Erwerb von Todes wegen.

---

[263] BFH-Urt. v. 24.10.2001 – II R 10/00, BStBl II 2002, 153
[264] So *Kapp/Ebeling*, ErbStG, § 3 Rz 269.5
[265] BFH-Urt. v. 30.6.1999 – II R 70/97, BStBl II 1999, 742

Besonderheiten bei Lebensversicherungen

Beispiel

Der 50-jährige A hat eine LV abgeschlossen. Bezugsberechtigte im Falle seines Todes soll seine 30-jährige Lebensgefährtin B sein. Als A stirbt, kassiert B 500.000 EUR Versicherungsleistung.

Lösung

Stpfl. Erwerb der B gem. § 3 Abs. 1 Nr. 4 ErbStG	500.000 EUR
Persönlicher Freibetrag (StKl. III)	./. 20.000 EUR
BMG	480.000 EUR
ErbSt (Steuersatz: 30%)	144.000 EUR

Abwandlung

B hat die LV auf das Leben ihres Partners A abgeschlossen und die Prämien auch selbst entrichtet, so dass sie zugleich Versicherungsnehmerin und Bezugsberechtigte ist. A hingegen ist lediglich die versicherte Person.

Hier fällt, da es sich um einen vertraglichen Erwerb handelt, keine ErbSt an.

Steuerersparnis 144.000 EUR

3. Prämienzahlungen durch den Bezugsberechtigten

Prämienschenkung — Eine freigebige Zuwendung kann auch dann vorliegen, wenn der **Bezugsberechtigte** die Prämien **anstelle des Versicherungsnehmers** ganz oder teilweise geleistet hat. Nach Auffassung der FinVerw sollte die Stpfl. hierdurch grds. nicht entfallen, R 10 Abs. 2 S. 2 ErbStR 2003. Infolge geänderter Rspr. des BFH[266] hat die FinVerw ihre bisherige Rechtsansicht aufgegeben und **teilt** nunmehr **die Versicherungsleistung** nach dem Verhältnis der vom Versicherungsnehmer/Erblasser gezahlten Versicherungsbeiträge zu den insgesamt gezahlten Versicherungsbeiträgen **auf**; nur dieser Teil unterliegt der ErbSt. Diese Grundsätze gelten auch, wenn ein Anspruch aus einer noch nicht fälligen LV übertragen wird, bei der der Erwerber die Versicherungsbeiträge bisher ganz oder teilweise gezahlt hat, R E 3.7 Abs. 2 S. 2 und 3 ErbStR 2011.

---

[266] BFH-Urt. v. 1.7.2008 – II R 38/07, BStBl II 2008, 876

Besonderheiten bei Lebensversicherungen

In der Praxis kommt es häufiger vor, dass der Bezugsberechtigte behauptet, er habe die Prämien ganz oder in vollem Umfang für Rechnung des Erblassers als Versicherungsnehmer entrichtet. In solchen Fällen trägt der Bezugsberechtigte die **Beweislast** hinsichtlich der von ihm gezahlten Versicherungsbeiträge, R E 3.7 Abs. 2 S. 3 ErbStR 2011.

Beweislast für Prämienzahlung

Beispiel

Der Erblasser/Versicherungsnehmer hat die Versicherungsprämien für die LV zu 70%, der Bezugsberechtigte zu 30% entrichtet.

Die Versicherungssumme unterliegt nur i.H.v. 70% der ErbSt, der Rest ist nicht erbschaftsteuerbar.

4. Gegenseitige Lebensversicherungen

Schließen **Ehegatten** gegenseitig jeweils LV **auf ihr Leben ab** und ist jeweils der **andere Ehegatte bezugsberechtigt**, so ist die gesamte Versicherungsleistung im Todesfall beim überlebenden Ehegatten stpfl., § 3 Abs. 1 Nr. 4 ErbStG.

Beispiel

Die miteinander verheirateten Unternehmer A und B haben vor fünf Jahren jeweils eine LV auf ihr Leben abgeschlossen; der jeweils überlebende Ehegatte ist bezugsberechtigt. Als A verstirbt, wird B seine Alleinerbin und erhält aus der LV eine Todesfallleistung i.H.v. 1,5 Mio EUR. Steuerwert des Nachlasses: 3 Mio EUR.

Stpfl. Erwerb von Todes wegen der B		
gem. § 3 Abs. 1 Nr. 4 ErbStG (LV)		1.500.000 EUR
zzgl. Steuerwert des Nachlasses		3.000.000 EUR
Zwischensumme		4.500.000 EUR
Persönlicher Freibetrag (§ 16 ErbStG)	./.	500.000 EUR
Versorgungsfreibetrag (§ 17 ErbStG)	./.	256.000 EUR
BMG		3.744.000 EUR
ErbSt (Steuersatz 19%)		599.040 EUR

Schließen die Eheleute hingegen die Versicherung **jeweils auf das Leben des anderen Ehegatten ab** (sog. „**Überkreuzversicherungen**") und wird die Leistung an den überlebenden Ehegatten **als Versicherungsnehmer** ausgezahlt, ändert sich das steuerliche Ergebnis: Zwar gehört auch hier die Versicherungsleistung beim überlebenden Ehegatten nicht zum Erwerb von Todes wegen; jedoch befindet sich im Nachlass des Verstorbenen sein

„Überkreuzversicherungen"

Besonderheiten bei Lebensversicherungen

eigener (nicht mehr fällig gewordener) Lebensversicherungsanspruch, der nunmehr vom überlebenden Ehegatten als dessen Erben gem. § 3 Abs. 1 Nr. 1 ErbStG mit dem Rückkaufswert (§ 12 Abs. 4 BewG) versteuert werden muss.

Abwandlung

Der Rückkaufswert der noch nicht fälligen LV des verstorbenen A soll im obigen Beispielsfall 100.000 EUR betragen.

Rückkaufswert der noch nicht fälligen Ansprüche	100.000 EUR
Steuerwert des Nachlasses	3.000.000 EUR
Zwischensumme	3.100.000 EUR
Persönlicher Freibetrag	./. 500.000 EUR
Versorgungsfreibetrag	./. 256.000 EUR
BMG	2.344.000 EUR
ErbSt (Steuersatz 19%)	445.360 EUR
Steuerersparnis	153.680 EUR

Handelt es sich nicht um Eheleute, sondern um **Partner einer nichtehelichen Lebensgemeinschaft**, für die eine Absicherung des Lebensgefährten durch eine LV besonders ratsam ist, ist die Steuerersparnis wegen der geringeren Freibeträge und der ungünstigeren StKl. noch erheblicher (im Beispielsfall 420.000 EUR).

IV. Anzeigepflichten

Banken/Behörden — Im Todesfall haben zahlreiche Institutionen wie Banken, Bausparkassen, Gerichte, Behörden und Notare weit reichende **Anzeigepflichten** ggü. dem ErbSt-FA des Erblassers (§§ 33, 34 ErbStG i.V.m. §§ 1 ff ErbStDV (s. IV. Anhang – Anlagen 1 - 6).

Versicherungen — Zum Kreis der Anzeigepflichtigen zählen auch **Versicherungsunternehmen**. Diese haben gem. § 33 Abs. 3 ErbStG dem FA schriftlich Anzeige zu erstatten, bevor sie Versicherungssummen oder Leibrenten **einem anderen als dem Versicherungsnehmer** auszahlen oder zur Verfügung stellen.

keine Meldepflicht bei Auszahlung an VN — Hieraus folgt im Umkehrschluss, dass keine Meldepflicht seitens der Versicherungsgesellschaft besteht, wenn sie die Versicherungssumme dem Versicherungsnehmer auszahlt oder zur Verfügung stellt. Damit ist die Gestaltungsempfehlung, bei der Versicherungsnehmer und Bezugsberechtigter identisch sind, auch unter diesem Aspekt steuerlich interessant.

III. Teil: Aktuelle Brennpunkte des Erbschaftsteuerrechts

A. BFH-Beschl. v. 5.10.2011 – II R 9/11, BStBl II 2012, 125

B. Beitreibungsrichtlinie-Umsetzungsgesetz

C. Erbschaftsteuerrichtlinien

III. Teil: Aktuelle Brennpunkte des Erbschaftsteuerrechts

A. BFH-Beschl. v. 5.10.2011 – II R 9/11, BStBl II 2012, 125

B. Beitreibungsrichtlinie-Umsetzungsgesetz
   I. § 2 Abs. 3 ErbStG – fiktiv unbeschränkte Steuerpflicht auf Antrag
   II. § 7 Abs. 8, § 15 Abs. 4 ErbStG, disquotale Einlagen und vGA
      1. § 7 Abs. 8 S. 1 ErbStG
      2. § 7 Abs. 8 S. 2 ErbStG
      3. § 15 Abs. 4 ErbStG

C. Erbschaftsteuerrichtlinien
   I. Begünstigung von Betriebsvermögen, §§ 13a, b, 19a ErbStG
      1. Begünstigtes Vermögen
      2. Verschonungstechnik
      3. Verwaltungsvermögen
      4. Lohnsummenregelung
      5. Übertragung mehrerer wirtschaftlicher Einheiten
      6. Nachversteuerung und Vorsorgemaßnahmen
   II. Verschonung von Immobilien
      1. Selbstgenutztes Familienheim
      2. Wertabschlag
      3. Stundung
   III. Bewertung
      1. Grundsätzliches
      2. Einzelpunkte
   IV. Berücksichtigung privater Steuererstattungsansprüche/Steuerschulden des Erblassers
   V. Anwendungsregelung

A. BFH-Beschl. v. 5.10.2011 – II R 9/11, BStBl II 2012, 125

Einheitswert-beschlüsse 1995

Die ErbSt kommt seit Jahrzehnten nicht zur Ruhe. Bereits mit den sog. **Einheitswertbeschlüssen** v. 22.6.1995[267] hatte das BVerfG dem Gesetzgeber zwei maßgebliche Vorgaben auferlegt:

– Bewertung nach Verkehrswerten

– Privilegierung unternehmerischen Vermögens

JStG 1997

Im **JStG 1997**[268] hatte der Gesetzgeber versucht, diesen Vorgaben durch die **Bedarfsbewertung** anstelle der Einheitswerte für Grundbesitz einerseits und die Einführung der §§ 13a, 19a ErbStG zur Begünstigung unternehmerischen Vermögens andererseits gerecht zu werden.

Normenkontrollverfahren

Die Halbwertzeit dieser Änderungen blieb allerdings beschränkt. Mit Beschl. v. 22.5.2002[269] legte der II. Senat des BFH im **Normenkontrollverfahren** nach Art. 100 Abs. 1 GG zahlreiche Regelungen des neuen Rechts dem BVerfG zur Überprüfung vor. Das BVerfG bestätigte in seiner Entscheidung v. 7.11.2006[270] die Rechtsansicht des BFH in vollem Umfang. § 19 Abs. 1 ErbStG sei mit Art. 3 Abs. 1 GG unvereinbar, indem er die Erwerber von Vermögen unabhängig von der jeweiligen Vermögensart und den ermittelten Werten mit einheitlichen Steuersätzen belaste.

ErbStRG zum 1.1.2009

Mit dem **Erbschaftsteuerreformgesetz**[271] hat sich der Gesetzgeber bemüht, den erneuten Vorgaben des BVerfG mit Wirkung zum 1.1.2009 nachzukommen und in den Regelungen der §§ 13a, b ErbStG weitreichende Verschonungen für unternehmerisches Vermögen bis hin zur völligen Steuerfreistellung vorgesehen. Auch diese Regelungen leiden jedoch sowohl unter Unklarheiten als auch verfassungsrechtlichen Bedenken.

---

[267] BVerfG, Beschl. v. 22.6.1995 – 2 BvL 37/91, BStBl II 1995, 655 und 2 BvR 552/91, BStBl II 1995, 671, BStBl II 1995, 655 und 671
[268] JStG 1997 v. 20.12.1996, BGBl I 1996, 2049
[269] BFH-Beschl. v. 22.5.2002 – II R 61/99, BStBl II 2002, 598
[270] BFH-Beschl. v. 7.11.2006 – 1 BvL 10/02, BStBl II 2007, 192
[271] ErbStRG v. 24.12.2008, BGBl I 2008, 3018

BFH-Beschl. v. 5.10.2011 – II R 9/11, BStBl II 2012, 125

Aktuell drohen nun die derzeit für die Unternehmensnachfolge geltenden Regelungen erneut auf den **Prüfstand des BVerfG** zu kommen. Der **BFH** hat jüngst in seinem Beschl. v. 5.10.2011[272] Zweifel an der **Verfassungsmäßigkeit** der Reform zum 1.1.2009 geäußert und das BMF zum Verfahrensbeitritt aufgefordert.

erneute Überprüfung durch BVerfG

Fall

Der Kl. ist zu einem Viertel Miterbe des im Jahre 2009 verstorbenen Bruders seines Vaters. Sein Anteil am Nachlass belief sich auf ca. 52.000 EUR. Das FA setzte die ErbSt nach dem für die StKl. II im Streitjahr 2009 geltenden Tarif fest. Bei Ansatz eines Steuersatzes von 30 % ergab sich eine ErbSt von knapp 10.000 EUR. Der Kl. begehrt die Herabsetzung der Steuer auf den Betrag, der hätte festgesetzt werden müssen, wenn bereits im Jahre 2009 die Absenkung des Steuersatzes in der StKl. II anwendbar gewesen wäre (von 30 % auf 15 %).

Der BFH beanstandet neben der fragwürdigen, aber durch den Gesetzgeber für Stichtage nach dem 1.1.2010 bereits beseitigten tariflichen Gleichstellung der StKl. II und III die **privilegierte Behandlung unternehmerischer Vermögen** bei der ErbSt und SchSt.

Explizit beanstandet der II. Senat, dass die Regelungen der §§ 13a, b ErbStG es ermöglichen, die grds. an die Gemeinwohlverpflichtung und Gemeinwohlbindung anknüpfenden Regelungen durch entsprechende **Gestaltungen** zu unterlaufen.

Missbrauch durch Gestaltungsmöglichkeiten

So sei es möglich, durch Einbringung von **privatem Vermögen** etwa in eine gewerblich geprägte PersG oder eine GmbH **erbschaftsteuerlich privilegiertes Vermögen** zu schaffen. Durch Einbringung von Festgeld oder Bankguthaben in derartige Gesellschaften könne die Besteuerung ganz oder teilweise vermieden werden, ohne dass dieses Vermögen einer besonderen Gemeinwohlbindung unterliege.

unzulässige Privilegierung

Auch die letztlich durch die Gewährleistung des Arbeitsplatzerhaltes manifestierte Gemeinwohlbindung sei möglicherweise unzureichend. Es erscheine **zweifelhaft**, ob die **Lohnsummenregelung** eine ausreichende **Sozialbindung** gewährleiste. Die von dieser Regelung vorausgesetzte Zahl von mehr als 20 Beschäftigten werde gerade von gewerblich ge-

Lohnsummenregelung unzureichend

---

[272] BFH-Urt. v. 5.10.2011 – II R 9/11, BStBl II 2012, 125; ZEV 2012, 672 m. Anm. Hannes

BFH-Beschl. v. 5.10.2011 – II R 9/11, BStBl II 2012, 125

prägten Verwaltungsgesellschaften regelmäßig nicht erreicht. Überschreite die Beschäftigtenzahl diese Grenze, sei es durch Gestaltungen, etwa eine Betriebsaufspaltung, möglich zu vermeiden, dass es für die Gewährung der Steuervergünstigungen auf die Entwicklung der Lohnsumme ankomme.

In Anbetracht der Rechtsauffassung des BFH kann man bereits jetzt bezweifeln, ob die **vollkommene Steuerfreistellung des BV** noch von den seitens des BVerfG grds. zugelassenen Steuererleichterungen aus Gründen des Gemeinwohls gedeckt ist.

Die Zweifel jedenfalls des BFH am geltenden Recht sind nachvollziehbar.[273] Das BMF hat bis zum Mai 2012 zu entscheiden, ob es dem Verfahren beitreten wird. Erfolgt dies, ist eine Vorlage an das BVerfG im 2. Halbjahr 2012 zu erwarten.

keine Rückwirkung Zugleich ist nach allen bisherigen Erfahrungen **nicht** davon auszugehen, dass das BVerfG in diesem Fall das derzeit geltende Recht **rückwirkend** für verfassungswidrig erklärt.

Hinweis

Handlungsbedarf Mittel- bzw. langfristig sind Änderungen der derzeit geltenden günstigen erbschaftsteuerlichen Rahmenbedingungen für die Unternehmensnachfolge nicht nur nicht auszuschließen, sondern sogar wahrscheinlich. Insoweit ist auch zu berücksichtigen, dass die derzeitigen Oppositionsparteien ebenfalls bereits mehrfach nachdrücklich Kritik an dem geltenden Recht geübt und Änderungen für den Fall einer zukünftigen Regierungsverantwortung angekündigt haben. Die derzeit bestehenden erbschaftsteuerlichen Privilegierungen sollten deshalb im Rahmen anstehender vorweggenommener Erbfolgen jetzt genutzt werden. Im Zweifel sind Schenkungen unter Widerrufsvorbehalt zu vereinbaren, wobei dieser die ertragsteuerliche Anerkennung der Schenkung allerdings nicht in Frage stellen darf. Vor einer vorschnellen Rückabwicklung ist später zu beachten, dass nach § 29 Abs. 2 ErbStG der zwischenzeitlich Beschenkte wie ein Nießbraucher behandelt wird, ohne dass gesichert ist, dass der kapitalisierte Wert der von ihm erwirtschafteten Erträge um die Betriebsvermögensverschonung entlastet wird.

---

[273] Zur Vertiefung vgl. *Crezelius*, ZEV 2012, 1; *Wachter*, DStR 2011, 2331

B. Beitreibungsrichtlinie-Umsetzungsgesetz

Durch Art. 11 des BeitrRLUmsG[274] hat der Gesetzgeber einige **Vorschriften neu** in das ErbStG eingefügt:

I. § 2 Abs. 3 ErbStG – fiktiv unbeschränkte Steuerpflicht auf Antrag

§ 2 ErbStG statuiert eine **unbeschränkte Steuerpflicht**, wenn entweder der **Erblasser** bzw. **Schenker** oder der **Erwerber Inländer** ist.

Ist keine unbeschränkte Steuerpflicht gegeben, unterliegt i.R.d. **beschränkten Steuerpflicht** nur das im § 121 BewG aufgeführte Vermögen (Grundbesitz, LuF-Vermögen, BV, KapG-Anteile, jeweils im Inland) der beschränkten Steuerpflicht. Es besteht dann jedoch auch nur ein **Freibetrag i.H.v. 2.000 EUR**.

beschränkte Steuerpflicht Freibetrag 2.000 EUR

Fall[275]

M und Tochter T leben seit mehr als fünf Jahren in den Niederlanden und haben in Deutschland weder einen Wohnsitz noch einen gewöhnlichen Aufenthalt. M schenkt T ein Grundstück in Köln mit einem Verkehrswert von 200.000 EUR.

Eine **unbeschränkte Steuerpflicht** nach § 2 Abs. 1 Nr. 1 S. 1a ErbStG kommt mangels eines Wohnsitzes oder gewöhnlichen Aufenthalts nicht in Betracht. Auch § 2 Abs. 1 Nr. 1 S. 1b ErbStG findet keine Anwendung, weil sowohl die M als auch die T bereits seit mehr als fünf Jahren im Ausland leben. Es besteht daher **beschränkte Steuerpflicht** nach § 2 Abs. 1 Nr. 3 ErbStG.

Diese erweist sich auf den ersten Blick ggü. der unbeschränkten Steuerpflicht als nachteilig, da T nach Abzug des Freibetrags von nur 2.000 EUR einen Betrag von 198.000 EUR zu versteuern, letztlich somit 21.780 EUR ErbSt zu zahlen hat.

---

[274] BeitrRLUmsG v. 7.12.2011, BStBl I 2011, 1171
[275] Nach EuGH-Urt. v. 22.4.2010 – C 510/08, BFH/NV 2010, 1212, DStR 2010, 861, ZEV 2010, 270 m. Anm. *Jochum*

Beitreibungsrichtlinie-Umsetzungsgesetz

Ungleichbehandlung beschränkt Stpfl.

Hierin sieht der EuGH eine europarechtlich nicht gerechtfertigte Ungleichbehandlung im Vergleich zu einem unbeschränkt Stpfl. Er geht also davon aus, dass § 16 Abs. 2 ErbStG gegen Art. 56 ff EGV verstößt.[276]

§ 2 Abs. 3 ErbStG

In Reaktion auf die Entscheidung des EuGH ist § 2 ErbStG um **§ 2 Abs. 3 ErbStG** ergänzt worden.[277] Auf **Antrag** des Erwerbers wird ein Vermögensanfall, zu dem Inlandsvermögen nach § 121 BewG gehört, insgesamt als **unbeschränkt steuerpflichtig** behandelt, wenn der Erblasser zur Zeit seines Todes, der Schenker zur Zeit der Ausführung der Schenkung oder der Erwerber zur Zeit der Entstehung der Steuer seinen Wohnsitz in einem Mitgliedstaat der EU oder in einem Staat des EWR hat.

Wahlrecht der fiktiv unbeschränkten Steuerpflicht

Die Unterscheidung zwischen unbeschränkter und beschränkter Steuerpflicht hat allerdings Bedeutung über § 2 ErbStG hinaus auch für § 10 Abs. 6 ErbStG (Schuldenabzug), für den persönlichen Freibetrag (§ 16 ErbStG), für den Versorgungsfreibetrag (§ 17 ErbStG) und für die Anrechnung ausländischer Steuern (§ 21 ErbStG). Die Ausübung des **Wahlrechts** einer **fiktiv unbeschränkten Steuerpflicht** hat deshalb weitergehende **Konsequenzen**:

Gesamterwerb

In diesem Fall sind auch mehrere innerhalb von 10 Jahren vor dem Vermögensanfall und innerhalb von 10 Jahren nach dem Vermögensanfall von derselben Person anfallende Erwerbe als unbeschränkt stpfl. zu behandeln und deshalb nach § 14 ErbStG zusammenzurechnen. Im Ergebnis werden also die Wirkungen der unbeschränkten Steuerpflicht auf den **Gesamterwerb** erstreckt. Damit soll verhindert werden, dass ein Erwerber je nach Belegenheit des Vermögens mehrfach in den Genuss der mit der unbeschränkten Steuerpflicht verbundenen Freibeträge gelangt. Dies beinhaltet allerdings zugleich auch die Besteuerung ausländischen Vermögens.[278]

Korrespondierend gelten die **persönlichen Freibeträge des § 16 ErbStG** nicht nur für die unbeschränkte Steuerpflicht, vielmehr auch in Sachverhalten des § 2 Abs. 3 ErbStG. Eine Anpassung ist auch bei § 21 Abs. 1 ErbStG zur Anrechnung ausländischer ErbSt und SchSt erfolgt.

---

[276] EuGH-Urt. v. 22.4.2010 – C 510/08, BFH/NV 2010,1212, ZEV 2010, 270 m. Anm. *Jochum*
[277] Vgl. dazu *Geck/Messner*, ZEV 2011, 416 f.; *Haas*, NWB-EV 2011, 422
[278] *Haas*, NWB-EV 2011, 422, 433

Nach **§ 37 Abs. 7 ErbStG** gilt die Neuregelung für alle Erwerbe, für die die Steuer nach dem Inkrafttreten des Änderungsgesetzes entsteht und darüber hinaus auch in Altfällen, sofern die Steuerbescheide noch nicht bestandskräftig sind.[279]

II. § 7 Abs. 8, § 15 Abs. 4 ErbStG, disquotale Einlagen und vGA

Die **Leistungsbeziehungen** zwischen einem **Gesellschafter**, der **Gesellschaft** und den **Mitgesellschaftern** sind steuerrechtlich stets problematisch.

Bei **PersG** gilt nach einhelliger Auffassung von Rspr. und FinVerw auch schenkungsteuerlich das sog. **Transparenzprinzip**: Bei Zuwendungen an eine PersG ist nicht diese, sondern der einzelne Gesellschafter als Erwerber anzusehen.[280]

PersG: Transparenzprinzip

Unklar war demgegenüber die Rechtslage bei **KapG**. Die FinVerw hatte ursprünglich die Möglichkeit schenkungsteuerbarer Zuwendungen zwischen KapG und ihren Gesellschaftern prinzipiell abgelehnt und steuerbare Leistungen zwischen den Gesellschaftern angenommen.[281] Der **BFH** geht demgegenüber auf Basis einer zivilrechtlichen Betrachtung davon aus, dass eine **Schenkung** nur im direkten **zivilrechtlichen Zuwendungsverhältnis** vorliegt.[282] Die Werterhöhung eines bestehenden KapG-Anteils infolge der Zuwendung an die KapG sei keine Zuwendung an den Gesellschafter. Die Bereicherung des Mitgesellschafters sei lediglich ein „**Reflex**" der bei der GmbH als Empfänger der Zuwendung eintretenden Bereicherung. Nachdem der BFH mit Urt. v. 17.10.2007[283] seine Linie bestätigt hatte, änderte die FinVerw durch Ländererlass v. 20.12.2010[284] ihre Haltung. Danach waren disquotale Einlagen in eine Kapitalgesellschaft nicht mehr steuerbar.

Rspr: disquotale Einlagen nicht steuerbar

---

[279] Vgl. zur Vertiefung europarechtlicher Aspekte auch *Hey*, DStR 2011, 1149
[280] BFH-Urt. v. 14.9.1994 – II R 95/92, BStBl II 1995, 81
[281] R 18 Abs. 2, 7 ErbStR 2003, BStBl I 2003, Sondernummer 2
[282] Grundlegend BFH-Urt. v. 17.4.1996 – II R 16/93, BStBl II 1996, 454
[283] BFH-Urt. v. 17.10.2007 – II R 63/05, BStBl II 2008, 381, ZEV 2008, 153 m. Anm. *Crezelius*, bestätigt durch BFH-Urt. v. 9.12.2009 – II R 28/08, BStBl II 2010, 566, ZEV 2010, 319
[284] Koordinierter Ländererlass v. 20.12.2010, BStBl I 2010, 1207, ausführlich hierzu *Christ*, ZEV 2011, 10, 63 m.w.N.; *Wälzholz*, GmbH-StB 2011, 340; *Messner*, AktStR 2011, 275

Beitreibungsrichtlinie-Umsetzungsgesetz

BeitrRLUmsG

Der Gesetzgeber hat reagiert. Mit dem **BeitrRLUmsG** v. 7.12.2011 hat er durch § 7 Abs. 8 ErbStG und § 15 Abs. 4 ErbStG mit Wirkung für **Vorgänge ab dem 13.12.2011** neue Tatbestände geschaffen.

§ 7 Abs. 8 ErbStG

„Als Schenkung gilt auch die Werterhöhung von Anteilen an einer Kapitalgesellschaft, die eine an der Gesellschaft unmittelbar oder mittelbar beteiligte natürliche Person oder Stiftung (Bedachte) durch die Leistung einer anderen Person (Zuwendender) an die Gesellschaft erlangt. Freigebig sind auch Zuwendungen zwischen Kapitalgesellschaften, soweit sie in der Absicht getätigt werden, Gesellschafter zu bereichern und soweit an diesen Gesellschaften nicht unmittelbar oder mittelbar dieselben Gesellschafter zu gleichen Anteilen beteiligt sind. Die Sätze 1 und 2 gelten außer für Kapitalgesellschaften auch für Genossenschaften."

§ 15 Abs. 4 ErbStG

„Bei einer Schenkung durch eine Kapitalgesellschaft oder Genossenschaft ist der Besteuerung das persönliche Verhältnis des Erwerbers zu derjenigen unmittelbar oder mittelbar beteiligten natürlichen Person oder Stiftung zugrunde zu legen, durch die sie veranlasst ist. In diesem Fall gilt die Schenkung bei der Zusammenrechnung früherer Erwerbe (§ 14) als Vermögensvorteil, der dem Bedachten von dieser Person anfällt."

Fall

F hält 75 % der Geschäftsanteile der F-GmbH. Die anderen 25 % hält ihr Bruder B. Die GmbH befindet sich in der Krise. Um die Zahlungsunfähigkeit zu vermeiden, leistet F 2 Mio. EUR in die Kapitalrücklage (§ 272 Abs. 2 HGB) der GmbH. Bei der GmbH ist der Sohn S als GF tätig mit einem Jahresgehalt von 180.000 EUR, obwohl nur 120.000 EUR branchenüblich sind.

Im Fall handelt es sich einerseits um eine disquotale Einlage, die handelsrechtlich nach § 272 Abs. 2 HGB zu passivieren ist und steuerrechtlich im Einlagekonto des § 27 KStG gebucht wird. Der Betrag der Einlage erhöht die AK der F nach § 17 EStG. Zugleich liegt eine vGA nach §§ 8 Abs. 3 S. 2 KStG, 20 Abs. 1 Nr. 1 S. 2 EStG vor, die ertragsteuerrechtlich der Anteilseignerin, also der F zugerechnet wird.

Beitreibungsrichtlinie-Umsetzungsgesetz

Nach den vom BR initiierten Neuregelungen der §§ 7 Abs. 8 und 15 Abs. 4 ErbStG gilt die **Werterhöhung von Anteilen** an einer KapG als **Schenkung**, die eine an der Gesellschaft unmittelbar oder mittelbar beteiligte natürliche Person durch die Leistung einer anderen Person an die KapG erlangt.

Werterhöhung als freigebige Zuwendung

Dies steht in direktem **Widerspruch** zur **Rspr.** des BFH. Dieser ging bislang davon aus, dass es sich bei einer Zuwendung an eine KapG, die in einem rechtlichen Zusammenhang mit dem Gemeinschaftszweck steht, nicht um eine unentgeltliche Zuwendung i.S.d. § 7 Abs. 1 Nr. 1 ErbStG handelt. Es handle sich **nicht** um eine **freigebige Zuwendung, sondern um eine Leistung societatis causa.** Mit den neu eingefügten §§ 7 Abs. 8, 15 Abs. 4 ErbStG wird nunmehr die frühere Auffassung der FinVerw in einen neuen Besteuerungstatbestand übernommen. Dies ist weder steuersystematisch überzeugend noch für die Praxis befriedigend.

1. § 7 Abs. 8 S. 1 ErbStG

§ 7 Abs. 8 S. 1 ErbStG beinhaltet den **Verzicht auf jegliches subjektive Tatbestandsmerkmal**, insb. auch auf die Freigebigkeit. Wird die Vorschrift nicht in einer teologisch reduzierten Form angewandt, führt dies dazu, dass sämtliche disquotalen Einlagen schenkungsteuerpflichtig würden.[285] Im Ergebnis würden damit bspw. **zinslose Gesellschafterdarlehen** oder der **Verzicht auf Darlehensforderungen** in der Krise von der SchSt erfasst. Es bleibt abzuwarten, ob sich die FinVerw zu einer insoweit zurückhaltenden Anwendung entschließt. In jedem Fall ist die Problematik in der Gestaltungspraxis zu berücksichtigen.

zinslose Darlehen, Darlehensverzicht

Steuersystematisch ist des Weiteren bedenklich, dass die Vorschrift letztlich eine zusätzliche **Doppelbesteuerungsproblematik** eröffnet:

Doppelbesteuerungsproblematik

Fall

Mutter M und Tochter T halten jeweils einen Geschäftsanteil von 100 EUR an der G-GmbH. Nunmehr leistet M eine Kapitalrücklage, die zu einer Werterhöhung in dem Anteil der T von 50 EUR führt. Diese ist nach der gesetzlichen Neuregelung der SchSt zu unterwerfen. Veräußert später T ihre Beteiligung unter den Voraussetzungen der §§ 17 Abs. 1 S. 1, Abs. 2

---

[285] Vgl. dazu auch *Crezelius*, ZEV 2008, 393, 395

und 3 Nr. 4 Buchst. c) EStG, wird die Werterhöhung von 50 EUR zusätzlich mit ESt belastet.

kein fiktiver Anteilsübergang

Schließlich ist für die Praxis zu berücksichtigen, dass nach der Gesetzesbegründung der BR als Zuwendungsgegenstand die durch die Vermögensverschiebung bewirkte Werterhöhung der Anteile des Beschenkten ansieht. Das Gesetz **fingiert** auch ausdrücklich **keinen Anteilsübergang**. Dieser ist jedoch bei formaler zivilrechtlicher Betrachtung Voraussetzung für die Anwendung der begünstigten Vorschriften des § 13a, b und § 19a ErbStG. In der Konsequenz ist die Werterhöhung des Anteils des Beschenkten, die nach § 200 Abs. 4 BewG dem gemeinen Wert der Einlage entsprechen müsste, **in vollem Umfang zu versteuern**.

Hinweis

Bis zur Klärung auch dieser Frage ist deshalb äußerste Zurückhaltung bei disquotalen Einlagen geboten.

2. § 7 Abs. 8 S. 2 ErbStG

Ausnahmeregelung

§ 7 Abs. 8 S. 2 ErbStG beinhaltet eine **Ausnahmeregelung** bei **Vermögensverschiebungen zwischen KapG**. Hierbei soll es sich nur dann um freigebige Zuwendungen handeln, soweit sie nicht betrieblich veranlasst sind und soweit an den KapG nicht unmittelbar oder mittelbar dieselben Gesellschafter zu gleichen Anteilen beteiligt sind.

Regelung widersprüchlich

Das Gesetz definiert nicht, wann Vermögensverschiebungen, zu denen sowohl verdeckte Einlagen als auch vGA gehören, als betrieblich veranlasst anzusehen sind. Das Gesetz regelt auch nicht, wer für den Nachweis der betrieblichen Veranlassung beweispflichtig ist. Weitergehend ist § 7 Abs. 8 S. 2 **in doppelter Hinsicht widersprüchlich** ggü. der Regelung in S. 1. S. 2 ist insofern weiter, als unter KapG nicht nur Einlagen, sondern auch vGA tatbestandsmäßig sind. Zugleich ist die Vorschrift insofern enger, als das zusätzliche Tatbestandsmerkmal der betrieblichen Veranlassung die Steuerpflicht entfallen lassen kann. Eine Erläuterung, warum dies nicht auch i.R.d. S. 1 gilt, enthält weder das Gesetz noch seine Begründung.

Hinweis

Beweisvorsorge

Bei nach § 7 Abs. 8 S. 2 gefährdeten Zahlungen ist Beweisvorsorge durch Dokumentation des betrieblichen Zwecks und Sammlung entsprechender Unterlagen zu betreiben, um im Fall der Ap o.ä. den Nachweis der betrieblichen Veranlassung – etwa Sanierung – führen zu können.

Beitreibungsrichtlinie-Umsetzungsgesetz

3. § 15 Abs. 4 ErbStG

Nach § 15 Abs. 4 ErbStG schließlich wird bei einer Schenkung durch eine KapG das **persönliche Verhältnis** des **Erwerbers** zu der unmittelbar oder mittelbar **beteiligten natürlichen Person** zugrunde gelegt.

Durchgriff

Fall[286]

Die Ehefrau eines Gesellschafter-GF einer GmbH erhielt von dieser eine unangemessen hohe Vergütung. Das FA beurteilte den unangemessenen Teil als vGA nach § 8 Abs. 3 S. 2 KStG und zugleich als freigebige Zuwendung zwischen den Eheleuten.

Zu diesem der Entscheidung vom 7.11.2007[287] zugrunde liegenden Sachverhalt hat der BFH in einem bloßen obiter dictum geäußert, es komme möglicherweise eine gemischte freigebige Zuwendung der KapG an die Ehefrau in Betracht. Wie bereits der gleichlautende Ländererlass v. 20.10.2010 nimmt die Gesetzesbegründung diese keineswegs abschließende Überlegung des BFH zum Anlass für die Neuregelung des § 15 Abs. 4 ErbStG.

Hierbei fällt zunächst auf, dass § 15 Abs. 4 **keinen eigenen Steuertatbestand** beinhaltet, sondern lediglich die Rechtsfolgen regelt. Da die vGA eindeutig nicht unter den Steuertatbestand des § 7 Abs. 8 S. 1 ErbStG fällt, bleibt bis zu einer endgültigen Entscheidung des BFH offen, ob und nach welchem Steuertatbestand eine vGA möglicherweise zugleich der SchSt unterliegt. In der Abwehrberatung sind entsprechende **SchSt-Bescheide** deshalb **offen zu halten.**

kein Steuertatbestand

Anzumerken ist, dass eine derartige Annahme zur Folge hätte, dass eine **vGA** letztlich zu einer **vierfachen Besteuerung** führte: KSt und GewSt auf Ebene der KapG und ESt und SchSt auf Ebene des Anteilseigners.

vierfache Besteuerung

Hinweis

Ungeachtet der gesetzlichen Neuregelung sind etwaige Verfahren bis zur Klärung des maßgeblichen Tatbestands offen zu halten. Im Übrigen ist für die Gestaltungspraxis angesichts der sich hieraus ergebenden **SchSt-Risiken** jedenfalls nachdrück-

---

[286] Nach BFH-Urt. v. 7.11.2007 – II R 28/06, BStBl II 2008, 258
[287] BFH-Urt. v. 7.11.2007 – II R 28/06, BStBl II 2008, 258

Beitreibungsrichtlinie-Umsetzungsgesetz

lich davor zu warnen, das Risiko **vGA** etwa i.R.d. Beschäftigungsverhältnisse von Angehörigen, GF-Dienstverträgen o.ä. bewusst in Kauf zu nehmen.[288]

Die ErbStR 2011 enthalten zu der gesamten Problematik keine Äußerung. Zwar ist in R E 7.5 ErbStR 2011 die Behandlung von Leistungen von Gesellschaftern und Dritten an KapG vorgesehen. Die Position ist jedoch ausdrücklich unbesetzt.[289]

---

[288] Vgl. auch *Haas*, NWB-EV 2011, 422, 423; zur Vertiefung *Neufang/Merz*, BB 2011, 2397

[289] Zur Vertiefung vgl. auch *Milatz/Herbst*, ZEV 2012, 21; *Fischer,* ZEV 2012, 77

C. Erbschaftsteuerrichtlinien

Der BR hat am 16.12.2011 den neuen ErbStR 2011 zugestimmt. Die ErbStR 2011 treten an die Stelle der ErbStR 2003 und berücksichtigen insb. die Änderungen durch das ErbStRG v. 24.12.2008,[290] das Wachstumsbeschleunigungsgesetz v. 22.12.2009[291] und das JStG 2010 v. 8.12.2010.[292] Insb. werden auch die zahlreichen Ländererlasse und Verfügungen aus der Zeit nach der Erbschaftsteuerreform vereinheitlicht. Nachfolgend werden die für die Praxis bedeutsamsten Schwerpunkte zusammenfassend dargestellt.[293]

I. Begünstigung von Betriebsvermögen, §§ 13a, b, 19a ErbStG

Den Schwerpunkt der Neuregelung durch das ErbStRG zum 1.1.2009 bilden die **Begünstigungen für BV**. Konsequenterweise stehen sie auch im Mittelpunkt der Neuregelung durch die ErbStR 2011. Nachfolgend werden die Voraussetzungen systematisch unter Verweis auf die jeweils durch die ErbStR 2011 eingetretenen Neuerungen bzw. Klarstellungen erläutert.

1. Begünstigtes Vermögen

Die Strukturierung der Begünstigungsvorschriften ist insofern etwas unglücklich, als die Grundvoraussetzung, das **förderungsfähige Vermögen**, in der **nachgeordneten Vorschrift** des § 13b ErbStG definiert ist. Nach § 13b Abs. 1 ErbStG sind:

Strukturierung

---

[290] ErbStRG v. 24.12.2008, BGBl I 2008, 3018
[291] Wachstumsbeschleunigungsgesetz v. 22.12.2009, BGBl I 2009, 3950
[292] JStG 2010 v. 8.12.2010, BGBl I 2010, 1768
[293] Synopse der ErbStR 2003 und ErbStR 2011 bei *Wenhardt*, Sonderausgabe NWB-EV; Überblicke bei *Mannek*, ZEV 2012, 6 ff; *Höne* UVR 2012, 49; *Wenhardt*, NWB-EV 2012, 49; Überblick noch zum Entwurf: *Schmidt/Schwind*, NWB 2011, 3512

Erbschaftsteuerrichtlinien

- Land- und forstwirtschaftliches Vermögen,[294]
- Gewerbebetriebe,
- Teilbetriebe,
- Mitunternehmeranteile oder Anteile daran sowie
- Anteile an KapG von mehr als 25 v.H. begünstigt.[295]

a) Gewerbebetrieb, PersG

einkommensteuerliche Systematik

Wie im früheren § 13a Abs. 4 Nr. 1 ErbStG nimmt die gesetzliche Regelung vom Wortlaut her unmittelbar auf die **einkommensteuerrechtliche Systematik** Bezug.[296]

Nach §§ 13a, b ErbStG ist auch die Aufnahme in ein Einzelunternehmen begünstigt.[297]

disquotale Übertragung

Die Begünstigung wird auch bei **disquotaler Übertragung** eines **Anteils** an einer **PersG** gewährt, solange das SBV weiterhin zum BV derselben PersG gehört.[298]

stille Gesellschaft

Damit müssten auch Mitunternehmeranteile aufgrund einer **atypischen stillen Beteiligung und atypischen Unterbeteiligung**, aber auch bei **Treuhandverhältnissen** begünstigt sein. Ursprünglich sollten nach Auffassung der FinVerw derartige mittelbare Unternehmensbeteiligungen nicht als begünstigtes Vermögen anzusehen sein,[299] später hat die FinVerw ihre Auffassung revidiert.[300] Die **ErbStR 2011** enthalten hierzu allerdings **keine ausdrückliche Regelung**, so dass bis zu einer Klärung Zurückhaltung geboten ist.

---

[294] Nicht begünstigungsfähig sind die Betriebswohnungen und der Wohnteil einschl. der Altenteilerwohnungen, langfristig verpachtete Flächen i.S.d. § 160 Abs. 7 BewG (Stückländereien), Mietwohngrundstücke und erbbaurechtsbelastete Flächen, R E 13b.4 ErbStR 2011

[295] Das BV muss im Inland belegen sein; zudem ist auch BV begünstigt, das einer Betriebsstätte in der EU oder dem EWR-Raum dient.

[296] R E 13b.5 Abs. 3 S. 2 ErbStR 2011

[297] R E 13b.5 Abs. 3 S. 4 ErbStR 2011

[298] R E 13b.5 Abs. 3 S. 5, 6 ErbStR 2011

[299] FinMin Bayern, Erl. v. 11.1.2008, ZEV 2008, 254 m. Anm. *Hübner*, DStR 2008, 508

[300] FinMin Baden-Würtemberg, Erl. v. 9.4.2009, DB 2009, 878

Erbschaftsteuerrichtlinien

Offen war lange, wie mit **Vermögen in Drittstaaten** umzugehen ist. Das ErbStG ist bei der Begünstigung von Drittlandsvermögen **nicht rechtsformneutral**. Bei **KapG** kommt es ausschließlich darauf an, wo die KapG ihren **Sitz** oder **Geschäftsleitung** hat, die Belegenheit des Vermögens ist unerheblich. Bei **PersG** wird demgegenüber die Begünstigung nur gewährt, wenn das Vermögen einem **inländischen Gewerbebetrieb** oder einer **inländischen Betriebsstätte** zuzurechnen ist oder einer Betriebsstätte in einem **EU- oder EWR-Staat dient**. Nach den ErbStR 2011 ist auch bei EU und PersG der Erwerb ausländischen BV in Drittstaaten begünstigt, wenn es als Beteiligung an einer PersG oder Anteile an einer KapG Teil einer wirtschaftlichen Einheit des BV im Inland oder in einem Mitgliedstaat der EU oder in einem Staat des EWR ist.[301] Zusammengefasst stellt sich die Regelung wie folgt dar[302]:

Drittstaaten

Zum BV eines Einzelunternehmens oder PersG gehören:	Begünstigung/nicht begünstigungsfähiges BV
Betriebsstätte in einem Drittstaat	nicht begünstigungsfähiges BV (R E 13b.5 Abs. 2 S. 2 u. 3 ErbStR)
Beteiligung an einer PersG in einem Drittstaat	begünstigungsfähiges BV (R E 13b.5 Abs. 4 S. 4 ErbStR)
Beteiligung an einer KapG in einem Drittstaat	begünstigungsfähiges BV (R E 13b.5 Abs. 4 S. 4 ErbStR)

---

[301] R E 13b.5 Abs. 4 ErbStR 2011
[302] Nach *Felten*, ZEV 2012, 84, 85

b) Beteiligung an Kapitalgesellschaft im Privatvermögen

Für Beteiligungen an KapG gelten im Grundsatz seit 2009 dieselben Voraussetzungen wie bisher, die sich im Überblick wie folgt darstellen:

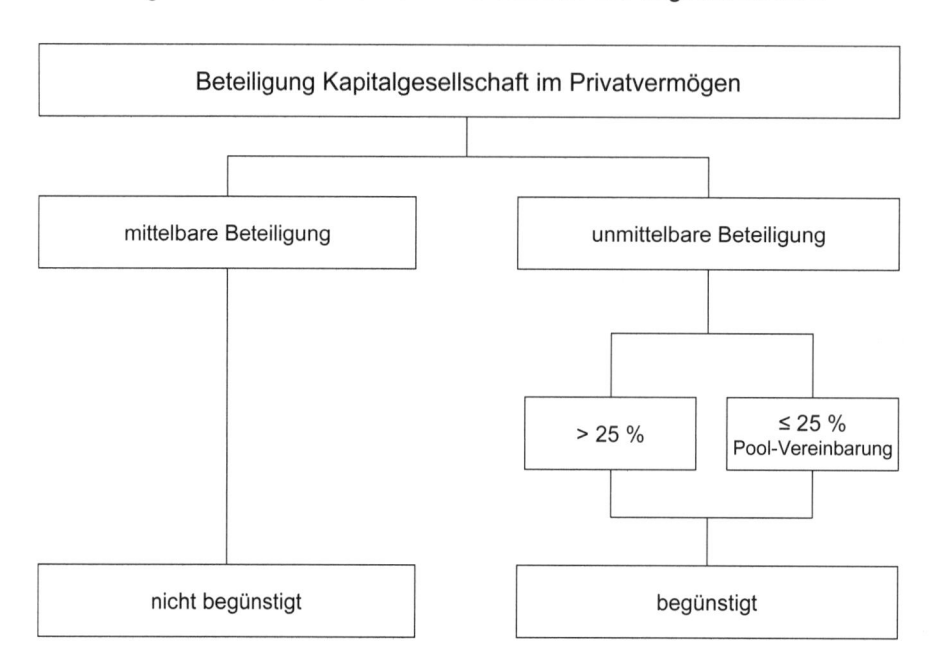

```
                    Beteiligung Kapitalgesellschaft im Privatvermögen
                                        |
                    ┌───────────────────┴───────────────────┐
            mittelbare Beteiligung              unmittelbare Beteiligung
                    |                                       |
                    |                           ┌───────────┴───────────┐
                    |                         > 25 %                  ≤ 25 %
                    |                                           Pool-Vereinbarung
                    |                           └───────────┬───────────┘
            nicht begünstigt                             begünstigt
```

aa) Beteiligungsstruktur

unmittelbare Beteiligung   Zum privilegierten Vermögen gehören nach § 13b Abs. 1 Nr. 3 S. 1 ErbStG Anteile an KapG – mit Sitz oder Geschäftsleitung im Inland, in der EU oder im EWR – im PV, sofern der Erblasser oder Schenker am Nennkapital der Gesellschaft **zu mehr als 25 v.H. unmittelbar beteiligt** war. Daher scheiden Treuhandverhältnisse aus; zudem liegt bei Zwischenschaltung einer vermögensverwaltenden Gesellschaft (Holding-GbR) mit steuerlichem PV, die Gesellschafterin der KapG ist, lediglich eine nicht begünstigte mittelbare Beteiligung vor – keine Transparenzwirkung.[303]

Sofern die KapG **eigene Anteile hält**, werden diese zur Ermittlung der Beteiligungsquote herausgerechnet, so dass sie das Nennkapital vermindern und somit die Beteiligungsquote des Gesellschafters erhöhen.[304]

---

[303] R E 13b.6 Abs. 1 S 1 ErbStR 2011
[304] R E 13b.6 Abs. 2 S. 1 ErbStR 2011

Erbschaftsteuerrichtlinien

bb) Pool-Beteiligungen

Nach § 13b Abs. 1 Nr. 3 S. 2 ErbStG ist die Mindestbeteiligungsquote auch dann erfüllt, wenn mehrere „gebundene Beteiligungen" von insgesamt mehr als 25 v.H. vorliegen. Über diese Regelung lässt sich letztlich eine **„Zusammenrechnung"** von unmittelbarer und mittelbarer Beteiligung erreichen, wenn der unmittelbare Gesellschafter eine Pool-Vereinbarung mit der PersG oder KapG schließt, über die er mittelbar weitere Anteile hält.[305] Der Erblasser oder Schenker sowie weitere Gesellschafter müssen hierzu untereinander verpflichtet sein,[306]

eigene Anteile Zusammenrechnung

- über die Anteile nur einheitlich zu verfügen oder aber diese ausschließlich auf andere derselben Verpflichtung unterliegende Anteilseigner zu übertragen (Verfügungsbeschränkung);

- das Stimmrecht ggü. nicht gebundenen Gesellschaftern einheitlich auszuüben (einheitliche Stimmrechtsausübung)

Aufgrund der **nicht definierten Tatbestandsmerkmale** ist das Schrifttum zu Poolvereinbarungen vielfältig.[307] Die FinVerw hat mit mehreren Ländererlassen[308] zu einzelnen Fragen Stellung genommen, die ErbStR schaffen nun in weiteren, aber nicht in allen Punkten Rechtssicherheit.

(1) Verfügungsbeschränkung

Für eine **einheitliche Verfügung** ist nach Auffasssung der FinVerw erforderlich, dass diese aufgrund einheitlicher Grundsätze erfolgt, etwa Übertragungen an einen bestimmten Erwerberkreis (z.B. Abkömmlinge)[309]; es kommt hingegen nicht darauf an, dass alle Gesellschafter zu denselben Bedingungen verfügen (Zeitpunkt, Erwerber, Preis).[310] Die Verpflichtungen können in einer gesonderten Pool-Vereinbarung oder aber – außer bei AG –

einheitliche Grundsätze

---

[305] *Scholten/Korezkij*, DStR 2009, 73, 76
[306] R E 13b.6 Abs. 3 ErbStR 2011; zur Vertiefung ausführlich *Weber/Schwind*, ZEV 2009, 16
[307] Statt aller *Korezkij*, Entwurf der ErbStR 2011, DStR 2011, 1733; *Weber/Schwindt*, Die neuen Erlasse der Länder zu Poolvereinbarungen über Kapitalgesellschaften, DStR 2011, 13, jeweils mit Nachweisen
[308] A21, Anwendungserlass zur Erbschaftsteuer v. 25.6.2009, BStBl I 2009, 713, aktualisiert durch Ländererlass v. 29.10.2010, BStBl I 2010, 1210; Bay. LfSt v. 11.8.2010, ZEV 2010, 660
[309] *Hannes/Onderka*, ZEV 2008, 16, 20
[310] Hierzu *Feick/Nordmeier*, DStR 2009, 893, 895 f.

im Gesellschaftsvertrag enthalten sein. Eine gesonderte Pool-Vereinbarung sollte ggf. notariell beurkundet werden (§ 15 Abs. 4 GmbHG).[311]

Hinweis

Satzungsregelung

Da die Satzungsbestimmung Bindung auch ggü. Rechtsnachfolgern in die Anteile entfaltet, ist sie die intensivste Form der Bindung, so dass die Satzungsregelung nicht nur zulässig, sondern auch zu empfehlen ist.[312] Allerdings ist gestalterisch darauf zu achten, dass jeder Gesellschafter berechtigt ist, die Aufhebung der ihn bindenden Satzungsregelung zu fordern, falls dies nicht zu steuerlichen Nachteilen i.R.v. Pool-Vereinbarungen führt.

Vorkaufs- oder Ankaufsrechte

Nicht ausreichend sind Vorkaufs- oder Ankaufsrechte, da diese die Einheitlichkeit von Verfügungen nicht gewährleisten.[313]

Weitergabe- bzw. Eintrittsverpflichtung

Alternativ zu einer einheitlichen Verfügung kann auch eine Verpflichtung vorgesehen werden, die **Anteile ausschließlich auf** andere **Anteilseigner** zu übertragen, die ebenfalls der **Verfügungsbeschränkung unterliegen**. Hier reicht es nach Auffassung der FinVerw aus, wenn der Erwerber zeitgleich mit der Übertragung der Pool-Vereinbarung beitritt.[314]

(2) Einheitliche Stimmrechtsausübung

Weitere Voraussetzung für die Zusammenrechnung der Anteile ist eine einheitliche Ausübung der Stimmrechte aus den konkreten Anteilen **ggü. nicht gebundenen Gesellschaftern**. Schließen alle Gesellschafter eine Pool-Vereinbarung, fehlt es zwar an nicht gebundenen Gesellschaftern – gleichwohl erhalten alle Gesellschafter die Begünstigung.[315]

Erforderlich ist also eine Stimmrechtsvereinbarung in der Weise, dass etwa ein **gemeinsamer Sprecher** bestimmt wird, aber einzelne Anteilseigner auf ihr **Stimmrecht** zugunsten der Poolgemeinschaft **verzichten**. Zudem kann eine Verpflichtung eingegangen werden, sich der Stimme zu enthalten oder in gleicher Weise abzustimmen wie andere Poolmitglieder.[316]

---

[311] So *Lahme/Zikesch*, DB 2009, 527, 531 f.
[312] Bei der AG kann eine Regelung wegen der Satzungsstrenge (§ 23 Abs. 5 AktG) nicht in die Satzung aufgenommen werden.
[313] *Söffing*, DStZ 2008, 867, 873
[314] *Scholten/Korezkij*, DStR 2009, 73, 77; *Hannes/Onderka*, ZEV 2008, 16, 20
[315] R E 13b.6 Abs. 4 S. 5 ErbStR 2011
[316] R E 13b.6 Abs. 5 S. 3 ErbStR 2011

Hinweis

In die Pool-Vereinbarung Regelungen über die **Kündbarkeit** und **Dauer** aufzunehmen, erscheint unzweckmäßig. Denn im Zeitpunkt des Abschlusses der Pool-Vereinbarung ist nicht absehbar, für welchen Zeitraum sie tatsächlich benötigt wird. Durch Erbfälle oder Übertragungen innerhalb des maßgeblichen Nachsteuerzeitraums von fünf bzw. sieben Jahren kann sich der Bedarf ergeben, die Pool-Vereinbarung über den ursprünglich gedachten Termin hinaus bestehen zu lassen.

(3) Weitere Anforderungen

Die ErbStR 2011 enthalten im Übrigen ein in mehrfacher Hinsicht **restriktives Verständnis** der **FinVerw** zu Poolverträgen:

(a) Keine mittelbare Beteiligungen

Die Pool-Vereinbarung ersetzt nur die Mindestbeteiligungsquote. Begünstigungsfähig ist nur die **unmittelbare Beteiligung** des Erblassers/Schenkers an der KapG. Die FinVerw führt ihre bisherige Auffassung fort, dass über eine PersG gehaltene mittelbare Beteiligungen nicht begünstigt sind, also bei der Prüfung der Beteiligungshöhe unberücksichtigt bleiben.[317]

unmittelbare Beteiligung

Hinweis

Im Hinblick auf die Begünstigungsvoraussetzung einer „unmittelbaren" Beteiligung ist zu vermeiden, die gepoolten Beteiligungen in das Gesamthandsvermögen einer „Pool GbR" zu übertragen – dies sollte aus einer Pool-Vereinbarung deutlich hervorgehen.[318] Vielmehr sollte die Pool-Vereinbarung als **BGB-Innengesellschaft ohne Gesamthandsvermögen** ausgestaltet und damit die dingliche Rechtsposition des Gesellschafters nicht beeinträchtigt werden. Der Nachteil liegt jedoch darin, dass auf diese Weise die vertragswidrige Verfügung über die poolgebundenen Anteile Dritten ggü. wirksam ist, sofern die Anteile nicht auf der Ebene des Gesellschaftsvertrages vinkuliert sind.

Pool als reine Innengesellschaft ohne Vermögen

Alternativ kann in Erwägung gezogen werden, die KapG-Anteile in das Gesamthandsvermögen einer **gewerblich geprägten PersG** etwa als verdeckte Einlage zu übertragen. Der Anteil an der GmbH & Co. KG ist dann begünstigungsfähiges Vermögen nach § 13b Abs. 1 Nr. 2 ErbStG. Beträgt die Summe der nunmehr von der GmbH & Co. KG gehaltenen Anteile mehr

gewerblich geprägte PersG

---

[317] R E 13b.6 Abs. 2 S. 3 ErbStR 2011
[318] *Söffing*, DStZ 2008, 867, 873; kritisch insoweit *Geck* in Kapp/Ebeling (April 2009), § 13b Rz 53 f.

als 25 v.H., handelt es sich bei diesen nicht um Verwaltungsvermögen i.S.d. § 13b Abs. 2 ErbStG. Anderenfalls bedarf es einer Pool-Vereinbarung zwischen der GmbH & Co. KG und weiteren an der KapG beteiligten Gesellschaftern.

(b) Keine Poolung stimmrechtsloser Anteile

stimmrechtslose Anteile

Die FinVerw geht davon aus, dass durch die Poolung stimmrechtsloser Anteile kein erbschaft- und schenkungsteuerlich begünstigtes Vermögen geschaffen werden kann.[319] Im Schrifttum ist hieran bereits nachdrücklich Kritik geäußert worden. Weder der Wortlaut des § 13b Abs. 1 Nr. 3 S. 2 ErbStG noch der Wille des Gesetzgebers stützen die Auffassung der FinVerw.[320] Darüber hinaus sei es widersprüchlich, dass stimmrechtslose Anteile bei einer Beteiligung von mehr als 25 v.H. unstreitig begünstigt sind.[321]

Hinweis

Ungeachtet der berechtigten Kritik sollte in der Gestaltungsberatung die Auffassung der FinVerw beachtet werden.

(c) § 8c KStG durch Poolung?

Nach Rz. 7 des BMF-Schr. v. 4.7.2008 kann eine **Stimmrechtsvereinbarung** ein vergleichbarer – und damit **schädlicher – Sachverhalt i.R.d. § 8c KStG sein**.[322] Nach zutreffender Auffassung müsste eine rein schuldrechtliche Pool-Vereinbarung jedoch unschädlich sein. Wenn schon eine vorweggenommene Erbfolge i.R.d. § 8c KStG nicht zum Verlust des Verlusts führen kann, dann muss das Minus, die rein schuldrechtliche Pool-Vereinbarung aus erbschaftsteuerrechtlichen Motiven, ebenfalls unschädlich sein.[323] Bei Gesellschaften mit Verlustvorträgen entsteht deshalb jedenfalls auf dem Boden der Verwaltungsauffassung ein Zielkonflikt zwischen Ertragsteuer- und ErbSt-Recht; hierbei ist zu beachten, dass **§ 8c KStG** auch **mittelbare Beteiligungen** erfasst. Bedauerlicherweise enthalten die ErbStR 2011 keine Äußerung dazu, ob durch den Abschluss eines Poolvertrags ein schädlicher Beteiligungserwerb i.S.d. § 8c KStG vorliegt.

---

[319] R E 13b.6 Abs. 5 S. 1 ErbStR 2011
[320] *Felten*, ZEV 2012, 84, 86
[321] *Felten*, ZEV 2012, 84, 86
[322] BMF-Schr. v. 4.7.2008 – IV C 7 – S 2745 – a/08/10001, BStBl I 2008, 736; hiergegen *Hannes/Onderka/v. Oertzen*, ZEV 2008, 591, 593
[323] Eingehend hierzu *Honert/Obser,* BB 2009, 1161 ff m. instruktiven Bsp.

Erbschaftsteuerrichtlinien

Auch wenn diese Auffassung im Schrifttum überwiegend abgelehnt wird,[324] ist bei Vorhandensein körperschaft- oder gewerbesteuerlicher **Verlustvorträge Zurückhaltung** zu üben und ggf. vor Abschluss eines Poolvertrags eine verbindliche Auskunft einzuholen.

Verlust des Verlustvortrags?

2. Verschonungstechnik

Die seit 2009 geltende Verschonungsregelung in § 13a ErbStG sieht eine **zweigleisige Verschonungstechnik** für begünstigtes BV sowie eine Optionsmöglichkeit vor:

zweigleisige Verschonungstechnik

	Regelverschonung (Abs. 1)	Verschonungsoption (Abs. 8)
Verschonungsabschlag auf begünstigtes Betriebsvermögen	85 %	100 %
Verwaltungsvermögen	max. 50 %	max. 10 %
gleitender Abzugsbetrag	max. 150.000	-
I. Behaltefrist	5 Jahre	7 Jahre
Verstoßfolge	Nachversteuerung bzgl. Verschonungsabschlag pro-rata-temporis	
	Wegfall Abzugsbetrag	-
II. Lohnsumme (Überprüfung am Ende der Behaltefrist)	400 % der Ausgangslohnsumme über 5 Jahre	700 % der Ausgangslohnsumme über 7 Jahre
Verstoßfolge	Nachversteuerung im Verhältnis des Unterschreitens der Lohnsumme	

a) Regelverschonung

aa) Verschonungsabschlag

Für **85 v.H.** des **begünstigten BV** erfolgt ein **Wertabschlag** mit der Folge einer Nichtbesteuerung; allerdings müssen sowohl die Voraussetzungen des Lohnsummenmodells als auch die Tatbestandsvoraussetzungen des Vermögensbindungsmodells erfüllt werden:

Wertabschlag

---

[324] *Felten*, DStR 2010, 1261 m.w.N.

Erbschaftsteuerrichtlinien

- **5-jährige Haltefrist**
- Beibehalten von **400 v.H. der Ausgangslohnsumme**
- höchstens **50 v.H. Verwaltungsvermögen**

bb) Gleitender Abzugsbetrag

gleitender Abzugsbetrag   Auf die verbleibenden 15 v.H. des begünstigten BV ist gem. § 13a Abs. 2 ErbStG ein gleitender Abzugsbetrag anzuwenden (kein Wahlrecht). Beträgt der Wert für den 15 v.H.-Anteil des BV nicht mehr als 150.000 EUR, entfällt die Besteuerung; wird der Abzugsbetrag überschritten, so vermindert sich dieser um 50 v.H. des die Grenze von 150.000 EUR übersteigenden Betrages.

Für den Abzugsbetrag gilt:

- Er wird innerhalb von **10 Jahren** für Erwerbe von derselben Person **nur einmal** gewährt, § 13 a Abs. 2 S. 3 ErbStG;

- Wirkt er sich beim Erwerber nur teilweise aus, **verfällt** der verbleibende **„Restbetrag"**; dieser kann daher nicht für weitere Übertragungen innerhalb der 10 Jahre genutzt werden.

- Die Inanspruchnahme des gleitenden Abzugsbetrages ist **unabhängig von** der 10-jährigen Sperrfrist nach § 13a Abs. 2 ErbStG a.F. für den **früheren Freibetrag von 225.000 EUR.**

b) Verschonungsoption

Statt der Regelverschonung kann gem. § 13a Abs. 8 ErbStG eine Option für einen Verschonungsabschlag von 100 v.H. ausgeübt werden, die an folgende Voraussetzungen gebunden ist:

- **7-jährige Haltefrist**
- Beibehalten von **700 v.H. der Ausgangslohnsumme**
- höchstens **10 v.H. Verwaltungsvermögen**

Erbschaftsteuerrichtlinien

Für dieses Optionsmodell ist erforderlich, dass der Erwerber hierzu **unwiderruflich** optiert, § 13a Abs. 8 ErbStG. Der Antrag ist beim zuständigen FA schriftlich oder zur Niederschrift zu stellen. Der Antrag auf die Optionsverschonung nach § 13a Abs. 8 ErbStG konnte nach bisheriger Auffassung nur bis zum Ende der **formellen** Bestandskraft der Festsetzung der Erbschaft- oder Schenkungsteuer gestellt werden.[325] Nach der **Neuregelung** in R E 13a.13 Abs. 2 S. 2 **ErbStR 2011** ist ein entsprechender Antrag hingegen bis zum Ende der **materiellen Bestandskraft** der Festsetzung der Erbschaft- und Schenkungsteuer möglich. Damit kann nunmehr selbst bei einer Steuerfestsetzung unter dem **Vorbehalt der Nachprüfung** noch ein Antrag auf Optionsverschonung gestellt werden.

unwiderrufliche Option

materielle Bestandskraft maßgebend

3. Verwaltungsvermögen

Sofern das – grds. begünstigte – BV zu mehr als 50 v.H. aus Verwaltungsvermögen gem. § 13 b Abs. 2 S. 2 ErbStG besteht, entfällt die Verschonung insgesamt.[326]

Wegfall der Verschonung

a) 50 v.H.-Grenze

Für die Bestimmung des Anteils des Verwaltungsvermögens kommt es auf das Verhältnis der gemeinen Werte der hierzu zählenden WG (Substanzwert) zum gemeinen Wert des BV (Ertragswert) an, § 13b Abs. 2 S. 4 ErbStG. Mit dem Verwaltungsvermögen im Zusammenhang stehende Finanzierungsverbindlichkeiten werden bei dessen Ermittlung nicht berücksichtigt.[327] Letztlich wird damit die Summe der Einzelwirtschaftsgüter als **Bruttowert** im Verhältnis zum als **Nettowert** ermittelten gemeinen Wert des Betriebes gesetzt. Dies führt zu einer **Überbewertung des Verwaltungsvermögens**.[328]

Verhältnis Bruttowert/WG-Nettowert BV

Überbewertung Verwaltungsvermögen

Hinweis

I.R.d. Grenze von 50 v.H. ergeben sich für die Praxis einige **Gestaltungsspielräume**:

Bis zur 50 v.H.-Grenze können im Grundsatz **Einlagen aus dem PV** durch Umstrukturierung in BV in die Begünstigung (Verschonungsabschlag 85 v.H.) einbezo-

Einlagen

---

[325] Abschnitt 17 Abs. 2 AEErbSt, BStBl I 2010, 713
[326] R E 13b.19 Abs. 2 S. 1 ErbStR 2011
[327] R E 13b.20 Abs. 1 S. 1 ErbStR 2011
[328] Ebenso *Schmidt/Schwind*, NWB 2011, 3512, 3527

Erbschaftsteuerrichtlinien

gen werden. Um jedoch „junges" Verwaltungsvermögen zu vermeiden, ist insb. bei einer Zuführung aus dem PV eine **langfristige Steuerplanung** erforderlich.

Reduzierung Verwaltungsvermögen

Bei zu hohem **Verwaltungsvermögen** kann dessen **Reduzierung** erfolgen. Hierbei gibt es anders als bei Zuführungen von Verwaltungsvermögen keine „**Vorbesitzzeit**" von Verwaltungsvermögen, in der nicht mehr vorhandenes Verwaltungsvermögen fiktiv dem vorhandenen hinzugerechnet wird.

b) Einzelfälle des Verwaltungsvermögens

aa) Immobilien

Zum schädlichen Verwaltungsvermögen gehört nach § 13b Abs. 2 S. 2 Nr. 1 S. 1 ErbStG **Dritten zur Nutzung überlassenes Grundvermögen**.

Dies gilt jedoch nicht uneingeschränkt:

Hotels Campingplätze

Die ErbStR 2011 klären auch die Frage kurzfristiger Nutzungsüberlassungen, etwa **Hotels, Campingplätze**. Werden neben der Überlassung von Grundstücksteilen weitere gewerbliche Leistungen einheitlich angeboten, führt die Überlassung der Grundstücksteile **nicht** zu **Verwaltungsvermögen**, wenn die Tätigkeit nach ertragsteuerlichen Kriterien einheitlich als gewerblich einzustufen ist.[329]

Darüber hinaus sieht das **Gesetz** in § 13b Abs. 2 S. 2 Nr. 1 S. 2 selbst **Ausnahmeregelungen** vor:

(1) Betriebsaufspaltung, § 13 b Abs. 2 S. 2 Nr. 1a ErbStG

Betriebsaufspaltung

Die Schenkung oder Vererbung des Besitzunternehmens einer Betriebsaufspaltung ist als Übergang von BV nach § 13a Abs. 1 ErbStG begünstigt. Denn hinsichtlich des Grundbesitzes ist Verwaltungsvermögen zu verneinen, sofern der Erblasser oder Schenker sowohl im überlassenden als auch im nutzenden Betrieb einen **einheitlichen geschäftlichen Betätigungswillen** durchsetzen konnte und diese Rechtsstellung auf den Erwerber übergegangen ist. Dies gilt nunmehr auch, sofern die personelle Verflechtung auf der Grundlage der Personengruppentheorie zu bejahen ist („... allein oder zusammen mit anderen Gesellschaftern ...").

---

[329] R E 13b.9 Abs. 1 S. 2 ErbStR 2011

Erbschaftsteuerrichtlinien

Allerdings darf das Grundvermögen von der Betriebsgesellschaft nicht an einen „weiteren Dritten" zur Nutzung überlassen werden; zudem darf die **Betriebsaufspaltung nicht** erst durch die Übertragung beim Erwerber **begründet** werden.[330]

Die Überlassung von Grundbesitz zwischen **Schwester-KapG** (kapitalistische Betriebsaufspaltung) erfüllt an sich die Voraussetzungen der Betriebsaufspaltung – Durchsetzung eines einheitlichen geschäftlichen Betätigungswillens. Gleichwohl nimmt die FinVerw – gegen den Gesetzeswortlaut – (vorbehaltlich einer Konzernzugehörigkeit) **Verwaltungsvermögen** an; denn insoweit sei der „unmittelbare geschäftliche Betätigungswille" maßgebend.[331]

kapitalistische Betriebsaufspaltung schädlich

Gehört ein Grundstück zum **SBV** des Gesellschafters einer PersG, handelt es sich **nicht um Verwaltungsvermögen**.

SBV kein Verwaltungsvermögen

(2) Betriebsverpachtung, § 13 b Abs. 2 S. 2 Nr. 1b ErbStG

In Fällen des Übergangs eines verpachteten Betriebs ist der zur Nutzung überlassene Grundbesitz unter nachfolgenden Einschränkungen nicht als Verwaltungsvermögen zu qualifizieren:[332]

Betriebsverpachtung

Erbfall

Der **Erbe,** auf den der verpachtete Betrieb übergeht, ist der **Pächter.**

Pächter = Erbe

Schenkung

- Schenkung eines verpachteten Betriebes, wenn der Verpächter den Pächter im Zusammenhang mit unbefristeter Verpachtung durch eine letztwillige Verfügung oder eine rechtsgeschäftliche Verfügung als Erben eingesetzt hat.

- Schenkung eines verpachteten Betriebes, weil der Beschenkte den Betrieb noch nicht führen kann; in diesem Fall kann der Betrieb für höchstens zehn Jahre an einen Dritten verpachtet sein. Hat der

Verpachtung an Dritte

---

[330] R E 13b.10 Abs. 1 S. 9 ErbStR 2011
[331] R E 13b.10 Abs. 1 S. 6 ErbStR 2011; a.A. zu Recht *Wälzholz*, DStR 2009, 1605, 1610
[332] R E 13b. 11 ErbStR 2011

Beschenkte das 18. Lj noch nicht vollendet, wird die Verpachtungsdauer von zehn Jahren erst ab Vollendung des 18. Lj berechnet.[333]

- Weiter ist erforderlich, dass vor der Verpachtung die Voraussetzungen als begünstigtes Vermögen vorlagen.

Wenn schon die vorstehenden Einschränkungen für sinnvoll gehalten wurden, ist jedenfalls nicht nachvollziehbar, wieso Erbfall und Schenkung nicht in beiden Fallvarianten gleichbehandelt werden.[334]

(3) Konzern, § 13b Abs. 2 S. 2 Nr. 1 ErbStG

Konzern **Kein Verwaltungsvermögen** ist auch bei einer Nutzungsüberlassung im **Konzern** (§ 4h Abs. 3 S. 5 EStG) anzunehmen, sofern keine Nutzungsüberlassung an einen konzernfremden Dritten erfolgt.[335]

(4) Wohnungsunternehmen, § 13b Abs. 2 S. 2 Nr. 1d ErbStG[336]

Grundstücke eines Betriebes zählen nicht zum Verwaltungsvermögen, wenn der Hauptzweck des Betriebs in der **Vermietung eigener Wohnungen** besteht und dessen Erfüllung einen **wirtschaftlichen Geschäftsbetrieb** erfordert.

In den ErbStR 2011 versucht die FinVerw den Begriff des Wohnungsunternehmens i.S.d. § 13b Abs. 2 S. 2 Nr. 1d ErbStG zu definieren. Hiernach sprechen folgende **Indizien** für einen wirtschaftlichen Geschäftsbetrieb:

Anhaltspunkte für wirtschaftlichen Geschäftsbetrieb

- Umfang der Geschäfte,
- Unterhalten eines Büros,
- Buchführung zur Gewinnermittlung,
- umfangreiche Organisationsstruktur zur Durchführung der Geschäfte,
- Bewerbung der Tätigkeit,

---

[333] R E 13b.11 Abs. 1 S. 2 ErbStR 2011
[334] Hierzu näher *Hannes/Onderka*, ZEV 2009, 10, 13
[335] R E 13b.12 ErbStR 2011; zum Konzernbegriff BMF-Schr. v. 4.7.2008 – IV C 7 – S 2742 – a/07/10001, BStBl I 2008, 718 Rz 59 - 68; *Schmidt/Loschelder*, EStG, 30. Aufl., § 4h Rz 27 ff
[336] R E 13b.13 ErbStR 2011; vgl. bereits *Ostermayer/Riedel*, BB 2009, 1395

Erbschaftsteuerrichtlinien

- Anbietung der Dienstleistung/der Produkte einer breiteren Öffentlichkeit ggü.[337]

Das Vorliegen eines wirtschaftlichen Geschäftsbetriebs ist nach Auffassung der FinVerw regelmäßig anzunehmen, wenn das Unternehmen mehr als **300 eigene Wohnungen** hält.[338]

wirtschaftlicher Geschäftsbetrieb stets bei mehr als 300 Wohnungen

Hinweis

Bei der Gestaltung ist darauf zu achten, dass nicht durch das Angebot von Zusatzleistungen die Aussichten zur Anerkennung als Wohnungsunternehmen sich zwar erhöhen, gleichzeitig aber die erweiterte Gewerbesteuerkürzung nach § 9 Abs. 1 S. 2 GewStG gefährdet wird.[339]

(e) LuF-Betrieb, § 13b Abs. 2 S. 2 Nr. 1e ErbStG

Die Überlassung von Grundstücken an Dritte aus BV oder LuF-Vermögen ist letztlich immer unschädlich, sofern das Grundstück zu land- und forstwirtschaftlichen Zwecken genutzt wird.[340]

bb) Beteiligungen an KapG

Anteile an KapG können unter **zwei Aspekten** schädliches Verwaltungsvermögen sein:

KapG-Anteile werden – außerhalb der Finanz- und Versicherungsbranche – als schädliches Verwaltungsvermögen beurteilt, wenn die **unmittelbare Beteiligung am EK 25 v.H. oder weniger** beträgt (§ 13b Abs. 2 S. 2 Nr. 2 ErbStG).[341]

Beteiligung ≤ 25 %

Unabhängig davon, ob bei KapG die Mindestbeteiligungsquote (originär oder aber aufgrund einer Pool-Vereinbarung) erreicht wird, gelten Beteiligungen als Verwaltungsvermögen und scheiden damit aus der Begüns-

Verwaltungsvermögen > 50 %

---

[337] R E 13b.13 Abs. 3 ErbStR 2011
[338] R E 13b.13 Abs. 3 S. 2 ErbStR 2011; Vgl. zur Vertiefung *Klose*, NWB 2011, 3682; zu Erfahrungen aus der Praxis *Möhrle/Gerber*, DB 2011, 903
[339] *Klose*, NWB 2011, 3682, 3687
[340] R E 13b.14 Abs. 2 ErbStR 2011
[341] Bei mehrstufigen Beteiligungen ist die Mindestbeteiligungsquote auf jeder Beteiligungsebene zu prüfen, R E 13b.15 Abs. 4 ErbStR 2011.

tigung aus, sofern bei diesen Gesellschaften das **Verwaltungsvermögen mehr als 50 v.H.** beträgt, § 13b Abs. 2 S. 2 Nr. 3 ErbStG.[342]

Bei mehrstufigen Beteiligungen ist die Mindestbeteiligungsquote von 25 v.H. auf jeder Ebene zu prüfen.[343] Daher kann Verwaltungsvermögen in schädlichem Umfang auf einer unteren Beteiligungsebene zu einer Infizierung der Obergesellschaft führen – Kaskadeneffekt.

Beispiel[344]

Ebenenbetrachtung Der Alleingesellschafter der O-GmbH überträgt seine gesamte Beteiligung. Die angegebenen Werte der Gesellschaften berücksichtigen nicht die Werte der jeweiligen Tochtergesellschaften. Verwaltungsvermögen besitzt nur die E 2-GmbH, und zwar i.H.v. 6 Mio. EUR – eine „Durchrechnung" des Verwaltungsvermögens führt dazu, dass die O-GmbH über mehr als 50 v.H. Verwaltungsvermögen verfügt.

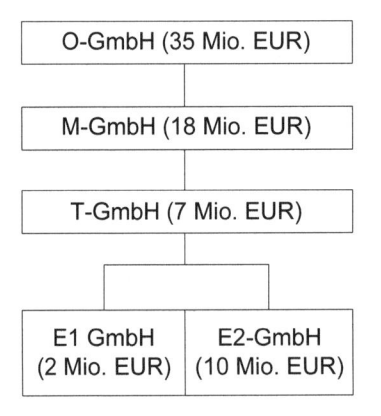

```
O-GmbH (35 Mio. EUR)
        |
M-GmbH (18 Mio. EUR)
        |
T-GmbH (7 Mio. EUR)
        |
   ┌────┴────┐
E1 GmbH   E2-GmbH
(2 Mio.   (10 Mio.
 EUR)      EUR)
```

differenzierte Beurteilung bei SBV Bei Anteilen an KapG, die sowohl in einem oder mehreren SBV wie auch im Gesamthandsvermögen gehalten werden, hat jeweils eine getrennte Beurteilung zu erfolgen – es erfolgt somit keine Zusammenrechnung, so dass auch bei Beteiligungen in mehreren SBV von insgesamt mehr als 25 v.H. gleichwohl Verwaltungsvermögen vorliegt.[345]

---

[342] R E 13b.16 Abs. 1 ErbStR 2011; auch bei einer Option zur vollen Steuerbefreiung gilt trotz der grds. Begrenzung des Verwaltungsvermögens auf 10 v.H. für Beteiligungsgesellschaften die 50 v.H.-Grenze, näher *Hannes/Onderka*, ZEV 2009, 10, 13
[343] R E 13b.15 Abs. 4 ErbStR 2011
[344] Nach *Scholten/Korezkij*, DStR 2009,147, 152
[345] R E 13b.15 Abs. 2 ErbStR 2011

cc) Sonstige Wirtschaftsgüter

Weiterhin gehören zum Verwaltungsvermögen **Wp** und **vergleichbare Forderungen**, § 13b Abs. 2 S. 2 Nr. 4 ErbStG.

Wp i.S.d. erbschaftsteuerlichen Vorschriften sind ausschließlich auf dem Markt gehandelte Wp i.S.d. § 2 Abs.1 WpHG.[346]

Wp

Für Anteile an KapG gelten ausschließlich § 13b Abs. 2 S. 2 Nr. 2 und 3 ErbStG; es kommt somit ausschließlich auf die Mindestbeteiligungsquote bzw. eine Pool-Vereinbarung an, nicht hingegen darauf, ob die Beteiligung an einem Wp verbrieft ist. Daher liegt bei einer Beteiligung im Umfang von 30 v.H. an einer AG – trotz der Verbriefung in Aktien – kein Verwaltungsvermögen vor.[347]

Vergleichbare Forderungen[348]

Wertpapiere oder vergleichbare Forderung	Weder Wertpapier noch vergleichbare Forderung
Pfandbriefe Schuldbuchforderungen Geldmarktfonds Festgeldfonds	Geld Sichteinlagen Sparanlagen Festgeldkonto Forderungen aus Lieferungen und Leistungen Forderungen an verbundene Unternehmen Ansprüche aus Rückdeckungsversicherungen

vergleichbare Forderungen

c) „Junges" Verwaltungsvermögen

Nicht begünstigt ist nach § 13b Abs. 2 S. 3 ErbStG Verwaltungsvermögen, das dem Betrieb im Besteuerungszeitpunkt erst **weniger als zwei Jahre** zuzurechnen ist (**„junges" Verwaltungsvermögen**). Überschreitet das Verwaltungsvermögen einschließlich des jungen Verwaltungsvermögens insgesamt nicht den Anteil von 50 v.H., liegt nur hinsichtlich des jungen Verwaltungsvermögens kein begünstigtes Vermögen vor und ist dieses auszusondern.[349]

junges Verwaltungsvermögen Aussonderung

---

[346] R E 13b.17 Abs.1 S. 2 ErbStR 2011
[347] R E 13b.17 Abs.1 S. 5 ErbStR 2011
[348] Nach H E 13b.17 ErbStH
[349] R E 13b.19 Abs. 2 S. 2 ErbStR 2011

Erbschaftsteuerrichtlinien

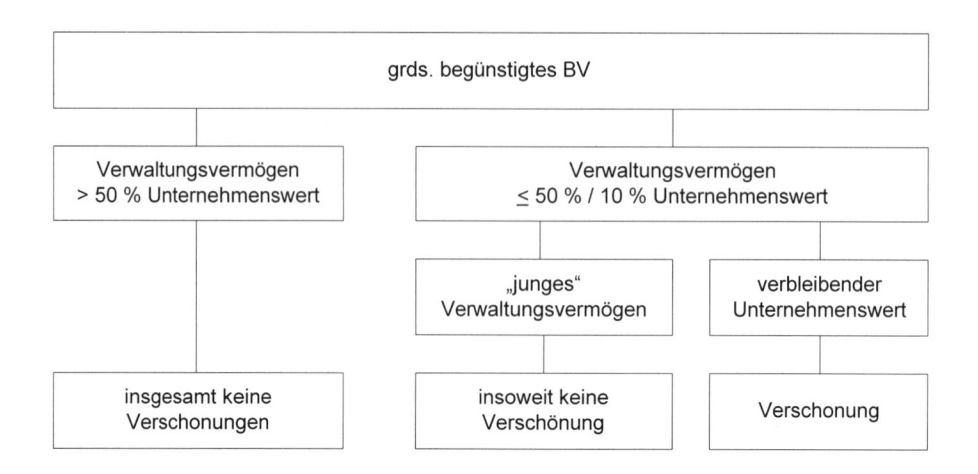

```
                    grds. begünstigtes BV
           ┌─────────────┬─────────────────┐
   Verwaltungsvermögen          Verwaltungsvermögen
   > 50 % Unternehmenswert      ≤ 50 % / 10 % Unternehmenswert
                                  ┌──────────┴──────────┐
                               „junges"            verbleibender
                          Verwaltungsvermögen      Unternehmenswert
           │                      │                      │
      insgesamt keine        insoweit keine         Verschonung
      Verschonungen          Verschönung
```

Fall

V überträgt im Wege der vorweggenommenen Erbfolge seine Beteiligung als Alleingesellschafter einer Holding-GmbH auf S; der gemeine Wert beträgt 3 Mio. EUR. Im BV sind u.a. enthalten:

- zu gewerblichen Zwecken fremdvermietete Immobilie, die vor einem Jahr eingebracht wurde – gemeiner Wert 600.000 EUR.

- 15 v.H. GmbH-Beteiligung – anteiliger gemeiner Wert 300.000 EUR.

- GmbH-Beteiligung im Umfang von 40 v.H. (mit Verwaltungsvermögen von unter 50 v.H.) – anteiliger gemeiner Wert 700.000 EUR.

Zum Verwaltungsvermögen gehören die Immobilie (600.000 EUR) sowie die GmbH-Beteiligung von 15 v.H. (300.000 EUR). Es beträgt damit weniger als 50 v.H., so dass die verschenkte GmbH-Beteiligung insgesamt begünstigt ist. Die Immobilie ist jedoch innerhalb der letzten zwei Jahre eingebracht worden und damit als „junges" Verwaltungsvermögen von der Verschonung ausgenommen.

Erbschaftsteuerrichtlinien

	EUR	EUR
gemeiner Wert des begünstigten Vermögens		3.000.000
./. junges Verwaltungsvermögen	600.000	./. 600.000
verschonungsfähiges Vermögen		2.400.000
./. Verschonungsabschlag (85 %)		./. 2.040.000
unverschontes Vermögen		360.000
gleitender Abzugsbetrag		
unverschontes Vermögen	360.000	
./. Abzugsbetrag	./. 150.000	
übersteigender Betrag	210.000	
Abzugsbetrag	150.000	
./. hälftiger übersteigender Betrag	./. 105.000	
verbleibender Abzugsbetrag		./. 45.000
stpfl. begünstigtes Vermögen		315.000
zzgl. junges Verwaltungsvermögen		600.000
Bereicherung		915.000

Die Nichtberücksichtigung des „jungen" Verwaltungsvermögens erfolgt in der Weise, dass der Unternehmenswert um den gemeinen Wert der entspr. WG – ohne Berücksichtigung der hiermit zusammenhängenden Verbindlichkeiten[350] – gekürzt wird.

Die FinVerw bestätigt bzw. verschärft ihre bisherige, umstrittene Auffassung, dass WG auch dann als junges Verwaltungsvermögen anzusehen sind, wenn sie nicht durch Einlage zugeführt, sondern **aus betrieblichen Mitteln angeschafft** oder **hergestellt** wurden.[351] Bislang galt dies nur „in der Regel".[352] Schlüssig erscheint diese Auffassung zum **Aktivtausch** nicht. Wird jahrelang gehaltenes Verwaltungsvermögen veräußert, etwa Wp umgeschichtet, würde ewig junges Verwaltungsvermögen vorliegen. Tatsächlich zielt § 13b Abs. 2 S. 3 ErbStG jedoch darauf ab, Missbrauch durch bewusste Aufstockung des Verwaltungsvermögens vor Übertragungsvorgängen zu verhindern.[353]

Aktivtausch

---

[350] R E 13b. 19 Abs. 3 S. 1 ErbStR 2011
[351] R E 13b.19 Abs. 1 S. 2 ErbStR 2011
[352] A 34 Abs. 1 S. 2 AEErbSt
[353] Ebenso *Felten*, ZEV 2012, 84, 87; *Scholten/Korezkij*, DStR 2009, 147, 148

Erbschaftsteuerrichtlinien

Tochtergesellschaft Junges Verwaltungsvermögen einer Tochtergesellschaft ist nach Auffassung der FinVerw nur i.R.d. Prüfung der 50 v.H.-Grenze zuzurechnen, nicht jedoch zusätzlich als junges Verwaltungsvermögen zu erfassen.[354]

Weitergehend enthalten die ErbStR 2011 nunmehr auch konkrete Anweisungen zur **gesellschafterbezogenen Zurechnung** jungen Verwaltungsvermögens bei PersG und KapG sowie Tochtergesellschaften.

4. Lohnsummenregelung

a) Lohnsumme und Beteiligungen

> 20 Beschäftigte Die Lohnsumme ist erst bei Betrieben mit **mehr als 20 Beschäftigten** relevant, § 13a Abs. 1 S. 4 ErbStG.

Für die Frage der Zurechnung von Beschäftigten bei **Tochterunternehmen** enthält das Gesetz keine ausdrückliche Bestimmung, da § 13a Abs. 1 S. 2 ErbStG an die Lohnsumme des Betriebs oder diejenige der Beteiligung anknüpft, also an den Rechtsträger, der unentgeltlich übergeht.

Die FinVerw geht auch in den ErbStR 2011 weiterhin davon aus, dass für die Anzahl der Beschäftigten auch die Mitarbeiter von **Tochtergesellschaften** analog § 13a Abs. 4 S. 5 ErbStG **einzubeziehen** sind.[355]

Weitergehend enthalten die ErbStR 2011 differenzierte Regelungen, wie die Lohnsummenermittlung zu erfolgen hat. Das Gesetz beschränkt sich bekanntlich auf die Regelung, dass die Lohnsummen aus dem zu dem übertragenen Betrieb gehörenden mittelbaren und unmittelbaren Beteiligungen in die Lohnsummen des übertragenen Betriebes einzubeziehen sind, wenn die Beteiligung 25 v.H. überschreitet.

Differenzierung KapG – PersG bei Tochtergesellschaften Die FinVerw nimmt insoweit eine **Differenzierung** vor zwischen **PersG**[356] und **KapG**.[357]

---

[354] R E 13b.19 Abs. 4 S. 1 ErbStR 2011; vgl. hierzu *Mannek*, ZEV 2012, 6, 14; *Hannes*, NZG 2011, 1245, 1249
[355] R E 13a.4 Abs. 2 S. 9 ErbStR 2011; vgl. dazu auch *Crezelius*, ZEV 2009, 1, 4; offen gelassen *Rödder*, DStR 2008, 997, 1000
[356] R E 13a.4 Abs. 6 ErbStR 2011
[357] R E 13a.4 Abs. 7 ErbStR 2011

aa) Beteiligung an PersG

Bei **PersG** ist nach neuerer Auffassung der FinVerw die Lohnsumme aus Beteiligungen **unabhängig** von der **Beteiligungshöhe** immer hinzuzurechnen.[358]

Obwohl der Wortlaut dies nicht eindeutig vorgibt, lässt sich die Auffassung der FinVerw damit rechtfertigen, dass PersG-Anteile immer unabhängig von der Beteiligungshöhe begünstigt sind.[359] Insofern widersprüchlich ist allerdings, dass Beteiligungen an Drittstaatengesellschaften unabhängig von der Beteiligungshöhe nach Auffassung der FinVerw nicht einzubeziehen sind,[360] obwohl diese Teil des begünstigten Vermögens sind. Da somit keine Parallelität zwischen Begünstigung einerseits und Lohnsummen-Einbeziehung andererseits besteht, wird im Schrifttum auch für PersG eine Beteiligungsgrenze gefordert. Die Berücksichtigung der Lohnsumme mache nur Sinn, wenn sie einen gewissen unternehmerischen Einfluss vermittle.[361]

PersG: Zurechnung unabhängig von der Beteiligungshöhe

bb) Beteiligung an KapG

Im Gegensatz zu PersG-Beteiligungen sind Beteiligungen an **KapG nur** dann anteilig einzubeziehen, wenn sie **mehr als 25 v.H.** betragen.[362] Nach Auffassung der FinVerw sollen bei PersG nicht nur die Anteile im Gesamthandsvermögen und dem SBV des übertragenden Gesellschafters einbezogen werden, sondern auch die Anteile im SBV **aller** Gesellschafter.[363] Auch dies widerspricht dem Gedanken, dass Beteiligungen an KapG nur dann berücksichtigt werden sollen, wenn sie einen unternehmerischen Einfluss besitzen; dies trifft auf Anteile im SBV anderer als des übertragenden Mitgesellschafters nicht zu. I.R.d. Abwehrberatung sollte deshalb die Auffassung der FinVerw nicht akzeptiert werden.

KapG: Zurechnung nur bei Beteiligung > 25 %

---

[358] R E 13a.4 Abs. 6 S. 1 ErbStR 2011
[359] Vgl. hierzu auch *Weber/Schwind*, ZEV 2012, 88, 89
[360] R E 13a.4 Abs. 6 S. 1 letzter HS ErbStR 2011
[361] *Hannes/Steger/Stalleiken*, BB 2011, 2455, 2456; *Weber/Schwind*, ZEV 2012, 88, 89
[362] R E 13a.4 Abs. 7 S. 1 ErbStR 2011
[363] R E 13a.4 Abs. 7 S. 4 ErbStR 2011

cc) Mehrstufige Beteiligungen

Andere Fragen werden teilweise **offen** gelassen, etwa wie die **Beteiligungsquote** von mehr als 25 v.H. i.R.d. Lohnsummenregelung bei **mehrstufigen Konzernen** zu bestimmen ist. Hier kann entweder eine sog. Ebenenbetrachtung auf jeder Stufe vorgenommen werden oder eine Durchrechnung auf das zu beurteilende Tochter- bzw. Enkelunternehmen.

Beispiel

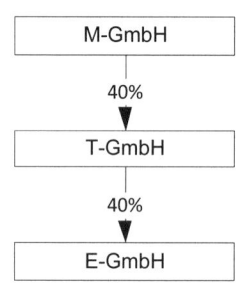

```
    M-GmbH
      |
     40%
      ▼
    T-GmbH
      |
     40%
      ▼
    E-GmbH
```

mehrstufige Beteiligung — Bei einer Betrachtung auf den einzelnen Ebenen erhält die M-GmbH 40 v.H. der Lohnsumme der T-GmbH und 16 v.H. der Lohnsumme der E-GmbH zugerechnet.

Bei einer Betrachtung im Wege der Durchrechnung erhielte die M-GmbH demgegenüber nur 40 v.H. der Lohnsumme der T-GmbH zugerechnet, nicht jedoch die 16 v.H. Lohnsumme der E-GmbH, da die M-GmbH durchgerechnet nur zu 16 v.H. und damit nicht zu mehr als 25 v.H. an der E-GmbH beteiligt ist.

Ein Angehöriger der FinVerw, Mannek, spricht sich für die zweite Lösung aus,[364] hält es jedoch gleichzeitig für nicht unwahrscheinlich, dass die FinVerw die stufenweise Betrachtung vorziehen wird.[365]

dd) Veränderung des Beteiligungsbestandes / der Beteiligungshöhe vor dem Stichtag

§ 13 Abs. 4 S. 5 ErbStG regelt nicht eindeutig, wie die Lohnsummen von Tochtergesellschaften zu berücksichtigen sind, wenn sich deren Beteiligungshöhe innerhalb des letztlich 10- bzw. 12-jährigen Betrachtungszeit-

---

[364] *Mannek*, ZEV 2012, 6, 8
[365] Zur Problematik ausführlich vgl. *Weber/Schwind*, ZEV 2010, 351, 353; *Hannes/Steger/Stalleiken*, BB 2011, 2455, 2457

raums ändert. Im Schrifttum werden hierzu unterschiedliche Auffassungen vertreten[366]:

Nach der **statischen** (stichtagsbezogenen) **Betrachtung** sind nur die Lohnsummen derjenigen Gesellschaften einzubeziehen, die zum Übertragungszeitpunkt die Voraussetzungen erfüllen.

statische Betrachtung

Nach der **dynamischen** (zeitraumbezogenen) **Betrachtung** sind dagegen für jedes Wj die Tochterunternehmen zu ermitteln, die die Einbeziehungsvoraussetzungen erfüllen.

dynamische Betrachtung

Die FinVerw hat sich in R E 13a.4 Abs. 6 und 7 ErbStR 2011 für eine **vermittelnde Auffassung** entschieden: In der ersten Stufe ist auf den Stichtag zu ermitteln, welche Beteiligungen die Voraussetzungen erfüllen. In der zweiten Stufe werden die einzubeziehenden Beteiligungen mit ihren Lohnsummen entspr. den in den jeweiligen Wj bestehenden Beteiligungshöhen in die Lohnsummenermittlung, somit dynamisch einbezogen.

Beteiligungen sind somit bei der Ausgangslohnsumme nicht zu berücksichtigen, wenn sie vor dem maßgeblichen Besteuerungszeitpunkt veräußert wurden oder KapG-Beteiligungen, die die 25 v.H.-Grenze im maßgeblichen Zeitpunkt nicht überschritten haben.

Diese statische Betrachtung wird jedoch nach Auffassung der FinVerw um eine dynamische Komponente erweitert. Ist die Beteiligung nach vorstehenden Grundsätzen in die Betrachtung einzubeziehen, gilt dies auch dann, wenn die Beteiligungsquote innerhalb des Zeitraums für die Ermittlung der Ausgangslohnsumme geschwankt und etwa bei KapG-Beteiligungen 25 v.H. oder weniger betragen hat.[367]

dynamische Komponente

Fall[368]

Am Anfang des für die Ermittlung der Ausgangslohnsumme maßgebenden Fünfjahreszeitraums beträgt der gehaltene KapG-Anteil 30 v.H. Im maßgeblichen Bewertungszeitpunkt ist die Beteiligung auf 20 v.H. gesunken.

---

[366] Vgl. dazu *Korezkij*, DStR 2010, 1734, 1738 m.w.N.
[367] R E 13a.4 Abs. 6 S. 3 und R E 13a.4 Abs. 7 S. 6 ErbStR 2011
[368] Nach *Mannek*, ZEV 2012, 6

Lösung

Da die Beteiligung im Bewertungszeitpunkt nicht mehr als 25 v.H. beträgt, sind die Anteile der in der Beteiligungs-KapG gezahlten Löhne nicht in die Ausgangslohnsumme einzubeziehen.

Abwandlung

Im Bewertungsstichtag beträgt die Beteiligung 40 v.H. In den vorangegangenen 5 Jahren betrug sie 3 Jahre 70 v.H. und 2 Jahre 40 v.H.

Lösung

Die zeitanteilige dynamische Betrachtung ergibt folgende Lösung:

$$\frac{3 \text{ Jahre} \times 70\% \times \text{Lohn KapG} + 2 \text{ Jahre} \times 40\% \times \text{Lohn KapG}}{5 \text{ Jahre}} = 58 \text{ v.H.} \times \text{Lohn KapG}$$

ee) Veränderungen im Beteiligungsbestand nach dem Stichtag

So positiv grds. die Auffassung der FinVerw für die Stpfl. ist, verkehrt sie sich bei **Veränderungen der Beteiligungshöhe nach dem Besteuerungsstichtag** in ihr Gegenteil. Die FinVerw geht davon aus, dass die Regelungen zur Ausgangslohnsumme für die Ermittlung der Mindestlohnsumme von 400 v.H. bzw. 700 v.H. entsprechend gelten.[369] Im Ergebnis werden damit **nach** dem Besteuerungszeitpunkt erworbene **Beteiligungen nicht in die Lohnsumme einbezogen**. Dies widerspricht letztlich dem Willen des Gesetzgebers, diejenigen wirtschaftlichen Einheiten zu begünstigen, die auch nach der begünstigten Übertragung Arbeitslöhne in annähernd gleicher Höhe vermitteln und somit Arbeitsplätze erhalten.[370] Auch der Wortlaut des Gesetzes trägt dieses Verständnis nicht. § 13a Abs. 1 S. 5 ErbStG definiert die Mindestlohnsumme abweichend zur Ausgangslohnsumme wie folgt:

> „Unterschreitet die Summe der maßgebenden jährlichen Lohnsummen die Mindestlohnsumme, vermindert sich der ... Verschonungsabschlag ... in demselben prozentualen Umfang wie die Mindestlohnsumme unterschritten wird."

---

[369] R E 13a.4 Abs. 8 ErbStR 2011
[370] *Hannes/Steger/Stalleiken*, BB 2011, 2455, 2458; *Koretzkij*, DStR 2011, 633, 639; *Weber/Schwind*, ZEV 2012, 88, 90

Erbschaftsteuerrichtlinien

Hinweis

Für die Gestaltungsberatung ist ungeachtet dessen davon auszugehen, dass die FinVerw an ihrer Auffassung festhalten wird. Zu prüfen ist deshalb, ob nach einem evtl. Beteiligungserwerb eine **aufnehmende Verschmelzung** möglich ist oder einzelne **Arbeitsplätze** oder **Betriebsteile** aus dem erworbenen Beteiligungsunternehmen in die maßgebliche Gesellschaft **verlagert** werden können.[371]

b) Lohnsummenparameter

Die für die erforderliche Mindestlohnsumme maßgebende Ausgangslohnsumme bestimmt sich gem. § 13a Abs. 1 S. 3 ErbStG nach der durchschnittlichen jährlichen Lohnsumme der **letzten 5** vor dem Erwerb endenden **Wj**. Dies gilt auch bei abweichenden Wj; bei Rumpfwirtschaftsjahren (Neugründung, Umstellung auf abweichendes Wj) erfolgt eine Umrechnung auf einen Jahresbetrag.[372]

letzte 5 Wj maßgebend

aa) Personenkreis

Hiernach sind **Leiharbeiter** und **Saisonkräfte nicht** zu berücksichtigen.[373]

ohne Leiharbeiter/ Saisonkräfte

Für Teilzeitbeschäftigte erfolgt keine „Umrechnung" entspr. § 23 Abs. 1 S. 4 KSchG (wöchentliche Arbeitszeit bis 10 Stunden – mit 0,25; bis 20 Stunden – mit 0,5; bis zu 30 Stunden – mit 0,75).[374]

Auszubildende und die an sie gezahlten Löhne werden sowohl bei der Ermittlung der Ausgangslohnsumme als auch der Ermittlung der Mindestlohnsumme **einbezogen**.[375]

Einzubeziehen sind auch Beschäftigte in **Mutterschutz** und **Elternzeit** sowie **Langzeitkranke**.[376]

---

[371] Zur Vertiefung vgl. *Weber/Schwind*, ZEV 2012, 88 ff.; *Koretzkij*, DStR 2011, 1734, 1738 f.
[372] R E 13a.4 Abs. 5 S. 4, 5 ErbStR 2011
[373] R E 13a.4 Abs. 2 S. 2 ErbStR 2011
[374] R E 13a. 4 Abs. 2 S. 4 ErbStR 2011
[375] H E 13a.4 Abs. 2 ErbStH
[376] H E 13a.4 Abs. 2 ErbStH

Erbschaftsteuerrichtlinien

Zu **differenzieren** ist bei **Gesellschafter-GF:**

Gesellschafter-GF

Der angestellte **Gesellschafter-GF** einer **KapG** zählt selbst dann zu den beschäftigten **ArbN**, wenn er sozialversicherungsrechtlich nicht als ArbN behandelt wird. Ist er bei mehreren KapG beteiligt, zählt er bei jeder zu den beschäftigten ArbN.[377] Der angestellte Gesellschafter-GF einer **PersG** zählt hingegen selbst dann **nicht** zu den beschäftigten **ArbN**, wenn er sozialversicherungsrechtlich als ArbN behandelt wird.[378]

bb) Einzubeziehende Lohnbestandteile

Bruttolohn incl. SV und Steuern

Die Regelung in den ErbStR 2011 konkretisiert nunmehr auch die maßgeblichen Lohnbestandteile. Auszugehen ist von dem in der **GuV ausgewiesenen Aufwand** für **Löhne** und **Gehälter zzgl. Altersvorsorgeleistungen aus Entgeltumwandlung** (vereinfacht: Bruttolöhne incl. SV und Steuern).

Herauszunehmen sind demgegenüber der **ArbG-Anteil** zu den gesetzlichen **Sozialabgaben** sowie tarifliche vereinbarte, vertraglich festgelegte oder freiwillige **Sozialbeiträge**.

Das **Kurzarbeitergeld** wird sowohl bei der Ermittlung der Ausgangs- als auch bei der Ermittlung der Mindestlohnsumme **einbezogen**.[379]

Nicht einzubeziehen ist der als **vGA** zu qualifizierende Teil einer überhöhten Geschäftsführervergütung.[380]

Hinweis

Da die durchschnittliche Lohnsumme der letzten 5 Jahre vor dem Stichtag der Entstehung der Steuer maßgebend ist, wirken sich kurzfristige Absenkungen vor dem Stichtag einer unentgeltlichen Übertragung somit nur marginal aus. Etwas anderes wird jedoch bei Auslagerung von ArbN in Tochterunternehmen in Drittstaaten außerhalb von EU und EWR gelten[381] – allerdings sind hierbei evtl. eintretende ertragsteuerrechtliche Folgen zu beachten.

---

[377] H E 13a.4 Abs. 2 ErbStH
[378] H E 13a.4 Abs. 2 ErbStH
[379] R E 13a.4 Abs. 4 S. 4 ErbStR 2011
[380] H E 13a.4 Abs. 4 ErbStH
[381] *Söffing*, DStZ 2008, 867, 871

Erbschaftsteuerrichtlinien

Bei langfristig geplanten Unternehmensübertragungen lässt sich hingegen eine Reduzierung der Lohnsumme erreichen, etwa durch **Auslagerung von Betriebsteilen, Einschaltung von Subunternehmern.** Da auch an den Erblasser bzw. Schenker sowie – bei der Mindestlohnsumme – an den Erwerber gezahlte Tätigkeitsvergütungen[382] in die Lohnsumme einfließen, ist auch eine **Verringerung des Gehalts des Übergebers** oder mitarbeitenden Erwerbers in Betracht zu ziehen. Auf Gehaltszahlungen an MU kann ggf. generell verzichtet werden, da diese ohnehin i.R.d. Gewinnermittlung hinzuzurechnen sind.

Auslagerung von Betriebsteilen Subunternehmer

Die Ausgangslohnsumme ist vom Betriebs-FA zu ermitteln und in dem Feststellungsbescheid nachrichtlich aufzunehmen, die Lohnsummen innerhalb der Lohnsummenfrist sind nachrichtlich mitzuteilen.[383]

Absenkung Übergebergehalt

5. Übertragung mehrerer wirtschaftlicher Einheiten

Gehen im Erbfall oder bei einer Schenkung **mehrere** selbstständig zu bewertende **wirtschaftliche Einheiten**, mehrere Gewerbebetriebe oder mehrere Arten begünstigten Vermögens (z.B. BV, Anteile an KapG) über, gilt nach den ErbStR 2011 Folgendes:

a) Verwaltungsvermögen

Jede der begünstigten Einheiten ist – auch bei gleichzeitiger Übertragung – gesondert daraufhin zu untersuchen, in welchem Umfang Verwaltungsvermögen[384] vorliegt. Der Umfang des **Verwaltungsvermögens** ist für die jeweilige wirtschaftliche Einheit **gesondert** zu prüfen.[385]

b) Verschonungswirkungen

I.R.d. Anwendung des § 13a ErbStG sind die Werte sämtlicher wirtschaftlicher Einheiten zusammenzurechnen. Der Verschonungsabschlag sowie der Abzugsbetrag können nur von einem insg. positiven Steuerwert des gesamten begünstigten Vermögens abgezogen werden.[386] Eine vergleichbare Regelung enthielt auch R 54 Abs. 1 ErbStR 2003.

---

[382] Söffing, DStZ 2008, 867, 870
[383] R E 13a.4 Abs. 11 ErbStR 2011
[384] Siehe hierzu auch *Schwind/Schmidt*, NWB 2009, 609
[385] R E 13b.20 Abs. 3 ErbStR 2011
[386] R E 13a.1 Abs. 2 S. 3 und 4 ErbStR 2011

Erbschaftsteuerrichtlinien

Fall[387]

Der Nachlass des E setzt sich wie folgt zusammen (Verwaltungsvermögen zwischen 10 und 50 %):

	EUR
Kapitalgesellschaftsanteil (Steuerwert)	2.840.000
Mitunternehmeranteil	./. 100.000
zusammengefasster Wert begünstigtes Vermögen	2.740.000
Verschonungsabschlag (85 % von 2.740.000 EUR)	2.329.000
Verbleibender Wert	411.000

Der zu berücksichtigende Abzugsbetrag nach § 13a Abs. 2 ErbStG ergibt sich wie folgt:

	EUR	EUR
Abzugsbetrag		150.000
Verbleibender Wert	411.000	
Abzugsbetrag	./. 150.000	
Unterschiedsbetrag	261.000	
50 % von 261.000 EUR	./. 130.500	
Verbleibender Abzugsbetrag	19.500	./. 19.500
stpfl. begünstigtes Vermögen		391.500
Wp (Steuerwert)		600.000
Bereicherung		991.500
Beerdigungskostenpauschale (10.300 EUR)		./. 10.300
Persönlicher Freibetrag (§ 16 Abs. 1 Nr. 3 ErbStG)		./. 200.000
stpfl. Erwerb		781.200
ErbSt hierauf		
Steuersatz gem. § 19 Abs. 1 ErbStG (19 %)		148.428

c) Verschonungsoption

einheitlicher Antrag

Wird die Verschonungsoption nach § 13 a Abs. 8 ErbStG in Anspruch genommen, kann der Antrag nur einheitlich für alle Arten des begünstigt erworbenen Vermögens gestellt werden mit der Folge, dass die 10 v.H.-Grenze des Verwaltungsvermögens für alle wirtschaftlichen Einheiten gilt.[388] Nach Auffassung der FinVerw ist selbst bei Aufspaltung der Übertragung in

---

[387] Nach *Wenhardt*, NWB-EV 2012, 43, 44
[388] R E 13a.13 Abs. 1 ErbStR 2011

Erbschaftsteuerrichtlinien

mehrere Schenkungsverträge von einer einheitlichen Übertragung auszugehen, wenn ein einheitlicher Schenkungswille besteht.[389]

Fall

V überträgt S 100 v.H. GmbH-Geschäftsanteile und ein Einzelunternehmen. Die Verwaltungsvermögensquote der GmbH beträgt 7 v.H., die des Einzelunternehmens 12 v.H. Die Optionsverschonung wird beantragt, weil der Mittelwert unter 10 v.H. liegt.

Nach Auffassung der FinVerw ist begünstigungsfähiges Vermögen nur gegeben, wenn die Quote aller Einheiten die Grenze von 10 v.H. nicht überschreitet. Der Mittelwert ist nicht erheblich, eine Quotenverrechnung nicht möglich.[390] Für den Gewerbebetrieb kommt nach Auffassung der FinVerw weder die Options- noch die Regelverschonung in Betracht, weil wegen des Antrags auf Optionsverschonung die niedrigere Verwaltungsvermögensquote von 10 v.H. nicht überschritten werden darf.[391]

keine Quotenverrechnung

Hinweis

Sofern nicht ertragsteuerliche Aspekte dagegen sprechen, sind entsprechende **Übertragungen** zeitlich **gestaffelt** mit einer ausreichenden **Schamfrist** vorzunehmen. Ggf. ist es darüber hinaus sinnvoll, einen Antrag auf Optionsverschonung weitestmöglich hinauszuzögern, um größtmögliche Sicherheit hinsichtlich des Vorliegens der Voraussetzungen zu erhalten.

Für die Praxis beruhigend ist, dass eine nachträglich von einer Ap ermittelte Verwaltungsvermögensquote von mehr als 10 v.H. – etwa durch Reduzierung des Wertes des Unternehmens – nicht zum Wegfall der Verschonung insg. führt, sondern in diesem Fall die Regelverschonung des § 13a Abs. 1, 2 ErbStG zur Anwendung kommt.[392]

---

[389] R E 13a.13 Abs. 1 S. 2 ErbStR 2011
[390] Vgl. *Höne*, UVR 2012, 49, 51
[391] R E 13a.13 Abs. 3 S. 1, 2 ErbStR 2011; vgl. zu den Auslegungsproblemen der Regelung auch *Mannek*, ZEV 2012, 6, 10
[392] R E 13a.13 Abs. 3 S. 7 ErbStR 2011; vgl. zu den Auslegungsproblemen der Regelung auch *Mannek*, ZEV 2012, 6, 10

d) Behaltensregelungen

Ob ein Verstoß gem. § 13a Abs. 5 ErbStG vorliegt, ist für jede wirtschaftliche Einheit selbstständig zu prüfen. Dementsprechend ist auch die Prüfung etwaiger Überentnahmen für jeden Betrieb gesondert vorzunehmen.[393]

e) Lohnsummenregelungen

Für die Frage des Überschreitens der Mindestarbeitnehmerzahl von 20 Beschäftigten ist jede wirtschaftliche Einheit gesondert zu beurteilen.[394] Beträgt die Anzahl der Beschäftigten nicht mehr als 20, bleibt deren Ausgangs- und Mindestlohnsumme außer Betracht.[395] Die Ausgangslohnsummen der zu berücksichtigenden Einheiten werden anschließend für die Überprüfung der Einhaltung der Mindestlohnsumme addiert.[396]

Hinweis

In Fällen einer einheitlichen Betrachtung mehrerer wirtschaftlicher Einheiten (Abzugsbetrag, Verschonungsoption) ist damit eine Zuwendung mehrerer wirtschaftlicher Einheiten in getrennten Schenkungsvorgängen vorteilhafter; dies setzt jedoch voraus, dass die mehreren Schenkungen jeweils auf einem neuen selbstständigen Schenkungsentschluss beruhen.[397]

6. Nachversteuerung und Vorsorgemaßnahmen

Mindestlohnsumme Die Verschonung des BV ist grds. an die Beibehaltung einer bestimmten Lohnsummengröße geknüpft; dies betrifft Betriebe mit **mehr als 20 Beschäftigten**, § 13a Abs. 1 S. 4 ErbStG. Diese müssen zum Ablauf von 5 Jahren nach dem Erwerbszeitpunkt (Lohnsummenfrist) insg. 400 v.H. der Ausgangslohnsumme erreichen (**Mindestlohnsumme**), § 13a Abs. 1 S. 2 ErbStG – kumulierte Betrachtung. Wird die Mindestlohnsumme nicht erreicht, erfolgt nach § 13a Abs. 1 S. 5 ErbStG eine **anteilige Nachversteuerung durch Kürzung des Verschonungsabschlags**; hieraus kann sich u.U. auch eine Änderung beim Abzugsbetrag ergeben.

---

[393] R E 13a.8 Abs. 1 S. 7 ErbStR 2011
[394] R E 13a.4 Abs. 2 S. 6 ErbStR 2011
[395] R E 13a.4 Abs. 2 S. 8 ErbStR 2011
[396] R E 13a.4 Abs. 3.S. 2 ErbStR 2011
[397] Hierzu *Wälzholz*, DStR 2009, 1605, 1606

Erbschaftsteuerrichtlinien

Darüber hinaus ist die Verschonung vom Eintritt eines Nachsteuertatbestandes gem. § 13a Abs. 5 ErbStG abhängig; diese Bestimmung entspricht im Wesentlichen der früheren Regelung. Sofern der Erwerber innerhalb der Behaltefrist – bezogen auf das von ihm erworbene BV – einen der **Schädlichkeitstatbestände** erfüllt, fallen der Verschonungsabschlag anteilig („Abschmelzungsmodell") und der Abzugsbetrag vollständig mit Wirkung für die Vergangenheit weg; damit ist der Abzugsbetrag „nicht (mehr) verbraucht" und kann unabhängig von der Zehnjahresfrist (wieder) in Anspruch genommen werden.[398]

Im Gesetz fehlt eine ausdrückliche Regelung für den Fall, dass das verschonte Vermögen innerhalb der Behaltensfrist **verschenkt oder vererbt** wird. In diesen Fällen liegt jedoch kein Verstoß vor; bei teilentgeltlicher Zurechnung gilt dies jedoch nur für den unentgeltlichen Teil.[399]

Schenkung/Erbfall unschädlich

Verstößt in diesem Fall der nachfolgende Erwerber gegen die Behaltensregelungen, verliert auch der vorangegangene Erwerber die Verschonung, soweit bei ihm die Behaltenszeit noch nicht abgelaufen ist. Hinsichtlich der Lohnsummenregelung sind für die verbleibenden Jahre der Lohnsummenfrist die Verhältnisse des begünstigten Vermögens des Erwerbers einzubeziehen.[400]

Ein Verstoß liegt hingegen bei einer Übertragung

– als Abfindung für einen Verzicht nach § 3 Abs. 2 Nr. 4 ErbStG oder

– an Erfüllungs statt (Geldvermächtnis, Pflichtteilsanspruch, Zugewinnausgleich) vor.[401]

---

[398] Siehe zur Nachversteuerung *Scholten/Korezkij*, DStR 2009, 991 mit umfangreichen Vergleichsberechnungen
[399] R E 13a.5 Abs. 2 ErbStR 2011
[400] R E 13a.12 Abs. 5 S. 2, 3 ErbStR 2011
[401] R E 13a.5 Abs. 3 ErbStR 2011

Erbschaftsteuerrichtlinien

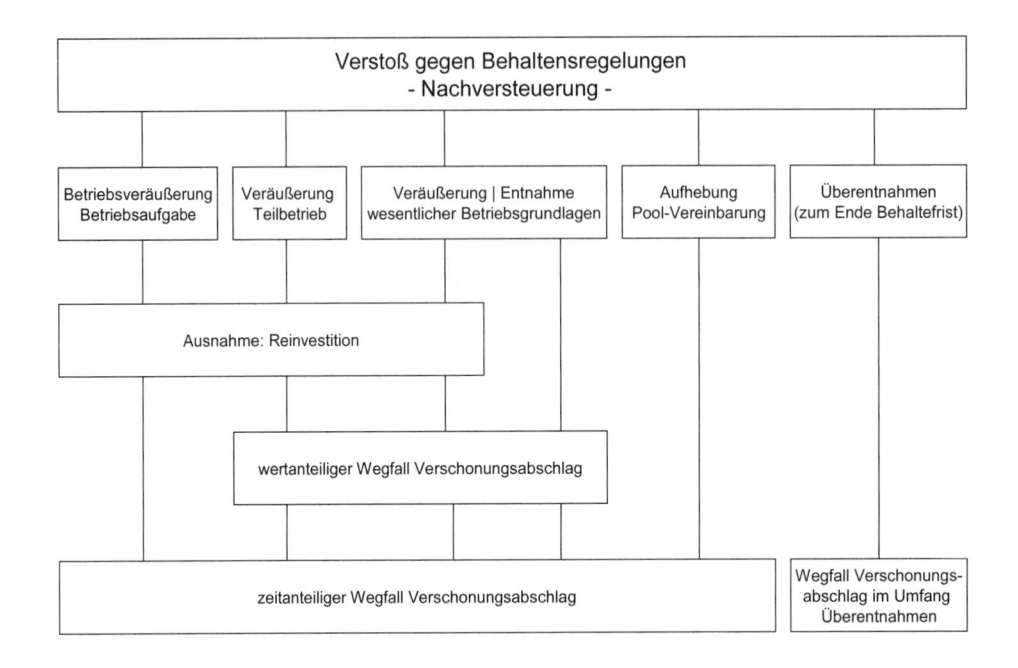

```
                    ┌─────────────────────────────────────┐
                    │   Verstoß gegen Behaltensregelungen  │
                    │         - Nachversteuerung -         │
                    └─────────────────────────────────────┘
                                     │
   ┌──────────────┬──────────────┬───┴──────────┬──────────────┬──────────────┐
┌──────────┐ ┌──────────┐ ┌──────────────┐ ┌──────────┐ ┌──────────────┐
│Betriebs- │ │Veräußerung│ │Veräußerung/ │ │Aufhebung │ │Überentnahmen │
│veräußerung│ │Teilbetrieb│ │Entnahme     │ │Pool-Ver- │ │(zum Ende     │
│Betriebs- │ │          │ │wesentlicher │ │einbarung │ │Behaltefrist) │
│aufgabe   │ │          │ │Betriebsgr.  │ │          │ │              │
└──────────┘ └──────────┘ └──────────────┘ └──────────┘ └──────────────┘
```

Ausnahme: Reinvestition	
wertanteiliger Wegfall Verschonungsabschlag	
zeitanteiliger Wegfall Verschonungsabschlag	Wegfall Verschonungsabschlag im Umfang Überentnahmen

Hinweis

Angesichts der erbschaftsteuerrechtlichen Behaltefristen wie auch der Bindungsfrist von fünf Jahren etwa bei Übertragung eines Teil-Mitunternehmeranteils nach § 6 Abs. 3 S. 2 EStG für Fälle der Veräußerung oder Aufgabe des Mitunternehmeranteils durch den Erwerber sollte bei Übertragungen generell eine **„Bindung"** des Erwerbers bezüglich der Einhaltung dieser **Fristen** erfolgen. Hierzu kommen **Zustimmungsvorbehalte** (ggf. im Gesellschaftsvertrag) sowie Klauseln zur **Freistellung von anfallenden Steuern** im Innenverhältnis in Betracht.[402] Zudem sollten in diesen Fällen **Widerrufsvorbehalte** bzw. **Rückforderungsrechte** im Schenkungsvertrag vereinbart werden.

Nach der Rspr. des BFH[403] ist der Grund für einen Wegfall der Begünstigung ohne Bedeutung; es kommt daher nicht darauf an, ob dies auf einer eigenen Entscheidung oder gar Handlung des Betroffenen beruht. Vor diesem Hintergrund sind auch Sicherungsmechanismen bei **Minderheitsbeteiligungen** im Verhältnis zu den Mitgesellschaftern in Betracht zu ziehen. Denn im Regelfall handelt es sich bei den schädlichen Verstößen um Geschäftsführungsmaßnahmen (z.B. Veräußerung wesentlicher Betriebsgrundlagen) oder Mehrheitsbeschlüsse (z.B. Betriebsaufgabe), so dass der Minderheitsgesellschafter nicht eingebunden ist oder überstimmt werden kann. So kann etwa der Minderheitsgesellschafter einer **KapG** unter dem

---

[402] Bei der SchSt gilt dies jedenfalls für Fälle, in denen der Schenker die Steuer nach § 10 Abs. 2 ErbStG übernommen hat; denn ansonsten wird er bei einem Verstoß durch den Erwerber nicht nach § 20 Abs. 1 S. 1 ErbStG in Anspruch genommen, Abschn. 5 Abs. 4 ErbSt-Erl.

[403] BFH-Urt. v. 16.2.2005 – II R 39/03, BStBl II 2005, 571

Erbschaftsteuerrichtlinien

Gesichtspunkt von Überentnahmen die Ausschüttung von „Altrücklagen" nicht verhindern. Anders könnte es bei einem Minderheitsgesellschafter einer **PersG** sein, da hier der einzelne Gesellschafter entscheiden kann, ob entnahmefähige Beträge auf den Gesellschafterkonten verbleiben; allerdings ist zu beachten, dass entnahmefähige Gewinnanteile sich regelmäßig in FK (Darlehenskonto) umwandeln werden, so dass insoweit von einer Entnahme auszugehen sein dürfte. Letztlich können Informations- und Berichtspflichten sowie – sofern durchsetzbar – Zustimmungsvorbehalte, verknüpft mit bestimmten Mehrheitserfordernissen, vereinbart werden.[404]

a) Veräußerung

In Veräußerungsfällen entfällt der Verschonungsabschlag nach § 13a Abs. 5 Nr. 1 ErbStG zeitanteilig – und zwar **quotal** nach dem Verhältnis der im Zeitpunkt der schädlichen Verfügung verbleibenden Behaltensfrist (einschließlich des Jahres, in dem die Verfügung erfolgt) zu deren Gesamtdauer; er entfällt zudem – bezogen auf das insgesamt erworbene begünstigte Vermögen – quotal, sofern sich die schädliche Verwendung lediglich auf einen Teil des begünstigten Vermögens bezieht (z.B. Teilbetrieb).[405]

aa) Veräußerung

Fall: Schädliche Veräußerung (im 4. Jahr); Betrieb ≤ 20 Beschäftigte

- ursprüngliche ErbSt

gemeiner Wert des begünstigten Vermögens	4.000.000 EUR
./. Verschonungsabschlag (85 %)[406]	./. 3.400.000 EUR
stpfl. BV	600.000 EUR
persönlicher Freibetrag	./. 400.000 EUR
steuerlicher Erwerb	200.000 EUR
ErbSt	22.000 EUR

---

[404] Zur Vertiefung bzgl. der Verschonungsregelungen siehe auch *Kamps*, FR 2009, 353 ff.; *Fechner/Bäuml*, FR 2009, Beil. zu Heft 11, 22 ff; *Balms/Felten*, FR 2009, 258; *Weng*, BB 2009, 1780

[405] R E 13a.12 Abs. 1 S. 5, 6 ErbStR 2011; der Grund für die Verwirklichung des Nachversteuerungstatbestandes ist unbeachtlich – BFH-Urt. v. 21.4.2007 – II R 19/06, BFH/NV 2007, 1321 (Insolvenz); v. 16.2.2005 – II R 39/03, BStBl II 2005, 571 (Minderheitsgesellschafter).

[406] Der Abzugsbetrag entfällt, da die verbleibenden 600.000 EUR diesen um 450.000 EUR übersteigen. Die Hälfte hiervon beträgt mehr als der Abzugsbetrag und kürzt diesen im Ergebnis vollständig weg.

Erbschaftsteuerrichtlinien

- korrigierte ErbSt

gemeiner Wert des begünstigten Vermögens	4.000.000 EUR
./. Verschonungsabschlag (85 %) zeitanteilig 3/5	2.040.000 EUR
stpfl. BV	1.960.000 EUR
persönlicher Freibetrag	./. 400.000 EUR
steuerlicher Erwerb	1.560.000 EUR
ErbSt	296.400 EUR

I.R.d. Nachversteuerung ist zu **differenzieren**, ob das begünstigte Vermögen **ganz** oder nur **teilweise** innerhalb der Behaltefrist veräußert wird: Veräußert der Erwerber das **gesamte** begünstigte Vermögen innerhalb der Behaltefrist und erfolgt keine Reinvestition nach § 13a Abs. 5 S. 3 ErbStG, **entfällt der Abzugsbetrag insg.**, während der Verschonungsabschlag für diejenigen Jahre erhalten bleibt, in denen keine schädliche Verfügung erfolgt ist.[407] Betrifft die schädliche Verfügung dagegen nur einen **Teil** des begünstigten Vermögens, sind sowohl der Verschonungsabschlag als auch der **Abzugsbetrag** für den weiterhin begünstigten Teil des Vermögens **zu gewähren**.[408]

bb) Wesentliche Betriebsgrundlagen

Die Veräußerung oder Entnahme **wesentlicher Betriebsgrundlagen** führt zu einem Verstoß, sofern es sich hierbei nicht um junges Verwaltungsvermögen handelt; hierbei wird der gemeine Wert des WG im ursprünglichen Besteuerungszeitpunkt angesetzt.[409]

Hinweis

Werden wesentliche Betriebsgrundlagen in ein anderes BV überführt, liegt ein Fall der Buchwertfortführung gem. § 6 Abs. 5 EStG vor; da das BV weiterhin unternehmerisch gebunden ist, sollte hierin kein Verstoß nach § 13a Abs. 5 ErbStG liegen.[410] Die ErbStR 2011 enthalten hierzu bedauerlicherweise keine Regelung.

---

[407] R E 13a.12 Abs. 1 S. 5 ErbStR 2011
[408] R E 13a.12 Abs. 1 S. 6 ErbStR 2011
[409] R E 13a.6 Abs. 2 ErbStR 2011
[410] *Scholten/Korezkij*, DStR 2009, 304, 306

Erbschaftsteuerrichtlinien

cc) Reinvestition

Wird ein Veräußerungserlös reinvestiert, entfällt die Nachversteuerung, wenn der Veräußerungserlös innerhalb der begünstigten Vermögensart investiert wird, § 13a Abs. 5 S. 3 ErbStG; die Reinvestitionsklausel ist damit **vermögensbezogen**, nicht hingegen wirtschaftsgutbezogen – letztlich muss innerhalb von 6 Monaten eine Investition in entspr. Vermögen erfolgen, nicht jedoch in Verwaltungsvermögen. Daher kann die Reinvestition z.B. auch in nachfolgenden Maßnahmen bestehen:

- Tilgung betrieblicher Verbindlichkeiten[411]

- Erhöhung von Liquiditätsreserven, sofern kein Verwaltungsvermögen[412]

- Anschaffung von neuen Betrieben und Betriebsteilen, da entscheidend der Ersatz des veräußerten Vermögens ist.[413]

Dann müsste an sich auch eine Reinvestition in einem anderen BV des begünstigten Erwerbers, etwa i.R.e. anderen Mitunternehmerschaft, begünstigt sein. Die Entnahme eines „schädlichen" Veräußerungserlöses (Teilbetriebsveräußerung, Veräußerung wesentlicher Betriebsgrundlagen) bleibt hingegen schädlich.[414]

dd) Umwandlungsmaßnahmen

(1) Personengesellschaft/Kapitalgesellschaft

Nach dem Erbfall oder der vorweggenommenen Erbfolge kommt es häufig zu einer gesellschaftsrechtlichen Umstrukturierung, also entweder zu einer Umwandlung des **Personenunternehmens** in eine **KapG** oder **umgekehrt**.

Sowohl nach § 13a Abs. 5 Nr. 1 ErbStG a.F. als auch nach **§ 13a Abs. 5 Nr. 1 ErbStG** war/ist es unproblematisch, wenn es sich hierbei um eine Umstrukturierung von Personenunternehmen in KapG handelt. Hier wird die erhaltene kapitalgesellschaftsrechtliche Beteiligung (§ 20 Abs. 1 UmwStG) als Surrogat für das zunächst privilegierte Vermögen betrachtet, so dass

---

[411] R E 13.11 S. 3 ErbStR 2011
[412] R E 13.11 S. 5 ErbStR 2011
[413] R E 13.11 S. 3 ErbStR 2011
[414] R E 13.11 S. 6 ErbStR 2011

erst die spätere Veräußerung der kapitalgesellschaftsrechtlichen Beteiligung innerhalb der Behaltefrist schädlich ist.

Nach früherem Recht führte die Umwandlung einer KapG in ein Personenunternehmen zum Nachsteuertatbestand.[415] Nach **§ 13a Abs. 5 Nr. 4 S. 2 HS 2 ErbStG** gelten nunmehr die Regelungen für Personenunternehmen entsprechend. Die dadurch erfolgte Gleichstellung aller Umstrukturierungen trägt steuersystematisch der Idee des UmwStG Rechnung, dass erfolgsneutrale Umstrukturierungen möglich sein sollen. Sie lösen nunmehr zunächst auch keine Nachversteuerung nach dem ErbStG aus, sondern erst die Veräußerung der als Surrogat erhaltenen Anteile.[416]

(2) Umstrukturierungsmaßnahmen auf der Ebene von Beteiligungsgesellschaften

Tochter-/Enkelgesellschaft Ein Verstoß gegen die Behaltevorschriften liegt vor, wenn die unmittelbar gehaltene Beteiligung an der Muttergesellschaft selbst innerhalb der Behaltefrist veräußert wird. Zur Veräußerung von Tochter- oder Enkelgesellschaften enthalten die ErbStR 2011 keine Regelung. Hier dürfte Folgendes gelten: Der Verkauf der Beteiligungen an einer Tochtergesellschaft durch die Gesellschaft, an der die Beteiligung erworben wurde, dürfte schädlich sein, sofern es sich hierbei um eine wesentliche Betriebsgrundlage handelt. Die Veräußerung einer Beteiligung an einer **Enkelgesellschaft** oder aber **wesentlicher Betriebsgrundlagen** durch die Tochtergesellschaft dürfte hingegen unschädlich sein, jedenfalls sofern es sich bei der Tochtergesellschaft um eine KapG handelt.[417]

Für spätere Vermögensumschichtungen auf der Ebene einer Tochtergesellschaft zwischen Verwaltungsvermögen und sonstigem (begünstigten) Vermögen ist keine Sanktion vorgesehen. Sofern eine Beteiligung an der Tochtergesellschaft von nicht mehr als 25 v.H. besteht und diese aufgrund einer Pool-Vereinbarung nicht als Verwaltungsvermögen zu qualifizieren ist, wird die spätere Aufhebung der Pool-Vereinbarung daher nicht zur Nachversteuerung führen.[418]

---

[415] BFH v. 10.5.2006 – II R 71/04, BStBl II 2006, 602; keine teleologische Reduktion
[416] R E 13a.9 Abs. 3 ErbStR 2011 und R E 13a.6 Abs. 3 ErbStR 2011
[417] Vgl. *Rödder*, DStR 2008, 997, 1000
[418] So *Scholten/Korezkij*, DStR 2009, 304, 308

Erbschaftsteuerrichtlinien

b) Überentnahmen

Schädlich ist nach § 13a Abs. 5 Nr. 3 ErbStG – wie nach bisheriger Rechtslage – eine Überentnahme.[419] Werden bis zum Ende des letzten in die Fünfjahresfrist fallenden Wj Entnahmen getätigt, die die Summe der Einlagen und der zuzurechnenden Gewinne oder Gewinnanteile seit dem Erwerb um mehr als 150.000 EUR übersteigen, entfällt rückwirkend die erbschaftsteuerrechtliche Begünstigung im Umfang der Überentnahme.[420]

Fall (Abwandlung des Ausgangsfalls):

Innerhalb der Behaltefrist tätigt der Übernehmer Überentnahmen von 200.000 EUR.

- ursprüngliche ErbSt (wie oben)   22.000 EUR

- korrigierte ErbSt

gemeiner Wert des begünstigten Vermögens	4.000.000 EUR
./. Überentnahmen	./. 200.000 EUR
BV (begünstigt)	3.800.000 EUR
./. Verschonungsabschlag (85 %)	./.3.230.000 EUR
Restbetrag	570.000 EUR
./. Abzugsbetrag	./.0 EUR
stpfl. BV	570.000 EUR
Hinzurechnung Überentnahmen	200.000 EUR
stpfl. BV	770.000 EUR
persönlicher Freibetrag	./. 400.000 EUR
steuerlicher Erwerb	370.000 EUR
ErbSt	55.500 EUR
Nachsteuer	33.500 EUR

---

[419] Den Umfang der Entnahmen hat das Betriebs-FA auf Anforderung der Erbschaftsteuerstelle zu ermitteln und dieser mitzuteilen.
[420] H E 13a.8 ErbStH; dies gilt auch, wenn die Entnahme zur Bezahlung der ErbSt erfolgt; FG Münster v. 21.8.2008 – 3 K 4920/06 Erb, EFG 2009, 278; BFH-Urt. v. 11.11.2009 – II R 63/08, BStBl II 2010, 305

Verluste bleiben unberücksichtigt und mindern daher das Entnahmevolumen nicht; Gleiches gilt für die Entnahme von wesentlichen Betriebsgrundlagen, die unter Verstoß gegen die Behaltensregelung erfolgten, wie auch solche des jungen Verwaltungsvermögens.[421]

aa) Mitunternehmerschaft

Besonderheiten bei MU

Sofern der Erwerber eines Mitunternehmeranteils **bereits zuvor** an der Mitunternehmerschaft **beteiligt** war, gilt die Entnahmebegrenzung nur für den hinzuerworbenen Mitunternehmeranteil. Entnahmen bis zur Höhe seines originären KapKto sind unbeachtlich; hierbei erfolgt die Qualifizierung als KapKto nach ertragsteuerlichen Grundsätzen. Für darüber hinausgehende Entnahmen sowie Einlagen und Gewinne erfolgt eine anteilige Zurechnung zu seiner originären und der hinzuerworbenen Beteiligung.[422]

bb) Kapitalgesellschaften

analoge Anwendung auf KapG

Die Überentnahmeregel ist nunmehr zudem auf KapG erweitert. Nach § 13a Abs. 5 Nr. 3 S. 3 ErbStG ist bei Ausschüttungen an Gesellschafter einer KapG „sinngemäß zu verfahren". In diesem Zusammenhang sind daher neben offenen Ausschüttungen auch vGA nach § 8 Abs. 3 S. 2 KStG, die beim Gesellschafter zu Einkünften aus Kapitalvermögen führen, von Bedeutung; hierbei sind vGA an den Erwerber als neuen Anteilseigner sowie an eine diesem nahe stehende Person zu berücksichtigen.[423] Letztlich erfolgt hier eine Nachversteuerung von Gewinnvorträgen und Rücklagen, die im Zeitpunkt des Erwerbs bereits vorhanden waren.

cc) Vermeidung Überentnahme

Gestaltungsempfehlung

Zur Vermeidung bzw. Abmilderung der Folgen einer Überentnahme kann vor Fristablauf eine **Einlage** erfolgen, um den schädlichen „Entnahmeüberschuss" zu mindern oder gar zu beseitigen. Dies stellt nach Auffassung der FinVerw ausdrücklich keinen Gestaltungsmissbrauch dar.[424] Sofern die Einlage nicht aus Eigenmitteln erfolgt, sondern finanziert wird, darf die Finan-

---

[421] R E 13a.8 S. 3, 6 ErbStR 2011
[422] R E 13a.8 Abs. 3 S. 1 ErbStR 2011
[423] R E 13a.8 Abs. 6 ErbStR 2011
[424] R E 13a.8 Abs. 4 S. 1 ErbStR 2011

Erbschaftsteuerrichtlinien

zierungsverbindlichkeit allerdings nicht als Betriebsschuld oder negatives SBV zu qualifizieren sein.[425]

Hinweis

Bei **KapG** gibt es allerdings keine individuellen Kapitalkonten der Gesellschafter. Aber auch insoweit kann eine individuelle – disquotale – Zuführung zu den Rücklagen vereinbart werden, die später wieder individuell an diesen Gesellschafter zurückzuführen sind. Die Vereinbarung sollte im Hinblick auf eine Bindung für Rechtsnachfolger bei einem Gesellschafterwechsel Bestandteil der Satzung sein.[426]

c) Lohnsummenverstoß

Unterschreitet die Summe der maßgebenden jährlichen Lohnsummen innerhalb der 7 Jahre die – nicht indexierte – Mindestlohnsumme von 400 v.H. der Ausgangslohnsumme (§ 13a Abs. 1 S. 5 ErbStG), vermindert sich der nach § 13a Abs. 1 S. 1 ErbStG zu gewährende Verschonungsabschlag mit Wirkung für die Vergangenheit in demselben prozentualen Umfang, wie die Mindestlohnsumme unterschritten wird – **anteilige Nachversteuerung.** Ein Verstoß wirkt sich nicht auf den Abzugsbetrag aus.[427]

Folgen bei Lohnsummenverstoß

d) Mehrfachverstöße

Sofern das übernommene BV – teilweise – vor Ablauf von 5 Jahren veräußert wird und zu diesem Zeitpunkt die Mindestlohnsumme unterschritten ist oder Überentnahmen vorliegen, liegt ein mehrfacher Verstoß vor. Fraglich ist in diesem Fall, wie sich diese Vorgänge auf den Verschonungsabschlag auswirken.

Folgen bei Mehrfachverstößen

Aufgrund der Gesetzesfassung werden allerdings die Rechtsfolgen beider Verstöße nebeneinander eintreten; eine Reduzierung des Verschonungsabschlages für jeden Verstoß jeweils i.v.H. vom Ausgangswert (85 v.H.) führt jedoch teilweise zu einer doppelten Sanktion (Doppelkürzung des Verschonungsabschlags).

Für den Fall eines Doppelverstoßes durch Veräußerung des begünstigten Vermögens sowie Nichterreichen der Mindestlohnsumme sieht die FinVerw folgendes Verfahren vor:

---

[425] R E 13a.8 Abs. 4 S. 2 ErbStR 2011
[426] Näher hierzu *Milatz/Kämper*, GmbHR 2009, 762
[427] R E 13a.12 Abs. 2 S. 2 ErbStR 2011

Erbschaftsteuerrichtlinien

Vergleichsbetrachtung
1. Kürzung Verschonungsabschlag wegen Veräußerung (zeitanteilig)
2. Kürzung Verschonungsabschlag wegen Unterschreitung der Mindestlohnsumme (quotal)

Der **höhere** der danach sich ergebenden **Kürzungsbeträge** ist **maßgebend** mit der Folge, dass ein geringerer verbleibender Verschonungsabschlag zu berücksichtigen ist.

Beispiel[428]

Auf B als Alleinerben ist ein Gewerbebetrieb (Steuerwert 4 Mio. EUR) übergegangen.

BV (begünstigt)	4.000.000 EUR
Verschonungsabschlag (85 %)	./.3.400.000 EUR
stpfl. BV	600.000 EUR

Im vierten Jahr veräußert B den Gewerbebetrieb. Eine Reinvestition erfolgt nicht. Die tatsächliche Lohnsumme im Zeitpunkt der Veräußerung beläuft sich auf 220 v.H. der Ausgangslohnsumme.

BV (nicht berücksichtigt)	4.000.000 EUR

1. Kürzung des Verschonungsabschlags wegen Veräußerung

Verschonungsabschlag (85 %)	3.400.000 EUR
zeitanteilig zu gewähren 3/5	2.040.000 EUR

2. Kürzung des Verschonungsabschlags wegen Nichterreichens der Lohnsumme

Verschonungsabschlag	3.400.000 EUR
Mindestlohnsumme 650 %	
Tatsächliche Lohnsumme 220 %	
unterschreitet Mindestlohnsumme um 180 %, das sind 45 %	

---

[428] Nach Bsp. 2 in H E 13a.12 ErbStR 2011; weitergehend *Hannes/Onderka*, ZEV 2009, 10; sowie *Lüdicke/Fürwentsches*, DB 2009, 12

Kürzung des Verschonungs-abschlags 45 % von 3.400.000 EUR	./. 1.530.000 EUR
Verbleibender Verschonungsabschlag	1.870.000 EUR
Abzugsfähig niedrigerer Betrag	1.870.000 EUR
stpfl. BV	2.130.000 EUR
stpfl. BV nach schädlicher Verfügung	2.130.000 EUR
stpfl. BV bisher	./. 600.000 EUR
Die BMG erhöht sich mithin um	1.530.000 EUR

e) Aufhebung Pool-Vereinbarung

Im Zusammenhang mit Pool-Vereinbarungen ist insb. Folgendes zu beachten:

Die **Aufhebung der Verfügungsbeschränkung** oder **Stimmrechtsbündelung** löst einen **Schädlichkeitstatbestand** i.S.d. § 13a Abs. 5 Nr. 5 ErbStG aus, so dass der Fortbestand dieser Vereinbarung für den gesamten Nachversteuerungszeitraum sicherzustellen ist.[429]

Schädlichkeitstatbestand

Hinweis

Da die Vereinbarung nur schuldrechtliche, d.h. nur unter den Beteiligten bindende Wirkung hat, ist in die Verpflichtung aufzunehmen, auch Einzelrechtsnachfolger in den Vertrag eintreten zu lassen.

Ungeachtet der einhelligen Kritik aus dem Schrifttum[430] hält die FinVerw auch in den ErbStR 2011 an ihrer Rechtsauffassung fest, dass die **Kündigung** der Pool-Vereinbarung **durch ein Poolmitglied** während des Laufes der Behaltensfrist gem. § 13a Abs. 5 S. 1 Nr. 5 ErbStG nicht nur bei dem kündigenden Poolmitglied zu einer Nachversteuerung führe, sondern der **Nachsteuertatbestand** auch bei den **verbleibenden Poolmitgliedern** erfüllt sei, wenn diese nach dem Austritt insgesamt zu 25 v.H. oder weniger beteiligt seien.[431]

Kündigung durch 1 Mitglied

---

[429] Hierzu näher *Lahme/Zikesch*, DB 2009, 527, 531
[430] *Felten*, ZEV 2010, 627, 330; *Korezkij*, DStR 2011, 1733, 1734
[431] R E 13a.10 Abs. 2 ErbStR 2011

Des Weiteren ist nach Auffassung der FinVerw ein nachträglicher **Wegfall der Begünstigung** auch dann anzunehmen, wenn vor Ablauf der Behaltensfrist die Quote der poolgebundenen Anteile aufgrund einer **Kapitalerhöhung** auf 25 v.H. oder weniger sinkt.[432] Auch dies ist mit dem Wortlaut des § 13a Abs. 5 S. 1 Nr. 5 ErbStG und dessen Sinn und Zweck nur schwer vereinbar, da in derartigen Fällen gerade kein aktiver Verstoß eines Poolmitgliedes vorliegt.[433]

Kapitalerhöhung

Hinweis

Bei der Gestaltung von Pool-Vereinbarungen sind ggf. Vorsorgemaßnahmen zu treffen, etwa die Verpflichtung zur Bildung von Rücklagen für etwaige Kapitalerhöhungen.

Konfusion

Erfolgt ein Übergang einer gepoolten Beteiligung auf den dadurch allein verbleibenden Pool-Beteiligten (etwa im Erbfall), führt dies zum Erlöschen der Pool-Vereinbarung durch **Konfusion** – Wegfall statt Aufhebung. Da sich nunmehr aber die gepoolten Anteile von mehr als 25 v.H. in einer Hand befinden, führt dies **nicht** zu einer **Nachversteuerung**.[434]

Nießbrauch Verpfändung

Unschädlich sind nach den ErbStR 2011 weiter die Bestellung eines **Nießbrauchs** an den gepoolten Anteilen oder deren **Verpfändung**.[435]

II. Verschonung von Immobilien

1. Selbstgenutztes Familienheim

a) Erweiterung der bisherigen Übertragung unter Lebenden, § 13 Abs. 1 Nr. 4a ErbStG

Schon früher war die lebzeitige Zuwendung des selbstgenutzten Familienwohnheims an den Ehegatten bei Erwerben unter Lebenden steuerbefreit. § 13 Abs. 1 Nr. 4a ErbStG wurde 2009 insoweit erweitert, als nunmehr nicht nur im Inland belegene, sondern auch im Gebiet der **Europäischen Union** oder des **Europäischen Wirtschaftsraumes** belegene bebaute Grundstücke unter den weiteren Voraussetzungen der Norm steuerfrei sind.

---

[432] R E 13a.10 Abs. 2 ErbStR 2011
[433] Ähnlich *Felten*, ZEV 2012, 84, 86; *Korezkij*, DStR 2011, 1733, 1735
[434] R E 13a.10 Abs. 1 Nr. 3 ErbStR 2011; so bereits *Scholten/Korezkij*, DStR 2009, 304, 307
[435] R E 13a.10 Abs. 1 ErbStR 2011

Erbschaftsteuerrichtlinien

Die Regelung enthält in ihrer aktuellen Fassung eine **Legaldefinition** dahingehend, dass als **begünstigtes Familienheim** bebaute Grundstücke i.S.d. § 181 Abs. 1 Nr. 1 – 5 BewG definiert werden, soweit darin eine Wohnung zu eigenen Wohnzwecken genutzt wird.

Familienheim

Hinweis

Die Vorschrift ist insoweit weiter gefasst als die bisherige Regelung, als auch die **selbstgenutzte Wohnung** in einem **Mehrfamilienhaus** begünstigt ist. Der Wohnungsbegriff des Familienheims bestimmt sich nach der tatsächlichen Nutzung.[436] In der Wohnung muss der Mittelpunkt des familiären Lebens sein; eine Nutzung als Zweit- oder Wochenendwohnung scheidet aus.[437] Eine unentgeltliche gewerbliche oder freiberufliche Mitnutzung ist unschädlich, wenn die Wohnung überwiegt.[438] Bei einer entgeltlichen freiberuflichen oder gewerblichen Mitnutzung ist die Befreiung auf den eigenen Wohnzwecken dienenden Teil begrenzt.[439]

Das Gesetz sieht bei Übertragung unter Lebenden **keine Behaltefrist** vor.

keine Behaltefrist

Die Begünstigung kann mehrfach – sukzessiv – in Anspruch genommen werden; ein **Objektverbrauch tritt nicht ein.**

kein Objektverbrauch

Klassische Anwendungsbereiche des § 13 Abs. 1 Nr. 4a ErbStG sind neben der unmittelbaren Zuwendung:[440]

- Übertragung von (Mit-)Eigentum an einem Familienheim
- Tragung von AK/HK für den anderen Ehegatten
- mittelbare Grundstücksschenkung
- Darlehenstilgung für den Ehepartner
- Schuldbefreiung intern im Zusammenhang mit Erwerb
- Begleichung nachträglicher Aufwendungen

---

[436] R E 13.3 Abs. 2 S. 3 ErbStR 2011
[437] R E 13.3 Abs. 2 S. 4, 5 ErbStR 2011
[438] R E 13.3 Abs. 2 S. 10 ErbStR 2011
[439] R E 13.3 Abs. 2 S. 11 ErbStR 2011
[440] R E 13.3 Abs. 4 ErbStR 2011

b) Erwerb von Todes wegen durch Ehepartner und Lebenspartner, § 13 Abs. 1 Nr. 4b ErbStG

einschränkende Voraussetzungen

Die 2009 neu geschaffene Vorschrift des § 13 Abs. 1 Nr. 4b ErbStG erweitert die Steuerfreiheit der Übertragung des Familienheimes auf den Ehegatten oder eingetragenen Lebenspartner auf Fälle des Übergangs von Todes wegen unter gewissen zusätzlichen, **einschränkenden Voraussetzungen**. Das Familienheim muss

— durch den Erblasser

— bis zum Erbfall zu eigenen Wohnzwecken oder

— aus zwingenden Gründen nicht zu Wohnzwecken genutzt werden und

— beim Erwerber

— unverzüglich zur Selbstnutzung zu eigenen Wohnzwecken bestimmt sein.

Behaltefrist

Zudem gilt eine **Behaltefrist**. Die Steuerbefreiung fällt mit Wirkung für die Vergangenheit weg, wenn der Erwerber das Familienheim innerhalb von 10 Jahren nach dem Erwerb nicht mehr selbst nutzt, es sei denn, er ist aus zwingenden Gründen an einer Selbstnutzung zu eigenen Wohnzwecken gehindert. Der Wegfall erfolgt nicht zeitanteilig, sondern vollständig (**„Fallbeilklausel"**).[441]

„Fallbeilklausel"

Problematisch ist bereits das Merkmal der **Nutzung zu eigenen Wohnzwecken**. Nach der Begründung des Finanzausschusses ist eine Nutzung zu eigenen Wohnzwecken auch dann noch gegeben, wenn der überlebende Ehegatte oder Lebenspartner, bspw. als Berufspendler, mehrere Wohnsitze hat, das Familienheim aber seinen **Lebensmittelpunkt** bildet.[442]

gewerbliche oder freiberufliche Mitnutzung unschädlich

Die Nutzung auch zu anderen als Wohnzwecken ist unschädlich, wenn sie von untergeordneter Bedeutung ist (z.B. durch Nutzung eines Arbeitszimmers). Die unentgeltliche **gewerbliche** oder **freiberufliche Mitnutzung** der Wohnung ist grds. **unschädlich**, wenn die Wohnnutzung überwiegt. Bei einer entgeltlichen gewerblichen oder freiberuflichen Mitbenutzung der Wohnung ist die Befreiung auf den eigenen Wohnzwecken dienenden Teil

---

[441] R E 13.4 Abs. 6 S. 4 ErbStR 2011
[442] R E 13.3 Abs. 2 S. 4 ErbStR 2011

der Wohnung begrenzt. Ein begünstigtes Familienheim kann in jeder Art von bebautem Grundstück i.S.d. § 181 Abs. 1 Nr. 1 bis 5 BewG vorhanden sein, mithin z.B. auch in einem Mietwohn- oder Geschäftsgrundstück oder in einem Gebäude, das durch ein Erbbaurecht errichtet worden ist. Eine gewerbliche oder freiberufliche Nutzung (z.B. durch eine Arztpraxis) außerhalb der eigenen Wohnung, eine Fremdvermietung oder die unentgeltliche Überlassung weiterer auf dem Grundstück vorhandener Wohnungen an Kinder oder Eltern ist nicht begünstigt. Die Aufteilung des Wertes eines Gebäudes, das neben der eigenen Wohnnutzung weitere Nutzungen aufweist, erfolgt nach der Wohn-/Nutzfläche; Garagen, Nebenräume und Nebengebäude sind hierbei nicht einzubeziehen.[443]

Weitgehend offen ist auch das weitere Tatbestandsmerkmal der **zwingenden Gründe, die eine Selbstnutzung verhindern.** Zwingende Gründe, die beim Erblasser oder dem überlebenden Ehegatten/Lebenspartner eine fehlende Selbstnutzung zu eigenen Wohnzwecken rechtfertigen können, liegen nach der Gesetzesbegründung im **Todesfall** oder bei **Pflegebedürftigkeit** vor.

Todesfall oder Pflegebedürftigkeit

Im Laufe des Gesetzgebungsverfahrens war diskutiert worden, ob das Kriterium der Pflegebedürftigkeit von einer bestimmten Pflegestufe abhängig gemacht werden kann.[444] Dies ist nach unserer Überzeugung zu verneinen. Nach dem SGB XI wird Pflegegeld in allen drei derzeit geltenden Pflegestufen sowohl für die häusliche als auch die teilstationäre oder vollstationäre Pflege gezahlt. Selbst in Pflegestufe 3 ist somit eine häusliche Pflege nach der gesetzlichen Vorstellung möglich. Aus der Pflegestufe allein ergibt sich somit niemals ein zwingender Grund i.S.d. § 13 Abs. 1 Nr. 4b ErbStG. Entscheidend ist deshalb der Passus in der amtlichen Begründung, dass **objektive Gründe** vorliegen müssen, die das **selbstständige Führen eines Haushalts** in dem erworbenen Familienheim **unmöglich** machen.[445]

Nach Auffassung der FinVerw sind lediglich gesundheitliche Einschränkungen zwingende Gründe im Sinne des § 14 Abs. 1 Nr. 4b ErbStG. Dagegen sollen **berufliche Gründe,** etwa ein arbeitsplatzbedingter Umzug,[446] oder **finanzielle Gründe** wie die nach dem Ableben des Ehepartners zu hohe wirtschaftliche Belastung nicht „zwingend" i.S.d. § 13 Abs. 1 Nr. 4b

objektive Unmöglichkeit

---

[443] R E 13.3 Abs. 2 S. 9 ff. ErbStR 2011
[444] Anders aus der FinVerw, *Halaczinsky*, ZErb 2009, 21, 29, der ausschließlich Pflegestufe 3 als zwingenden Grund ansieht.
[445] Dementsprechend auch R E 13.4 Abs. 6 S. 9 ErbStR 2011
[446] Pro Begünstigung *Brey/Merz/Neufang*, BB 2009, 132, 133

Erbschaftsteuerrichtlinien

berufliche und finanzielle Gründe unerheblich

ErbStG sein.[447] Dies erscheint zweifelhaft, ebenso die Nichtanerkennung wichtiger persönlicher Gründe, etwa die von Art. 6 GG geschützte Ehe mit einem neuen, an einem anderen Ort lebenden Ehepartner.[448] Die Klärung durch die Rspr. bleibt abzuwarten.

Hinweis

Die genannte Problematik der Behalteregelungen wird vermieden, wenn das Familienheim unter Lebenden nach § 13 Abs. 1 Nr. 4a ErbStG mit einem Rückforderungsrecht für den Fall des Vorversterbens des beschenkten Ehegatten übertragen wird. Im Fall dessen Vorversterbens ist der Rückfall steuerfrei. Ist der Beschenkte der Längerlebende, bestehen gem. § 13 Abs. 1 Nr. 4a ErbStG keine Bindungen.

Hinweis

§ 13 Abs. 1 Nr. 4b ErbStG macht die Verschonung abweichend von § 13 Abs. 1 Nr. 4a ErbStG nicht von der gemeinsamen Nutzung beider Ehegatten bis zum Todeszeitpunkt abhängig. Ein Leerstand bzw. eine Fremdvermietung der Wohnung in zwingender Verhinderung des Erblassers zur Eigennutzung steht der Anwendung des § 13 Abs. 1 Nr.4b ErbStG deshalb nicht entgegen.

Für den überlebenden Ehegatten/Lebenspartner ist es unerheblich, aufgrund welcher erbrechtlichen Regelung er die Wohnung nach dem Tod nutzt. Als Erwerber ist eine Nutzung möglich in der Eigenschaft als

- Alleinerbe,
- Miterbe,
- Vermächtnisnehmer.

kein Abzug von Verbindlichkeiten

Soweit mit dem befreiten Familienheim verbundene **Verbindlichkeiten** übergehen, ist deren **Abzug** nach § 10 Abs. 6 S. 3 ErbStG **ausgeschlossen**.[449]

---

[447] R E 13.4 Abs. 6 S. 9 ErbStR 2011; kritisch *Steiner* ErbStB 2009, 123, 127; *Schumann*, DStR 2009, 197

[448] Ebenso *Schumann*, DStR 2009, 197; *Steiner* ErbStB 2009, 123, 127

[449] R E 13.4 Abs. 4 ErbStR 2011

Erbschaftsteuerrichtlinien

Einige Beispielsfälle mögen die Regelung veranschaulichen:

Beispiel 1

Die Eltern wohnen in einem aufwendigen EFH mit einer Wohnfläche von 400 qm und einem Wert von 2 Mio. EUR. Nach dem Tod des Vaters sind Erben die Ehefrau und das einzige Kind je zur Hälfte. Die Ehefrau bewohnt das Objekt weiterhin allein.

Lösung

Lediglich die Mutter kann die Begünstigung nach § 13 Abs. 1 Nr. 4b ErbStG in Anspruch nehmen, allerdings nur i.H.d. ihr zugefallenen hälftigen Wertes des EFH.

Abwandlung 1

Testamentarisch hat der Vater angeordnet, dass die Mutter i.R.d. Erbauseinandersetzung das EFH erhält, während der Sohn Kapitalvermögen zugewiesen bekommt.

Lösung

Die Mutter kann für das gesamte Grundstück die Befreiung des § 13 Abs. 1 Nr. 4b ErbStG in Anspruch nehmen.

Abwandlung 2

5 Jahre nach dem Erbfall lernt die Ehefrau einen neuen Partner kennen und zieht zu diesem. Das Grundstück wird vermietet.

Lösung

Die Befreiung entfällt rückwirkend, § 13 Abs. 1 Nr. 4b Satz 5 ErbStG. Die ursprüngliche ErbSt-Festsetzung ist nach § 175 Abs. 1 Nr. 2 AO zu ändern. Eine Vollverzinsung nach § 233a AO erfolgt nicht, da die ErbSt in der Vorschrift nicht aufgeführt ist.

Abwandlung 3

Drei Jahre nach dem Erbfall überträgt die Mutter das EFH unter Nießbrauchsvorbehalt auf ihren Sohn. Weitere fünf Jahre später ist sie nicht mehr in der Lage, den Haushalt in dem erworbenen Familienheim selbstständig zu führen und zieht in ein Pflegeheim.

Erbschaftsteuerrichtlinien

Lösung

Nach Auffassung der FinVerw führt die **Übertragung unter Nießbrauchsvorbehalt** zur **Nachversteuerung**.[450] Dies ist in der Gestaltungsberatung zu beachten. Für die Abwehrberatung ist auf Folgendes hinzuweisen: Ausweislich der Gesetzesbegründung ist lediglich ein Verkauf oder eine Vermietung des Familienheims oder von Teilen davon oder ein längerer Leerstand schädlich. Die Übertragung im Wege vorweggenommener Erbfolge unter Nießbrauchsvorbehalt ist nicht ausdrücklich erwähnt. Nach dem Wortlaut liegt aufgrund des Nießbrauchsvorbehalts weiterhin eine Selbstnutzung zu eigenen Wohnzwecken vor. Der 5 Jahre später erfolgende Auszug ist jedenfalls unschädlich.

c) Erwerb von Todes wegen durch Kinder, § 13 Abs. 1 Nr. 4c ErbStG

Die ebenfalls 2009 eingefügte Vorschrift des § 13 Abs. 1 Nr. 4c ErbStG gewährt erstmals eine **Steuerfreistellung** für den Erwerb des Familienheims durch **Kinder** oder **Kinder vorverstorbener Kinder.**

Begünstigt ist ausschließlich der **Erwerb von Todes wegen.**

Die Voraussetzungen der Steuerbefreiung entsprechen denen des Erwerbs des Ehegatten oder eingetragenen Lebenspartners. Zusätzlich erkennt die FinVerw als die Selbstnutzung hindernden zwingenden Grund die Minderjährigkeit eines Kindes an.[451]

Freibetrag bis max. 200 qm Wohnfläche

Die **Steuerfreiheit** wird allerdings nur gewährt, **soweit** die **Wohnfläche 200 qm nicht übersteigt.** Eine darüber hinausgehende Wohnfläche führt zur ErbSt-Festsetzung nur auf den übersteigenden Teil **(Freibetrag).**

Auch hierzu einige Beispiele:

Beispiel

Die Eltern wohnen in einem EFH mit einer Fläche von 300 qm. Nach deren Tod übernimmt der Sohn das EFH.

---

[450] R E 13.4 Abs. 6 S. 2 ErbStR 2011; ebenso bereits *Brey/Merz/Neufang*, BB 2009, 132, 134
[451] R E 13.4 Abs. 7 S. 5 ErbStR 2011

Erbschaftsteuerrichtlinien

Lösung

Der Sohn kann die Befreiung nur zu 2/3 erhalten, weil in seiner Person lediglich 200 qm begünstigt sind, § 13 Abs. 1 Nr. 4c S. 1 letzter HS ErbStG.

Abwandlung 1

Das Haus der Eltern liegt in Oldenburg, der Sohn arbeitet und wohnt in Hannover. Er zieht nunmehr nach Oldenburg und behält in Hannover einen Zweitwohnsitz.

Lösung

Nach Auffassung der FinVerw stehen mehrere Wohnsitze der Begünstigung nicht entgegen, sofern das **Familienheim** den **Lebensmittelpunkt** des Kindes bildet. Der Sohn erhält auch hier zwei Drittel des Familienheims steuerfrei.

Abwandlung 2

Erben des Hauses mit 300 qm Wohnfläche sind Sohn und Tochter gemeinsam. Sie teilen das Haus auf und ziehen gemeinsam ein.

Lösung

Der Wortlaut des Gesetzes stellt auf die **Größe der Wohnung des Erblassers** ab. Der Gesetzgeber hatte offenbar nur einen Erwerber vor Augen. Nach der Gesetzesbegründung soll die 200 qm-Grenze die noch angemessene Größenordnung für ein Familienheim festlegen, um dem Erwerber die Fortnutzung zu ermöglichen.[452] Da auf die Wohnung des Erblassers abzustellen ist, sind nach Auffassung der FinVerw insg. nur 200 qm Wohnfläche begünstigt (das entspricht 2/3 der Gesamtwohnfläche von 300 qm). Bei jedem Kind sind mithin von dem hälftigen Grundbesitzwert von 225.000 EUR nur 2/3 (= 150.000 EUR) befreit.[453]

d) Weitergabeverpflichtung

Sowohl § 13 Abs. 1 Nr. 4b als auch § 13 Abs. 1 Nr. 4c ErbStG enthalten **personelle Verbleibensvoraussetzungen.** Nach den jeweils identischen Formulierungen in Satz 2 und 3 der Vorschriften kann ein Erwerber die Steuerbefreiung nicht in Anspruch nehmen, soweit er das begünstigte

---

[452] BT-Drucks. 16/11107, 11
[453] H E 13.4 Beispiel

Erbschaftsteuerrichtlinien

Vermögen aufgrund einer **Verfügung des Erblassers** auf einen Dritten übertragen muss. Anwendungsfälle sind insb.:

- Sachvermächtnisse, die auf begünstigtes Vermögen gerichtet sind,

- Vorausvermächtnisse, die auf begünstigtes Vermögen gerichtet sind,

- ein Schenkungsversprechen auf den Todesfall oder

- Auflagen des Erblassers, die auf die Weitergabe begünstigten Vermögens gerichtet sind.[454]

Sind Miterben auf Grund einer **Teilungsanordnung** des Erblassers verpflichtet, das begünstigte Familienheim auf einen Miterben zu übertragen, können die übertragenden Miterben die Befreiung nicht in Anspruch nehmen; das gilt unabhängig davon, wann die Auseinandersetzungsvereinbarung geschlossen wird. Den übernehmenden Erwerber oder Miterben, der die Begünstigung für das Familienheim oder den Teil des Familienheims in Anspruch nehmen kann, trifft die Pflicht zur Einhaltung der Befreiungsvoraussetzungen (10-jährige Selbstnutzung); er hat die steuerlichen Folgen eines Verstoßes hiergegen zu tragen.

Beispiel[455]

Erblasser E vererbt seiner Ehefrau F und seiner Tochter T je zur Hälfte ein bis dahin selbstgenutztes EFH mit einem Grundbesitzwert von 600.000 EUR und einer Wohnfläche von 300 qm. Beide nutzen das Haus nach seinem Tod mehr als zehn Jahre.

Lösung

Der hälftige Erwerb der F ist in voller Höhe befreit (300.000 EUR), da § 13 Abs. 1 Nr. 4b ErbStG keine Wohnflächenbegrenzung vorsieht. Der hälftige Erwerb der T (300.000 EUR) ist nur zu 2/3 (200.000 EUR) befreit, da § 13 Abs. 1 Nr. 4c ErbStG die Befreiung auf eine Wohnfläche von 200 qm (das entspricht 2/3 der Gesamtfläche von 300 qm) begrenzt.

---

[454] R E 13.4 Abs. 5 ErbStR 2011
[455] Nach H E 13.4 Beispiel 2

Beispiel 2

Im Vermögen der Witwe W befindet sich ein selbstgenutztes EFH mit einem Wert von 1 Mio. EUR und Kapitalvermögen von einem Wert von ebenfalls 1 Mio. EUR. Im Testament ist angeordnet, dass die am Ort lebende Tochter T das EFH erhält, während der Sohn das Kapitalvermögen übernimmt. Nach dem Tod der Mutter zieht T in das Haus ein.

Lösung

Die Tochter erhält das EFH unter Einhaltung der sonstigen Voraussetzungen des § 13 Abs. 1 Nr. 4c ErbStG steuerfrei.[456] Der Sohn kann dagegen auf das von ihm übernommene Kapitalvermögen lediglich den persönlichen Freibetrag nach § 16 ErbStG in Ansatz bringen und hat den Restbetrag zu versteuern. Dies führt bei einem Steuersatz von 15 v.H. zu einer Steuerbelastung von 90.000 EUR.

Hinweis

In Testamenten ist deshalb nicht nur eindeutig zu regeln, welches Kind das Familienheim erhält, sondern zugleich ggf. eine Kompensationsregelung hinsichtlich einer etwaigen hieraus sich ergebenden ungleichen ErbSt-Belastung vorzusehen.[457]

2. Wertabschlag

a) Zu Wohnzwecken vermietete Immobilien

Für die Erwerber anderer Immobilien als Familienheimen gibt es wenig Grund zur Freude: **§ 13c ErbStG** beinhaltet nur eine **stark eingegrenzte Steuerbefreiung** für

- zu Wohnzwecken vermietete Grundstücke,

- die sich im Inland, der EU oder dem Europäischen Wirtschaftsraum befinden und

- nicht zum BV oder land- und forstwirtschaftlichem Vermögen gehören.

---

[456] R E 13.4 Abs. 4 S. 5, 6 ErbStR 2011
[457] Zu weiterführenden Gestaltungen vgl. auch *Jülicher*, ZErb 2009, 222

Wertabschlag 10 %

Diese sind mit **90 v.H. ihres Wertes** anzusetzen. Der hieraus resultierende Wertabschlag von 10 v.H. gilt ausschließlich für vermietete Objekte.

Die noch im Entw. vorgesehene **Haltefrist von zehn Jahren** ist im Gesetz **nicht mehr enthalten.** Auch eine Behaltensverpflichtung oder Verpflichtung zur weiteren Vermietung zu Wohnzwecken besteht nach Auffassung der FinVerw nicht.[458] Entscheidend sind die Verhältnisse im Besteuerungszeitpunkt (§ 9 Abs. 1 Nr. 2 ErbStG). Bei zur Vermietung von Wohnzwecken bestimmten Grundstücken ist nach Auffassung der FinVerw Leerstand am Stichtag unschädlich, eine unentgeltliche Überlassung oder Selbstnutzung dagegen schon.[459]

Hinweis

Dies kann zum Ratschlag veranlassen, bei geplanten vornehmlich freigebigen Zuwendungen unter Lebenden Objekte zu vermieten – auch an den Beschenkten? –, um anschließend den Abschlag in Anspruch nehmen zu können. Gleichwohl ist vor zu weitgehenden Gestaltungen zu warnen.

untergeordnete Nutzung unschädlich

Eine untergeordnete Nutzung zu anderen als zu Wohnzwecken, z.B. Arbeitszimmer, ist unschädlich.[460] Bei gemischter Nutzung ist der Abschlag nur auf den zu Wohnzwecken vermieteten Gebäudeteil zu gewähren. Aufteilungsmaßstab ist das Verhältnis der zu Wohnzwecken vermieteten Fläche zur gesamten Wohn-/Nutzfläche.[461]

b) Weiterleitungsklausel

Nach **§ 13c Abs. 2 ErbStG** kann der Erwerber den **verminderten Wertansatz nicht in Anspruch** nehmen, soweit er auf der Grundlage einer letztwilligen Verfügung des Erblassers oder einer rechtsgeschäftlichen Verfügung des Erblassers oder Schenkers **den Grundbesitz auf Dritte übertragen muss.** Wie bei § 13 Abs. 1 Nr. 4b und c ErbStG gilt Gleiches auch dann, wenn i.R.e. Erbauseinandersetzung der begünstigte Grundbesitz auf einen Erben übertragen wird.

---

[458] R E 13c Abs. 2 S. 2 ErbStR 2011
[459] R E 13c Abs. 3 S. 5, 6 ErbStR 2011
[460] R E 13c Abs. 4 ErbStR 2011
[461] R E 13c Abs. 3 S. 7 ErbStR 2011

Erbschaftsteuerrichtlinien

Bei Vorliegen einer **Teilungsanordnung** oder eines **Vermächtnisses** steht der Verschonungsabschlag daher dem endgültigen Erwerber der Immobilie zu. In Durchbrechung des erbschaftsteuerlichen Grundprinzips, dass die Erbauseinandersetzung unbeachtlich ist, gilt Gleiches, wenn die Immobilie i.R.d. Erbauseinandersetzung einem Miterben zugewiesen wird.[462]

3. Stundung

Über den Abschlag von 10 v.H. und die Begünstigungen selbstgenutzter Immobilien hinaus hat sich der Finanzausschuss noch auf verschiedene **Stundungsmöglichkeiten** für die auf die Übertragung von **Wohnimmobilien** entstehende ErbSt verständigt. **Voraussetzung** ist, dass die **Steuer nur durch** die **Veräußerung des Vermögens aufgebracht** werden kann, § 28 Abs. 3 S. 1 ErbStG. Die zu beantragende Stundung erfolgt **bis zu 10 Jahren,** bei

10 Jahre Stundung

– Erwerb von zu Wohnzwecken vermieteten Grundstücken i.S.d. § 13c Abs. 3 ErbStG[463]

– Erwerb eines selbstgenutzten Ein- oder Zweifamilienhauses oder einer Eigentumswohnung.[464]

Die Stundung endet, wenn das erworbene Vermögen verschenkt wird (§ 28 Abs. 3 S. 4 ErbStG).

Die Stundung erfolgt

– bei Erwerb von **Todes wegen zinslos**

– bei Schenkung unter Lebenden zu Zinsen i.H.v. 0,5 v.H. pro Monat.[465]

Zusammengefasst stellen sich die **Begünstigungen für Grundvermögen** bei Nutzung von Wohnzwecken wie folgt dar:

---

[462] Vgl. auch R E 13.4 Abs. 4 S. 11 ErbStR 2011
[463] R E 28 Abs. 2 Nr. 1 ErbStR 2011
[464] R E 28 Abs. 3 S. 1 ErbStR 2011
[465] R E 28 Abs. 6 ErbStR 2011

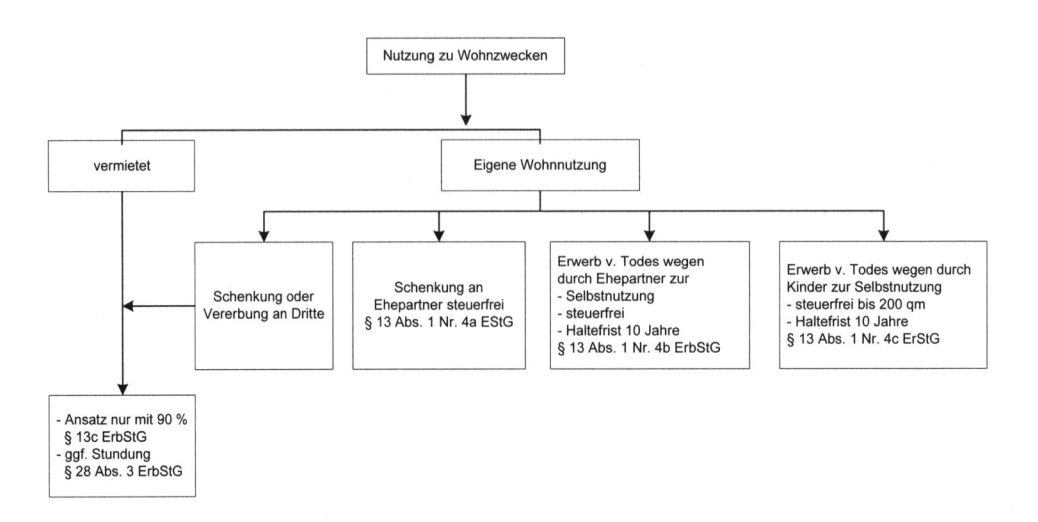

```
                    ┌─────────────────────┐
                    │ Nutzung zu Wohnzwecken │
                    └──────────┬──────────┘
              ┌────────────────┴────────────────┐
         ┌─────────┐                    ┌─────────────────┐
         │ vermietet │                   │ Eigene Wohnnutzung │
         └─────────┘                    └─────────────────┘
```

┌─────────────┬─────────────┬──────────────────┬──────────────────┐
│ Schenkung oder │ Schenkung an │ Erwerb v. Todes wegen │ Erwerb v. Todes wegen durch │
│ Vererbung an Dritte │ Ehepartner steuerfrei │ durch Ehepartner zur │ Kinder zur Selbstnutzung │
│   │ § 13 Abs. 1 Nr. 4a EStG │ - Selbstnutzung │ - steuerfrei bis 200 qm │
│   │   │ - steuerfrei │ - Haltefrist 10 Jahre │
│   │   │ - Haltefrist 10 Jahre │ § 13 Abs. 1 Nr. 4c ErStG │
│   │   │ § 13 Abs. 1 Nr. 4b ErbStG │ │
└─────────────┴─────────────┴──────────────────┴──────────────────┘

- Ansatz nur mit 90 %
  § 13c ErbStG
- ggf. Stundung
  § 28 Abs. 3 ErbStG

III. Bewertung

1. Grundsätzliches

Die ErbStR 2011 enthalten in Abschnitt III. zugleich auch die Bewertungsrichtlinien. Diese **übernehmen** grds. die Regelungen, die die FinVerw bereits ab dem Jahre 2009 in diversen **Erlassen** herausgegeben hatte:

Erlasse

– Feststellungsverfahren (AEBewFestV[466])

– Bewertung des land- und forstwirtschaftlichen Vermögens (AEBewLoV[467])

– Bewertung des Grundvermögens (AEBewGrV[468])

– Bewertung des betrieblichen Vermögens: Gewerbebetriebe einschließlich Anteilsbewertung und Bewertung von Beteiligungen an Personengesellschaften (AEBewAntbV[469])

– Neufassung der AEBewAntbV v. 17.05.2011[470]

---

[466] Gleichlautende Erlasse v. 30.3.2009, BStBl I 2009, 546
[467] Gleichlautende Erlasse v. 1.4.2009, BStBl I 2009, 552
[468] Gleichlautende Erlasse v. 5.5.2009, BStBl I 2009, 590
[469] Gleichlautende Erlasse v. 25.6.2009, BStBl I 2009, 698
[470] Gleichlautende Erlasse v. 17.5.2011, BStBl I 2011, 606

Erbschaftsteuerrichtlinien

2. Einzelpunkte

Im Wesentlichen sind folgende Neuerungen erwähnenswert:

a) Erfindungen und Urheberrechte

Erfindungen und Urheberrechte sind durch **Kapitalisierung** der zuletzt gezahlten **Lizenzgebühr** zu bewerten; eine Einschränkung auf Erfindungen und Urheberrechte, die nicht zu einem BV gehören, erfolgt nicht.[471]

Kapitalisierung Lizenzgebühren

Bei Kapitalisierung ist nicht mehr von einem typisierenden Marktzins von 8 v.H. plus Risikozuschlag auszugehen, stattdessen wird auf § 203 Abs. 1 BewG verwiesen.

b) Anteilsbewertung

Erwähnenswert ist weiter, dass nunmehr bei der Ermittlung des Substanzwerts nach § 11 BewG in Abweichung von der bisherigen Auffassung ein **Geschäfts- oder Firmenwert einzubeziehen** ist, wenn ihnen ein eigenständiger Wert zugewiesen werden kann, unabhängig davon, ob er selbst geschaffen oder entgeltlich erworben wurde.[472]

Firmenwert

WG des **beweglichen abnutzbaren AV** sind bei der Bestimmung des gemeinen Werts nach Auffassung der FinVerw aus Vereinfachungsgründen mit einem **angemessenen Restwert von mind. 30 v.H.** der **AK/HK** anzusetzen.[473]

30 % AK

Bei in Liquidation befindlichen Einzelunternehmen, PersG oder KapG kann der Liquidationswert angesetzt werden.[474]

Liquidationswert

c) Bewertung von Betriebsvermögen

Bei der Bewertung von BV sind entspr. vorstehenden Ausführungen originäre und derivative immaterielle WG zu berücksichtigen.[475]

---

[471] R B 9.2 ErbStR 2011
[472] R B 11.3 Abs. 3 S. 5 ErbStR 2011
[473] R B 11.3 Abs. 7 ErbStR 2011
[474] R B 11.3 Abs. 9 ErbStR 2011
[475] R B 95 Abs. 1 ErbStR 2011

d) Grundvermögen

Auch die Regelungen zur Bewertung von Grundvermögen in R B 176.1 bis 198 ErbStR 2011 sind im Wesentlichen identisch mit dem **Erlass zur Bewertung des Grundvermögens vom 5.5.2009.**[476] Ergänzend wurden lediglich einige untergeordnete Klarstellungen vorgenommen.

e) Vereinfachtes Ertragswertverfahren

Auch die Regelungen des Erlasses zur Bewertung des betrieblichen Vermögens **(AEBewAntbV)** i.d.F. v. 17.5.2011[477] wurden weitgehend inhaltsgleich in R B 199 bis 203 der ErbStR 2011 **übernommen**. Erwähnenswert sind folgende Konkretisierungen:

In den ErbStR 2011 erkennt die FinVerw nunmehr an, dass die § 199 Abs. 1 und 2 BewG dem Stpfl. ein **Wahlrecht** einräumen, das **vereinfachte Ertragswertverfahren** anzuwenden. Hierbei wird als gesetzliche Tatbestandsvoraussetzung gefordert, dass dieses Verfahren nicht zu offensichtlich unzutreffenden Ergebnissen führt.[478] Hat das FA an der Anwendbarkeit des vereinfachten Ertragswertverfahrens Zweifel, hat es diese substanziiert darzulegen und dem Stpfl. Gelegenheit zu geben, diese Bedenken auszuräumen. Als **Indizien** für offensichtlich **unzutreffende Ergebnisse** zählen die ErbStR 2011 auf:[479]

Nichtanwendung vereinfachtes Ertragswertverfahren

– komplexe Strukturen verbundener Unternehmen

– Unternehmensneugründungen

– Wachstumsunternehmen, branchenbezogene oder allgemeine Krisensituation o.Ä.

– grenzüberschreitende Sachverhalte

Es darf vermutet werden, dass es der FinVerw hierdurch ermöglicht werden soll, die in derartigen Fällen niedrigen Ertragswerte anzugreifen.[480] Will der Stpfl. in diesen Fällen dennoch Gebrauch vom vereinfachten Ertragswert-

---

[476] BStBl I 2009, 590
[477] BStBl I 2011, 606
[478] R B 199.1 Abs. 4 S. 2 ErbStR 2011
[479] R B 199. Abs. 6 ErbStR 2010
[480] Ebenso *Schmidt/Schwind*, NWB 2011, 3512; 3529

Erbschaftsteuerrichtlinien

verfahren machen, liegt die Darlegungslast bei ihm. Nach Auffassung der FinVerw muss er dann substanziiert darlegen, warum das vereinfachte Ertragswertverfahren nicht zu einem unzutreffenden Ergebnis führt.[481]

Nach Auffassung der FinVerw kann bei Unternehmensneugründungen und Branchenwechseln der **Substanzwert als Mindestwert** (§ 11 Abs. 2 Satz 3 BewG) angesetzt werden, sofern dies nicht zu offensichtlich unzutreffenden Ergebnissen führt.[482]

Hinweis

Dem vereinfachten **Ertragswertverfahren** nach §§ 199 ff BewG kommt **steuerrechtlich** insofern **erhöhte Bedeutung** zu, als das BMF in seinem Schr. v. 22.9.2011[483] die Auffassung vertritt, das vereinfachte Ertragswertverfahren sei auch bei der **Ertragsteuer** anzuwenden.

auch bei Ertragsteuer

IV. Berücksichtigung privater Steuererstattungsansprüche/ Steuerschulden des Erblassers

Äußerst aktuell ist auch die Problematik der erbschaftsteuerlichen Berücksichtigung privater Steuererstattungsansprüche bzw. Steuerschulden des Erblassers.

Sehr instruktiv hierzu ist der dem Urteil des Nds. FG v. 23.2.2011[484] zugrunde liegende Sachverhalt:

Fall

Die Klägerin ist Miterbin zu ½ nach dem am 31.12.2004 um 0:15 Uhr verstorbenen Erblasser. In der ErbSt-Erklärung machte die Klägerin die ESt 2004 des Erblassers in Höhe von € 1,85 Mio. als Nachlassverbindlichkeit geltend. Im Fall des Todes eines Stpfl. verkürze sich der VZ, da die Steuerpflicht die Existenz eines Steuersubjektes voraussetze. Die ESt entstehe folglich schon im Zeitpunkt des Todes des Erblassers und könne deshalb als Nachlassverbindlichkeit abgezogen werden.

---

[481] R B 199.1 Abs. 6 ErbStR 2011
[482] R B199.1 Abs. 6 S. 2 ErbStR 2011
[483] BMF-Schr. v. 22.9.2011 – IV C 6 – S 2170/10/1001, BStBl I 2011, 859
[484] Nds. FG, Urt. v. 23.2.2011 – 3 K 332/10, EFG 2011, 1342, Az BFH II R 15/11

Erbschaftsteuerrichtlinien

ESt des Todesjahres nicht abzugsfähig

Das FG folgte dieser Argumentation nicht. Die **ESt** des **Todesjahres** könne **nicht abgezogen** werden. Sie entstehe gem. § 36 Abs. 1 EStG erst mit Ablauf des VZ und sei deshalb zum Stichtag noch nicht entstanden. Es sei auch nicht im Wege einer verfassungskonformen Auslegung der §§ 9, 11 ErbStG geboten, einen spezifisch erbschaftsteuerlichen Zeitpunkt der Entstehung der ESt zu bestimmen, der einen Abzug der Einkommensteuerschuld des Todesjahres ermögliche, weil anderenfalls das Gebot der Besteuerung nach der wirtschaftlichen Leistungsfähigkeit verletzt wäre. Es gebe keinen allgemeinen Verfassungsrechtssatz des Inhalts, dass alle Steuern zur Vermeidung von Lücken oder von Mehrfachbelastungen aufeinander abgestimmt werden müssten.

Die Entscheidung liegt formal auf der Linie des **BFH-Urt. v. 17.2.2010.**[485]

Auch die **FinVerw** geht in den ErbStR 2011 davon aus, dass die **ESt** erst mit dem Ende des VZ, somit mit Ablauf des 31.12. entstehe[486] und deshalb **nicht** als **Nachlassverbindlichkeit abzugsfähig** sei.[487] Lediglich bereits festgesetzte und vor dem Tod fällige ESt-Vorauszahlungen seien selbst dann abziehbar, wenn sie noch nicht entrichtet seien.[488]

a. A. FG Düsseldorf

Dem ist nun erstmals das **FG Düsseldorf** in seinem nicht rkr. Urt. v. 2.11.2011[489] entgegengetreten. Danach sind **ESt-Schulden** des Erblassers als Nachlassverbindlichkeit **abzugsfähig**.

Hinweis

Die Auffassung der FinVerw und der bisherigen Rspr. vermag im Ergebnis nicht zu überzeugen. Im Schrifttum wird – u.a. auch durch den neuen Präsidenten des BFH und dem Vorsitzenden Richter des II. Senats – seit vielen Jahren die kumulative Besteuerung des mit einer latenten Einkommensteuerschuld belasteten Vermögens sowohl mit ErbSt als auch mit ESt kritisiert.[490] Faktisch endet der VZ des Erblassers mit seinem Tod. Letztlich wird sich das BVerfG in dem dort gegen die Entscheidung des BFH vom 17.2.2010 anhängigen Verfassungsbeschwerde-

---

[485] BFH-Urt. v. 17.2.2010 – II R 23/09, BStBl II 2010, 641
[486] R E 10.8 Abs. 1 ErbStR 2011
[487] R E 10.8 Abs. 3 S. 2 ErbStR 2011
[488] R E 10.8 Abs. 4 S. 2 ErbStR 2011
[489] FG Düsseldorf, Urt. v. 2.11.2011 – 4 K 2263/11 Erb, EFG 2012, 259, Az BFH II R 56/11
[490] Vgl. *Mellinghoff*, DStJG 22 (1999), 127, 161; *Viskorf/Glier/Hübner/Knobel/Schuck*, ErbStG/BewG, Einführung ErbStG Rz 22; *Crezelius*, DB spezial 10/2007, 2, 10; *Kirchhof/Söhn/Mellinghoff*, EStG, § 35b Rz A 113 ff

Erbschaftsteuerrichtlinien

verfahren[491] mit dieser Streitfrage zu befassen haben. Entsprechende Fälle sollten deshalb offengehalten und ein Ruhen des Verfahrens bis zur Entscheidung des BVerfG beantragt werden.

Abschließend ist anzumerken, dass die FinVerw in ihrer Auffassung konsequent ist. **ESt-Erstattungsansprüche** aus dem Kj, in dem der Erblasser verstorben ist, entstehen nach Auffassung der FinVerw erst nach dem Tod des Erblassers und gehören insoweit folgerichtig **nicht zum stpfl. Erwerb** nach § 10 Abs. 1 ErbStG.[492]

ESt-Erstattung für das Todesjahr nicht stpfl.

V. Anwendungsregelung

Die ErbStR 2011 sind auf alle Erwerbsfälle anzuwenden, für die die Steuer nach dem **2.11.2011** entsteht. Zugleich gelten sie auch für Erwerbsfälle, für die die Steuer **vor diesem Zeitpunkt** entstanden ist, soweit sie geänderte **Vorschriften des ErbStG** und **BewG** betreffen, die **vor dem 3.11.2011 anzuwenden** sind. Im Ergebnis ist die FinVerw damit in der Lage, die neuen ErbStR in allen offenen Fällen anzuwenden. Bisher ergangene Anweisungen, die mit diesen Richtlinien in Widerspruch stehen, sind ausdrücklich nicht mehr anzuwenden.[493] Dies erscheint insoweit **problematisch**, als die FinVerw kurz nach dem Inkrafttreten des ErbStRG[494] bereits im Jahre 2009 diverse Erlasse zu dessen Verständnis herausgegeben hatte:

Anwendung in allen offenen Fällen

- Feststellungsverfahren (AEBewFestV[495])
- Bewertung des land- und forstwirtschaftlichen Vermögens (AEBewLoV[496])
- Bewertung des Grundvermögens (AEBewGrV[497])
- Bewertung des betrieblichen Vermögens: Gewerbebetriebe einschließlich Anteilsbewertung und Bewertung von Beteiligungen an Personengesellschaften (AEBewAntbV[498])
- Neufassung des AEBewAntbV v. 17.05.2011[499]

---

[491] Az 1 BvR 1432/10
[492] R E 10.3 Abs. 3 S. 2 ErbStR 2011
[493] Einführung Abs. 2 S.3 ErbStR 2011
[494] ErbStRG v. 24.12.2008, BGBl I 2008, 1318
[495] Gleichlautende Erlasse v. 30.3.2009, BStBl I 2009, 546
[496] Gleichlautende Erlasse v. 1.4.2009, BStBl I 2009, 552
[497] Gleichlautende Erlasse v. 5.5.2009, BStBl I 2009, 590
[498] Gleichlautende Erlasse v. 25.6.2009, BStBl I 2009, 698
[499] Gleichlautende Erlasse v. 17.5.2011, BStBl I 2011, 606

Hinweis

Vertrauensschutz Soweit die ErbStR 2011 eine steuerverschärfende Regelung ggü. diesen Erlassen beinhalten, besteht zugunsten der Stpfl. **Vertrauensschutz** auf Grundlage des Grundsatzes der Selbstbindung der Verwaltung. Eine gegenteilige Handhabung der FinVerw sollte deshalb nicht akzeptiert werden.

IV. Teil: Anhang 1 - 6

Muster 1 (§ 1 ErbStDV), anzuwenden ab 01.01.2011.

Muster 1 (§ 1 ErbStDV) [1.

Firma

Erbschaftsteuer

An das
Finanzamt
- Erbschaftsteuerstelle -

Anzeige
über die Verwahrung oder Verwaltung fremden Vermögens (**§ 33 Abs. 1 ErbStG** und **§ 1 ErbStDV**)

1. Erblasser Name, Vorname
Geburtstag
Anschrift
Todestag					Sterbeort
Standesamt				Sterberegister-Nr.

2. Guthaben und andere Forderungen, auch Gemeinschaftskonten

Konto-Nr.	Nennbetrag am Todestag ohne Zinsen für das Jahr des Todes (volle EUR)	Aufgelaufene Zinsen bis zum Todestag (volle EUR)	Hat der Kontoinhaber mit dem Kreditinstitut vereinbart, daß die Guthaben oder eines derselben mit seinem Tod auf eine bestimmte Person übergehen? Wenn ja: Name und genaue Anschrift dieser Person
1	2	3	4

Von den Angaben in Spalte 1 entfallen auf unselbständige Zweigniederlassungen im Ausland:
Konto-Nr.:

3. Wertpapiere, Anteile, Genußscheine und dergleichen, auch solche in Gemeinschaftsdepots

Bezeichnung der Wertpapiere usw. Wertpapierkenn-Nr.	Nennbetrag am Todestag (volle EUR)	Kurswert bzw. Rücknahmepreis am Todestag (volle EUR)	Stückzinsen bis zum Todestag (volle EUR)	Bemerkungen
1	2	3	4	5

Von den Angaben in Spalte 1 entfallen auf unselbständige			Versicherungswert		EUR
Zweigniederlassungen im Ausland:
Bezeichnung der Wertpapiere usw., Wertpapierkenn-Nr.:

4. Der Verstorbene hatte **kein - ein Schließfach/ .....Schließfächer**

5. Bemerkungen (z.B. über Schulden des Erblassers beim Kreditinstitut):

Ort, Datum					Unterschrift

Muster 1 (§ 1 ErbStDV), anzuwenden ab 01.01.2011.

[1] Muster 1 geändert durch Verordnung zur Änderung steuerlicher Verordnungen vom 17.11.2010. Anzuwenden ab 01.01.2011.

Muster 2 (§ 3 ErbStDV), anzuwenden ab 01.01.2011.

Muster 2 (§ 3 ErbStDV) [1]

Firma

Erbschaftsteuer

An das
Finanzamt
- Erbschaftsteuerstelle -

Anzeige
über die Auszahlung oder Zurverfügungstellung von Versicherungssummen oder Leibrenten an einen anderen als den Versicherungsnehmer (**§ 33 Abs. 3 ErbStG** und **§ 3 ErbStDV**)

1. **Versicherter**   **und Versicherungsnehmer** (wenn er ein anderer ist als der Versicherte)

   a) Name, Vorname
   b) Geburtstag
   c) Anschrift
   d) Todestag
   e) Sterbeort
   f) Standesamt und
      Sterberegister-Nr.

Zeitpunkt der Auszahlung beziehungsweise Zurverfügungstellung in Fällen,
in denen der Versicherungsnehmer nicht verstorben ist :

2. **Versicherungsschein-Nr.**

3. **a) Bei Kapitalversicherung**
Auszuzahlender Versicherungsbetrag (einschließlich   EUR
Dividenden und dergleichen abzüglich noch geschuldeter
Prämien, vor der Fälligkeit der Versicherungssumme
gewährter Darlehen, Vorschüsse und dergleichen)

   b) Bei Rentenversicherung
   Jahresbetrag   EUR   Dauer der Rente

4. **Zahlungsempfänger ist**

☐ als Inhaber des Versicherungsscheins *		
☐ als Bevollmächtigter, gesetzlicher Vertreter des *		
☐ als Begünstigter *		
☐ aus einem anderen Grund (Abtretung, Verpfändung, gesetzliches Erbrecht, Testament und dergleichen) und welchem? *		

* Zutreffendes ist anzukreuzen

5. Nach der **Auszahlungsbestimmung des Versicherungsnehmers**, die als Bestandteil des Versicherungsvertrags anzusehen ist, ist/sind bezugsberechtigt

6. Bei **Wechsel des Versicherungsnehmers**
Neuer Versicherungsnehmer ist
Rückkaufswert   EUR   EUR

7. **Bemerkungen** (z.B. persönliches Verhältnis – Verwandtschaftsverhältnis, Ehegatte oder Lebenspartner – der Beteiligten):

Ort, Datum   Unterschrift

[1] Muster 2 geändert durch Verordnung zur Änderung steuerlicher Verordnungen vom 17.11.2010. Anzuwenden ab 01.01.2011.

Muster 3 (§ 4 ErbStDV)

Standesamt und Ordnungsnummer

**Erbschaftsteuer
Totenliste**

des Standesamtsbezirks
für den Zeitraum vom   bis   einschließlich
Sitz des Standesamts

Anleitung für die Aufstellung und Einsendung der Totenliste

1. Die Totenliste ist für den Zeitraum eines Monats aufzustellen, sofern nicht die Oberfinanzdirektion die Aufstellung für einen kürzeren oder längeren Zeitraum angeordnet hat. Sie ist **beim Beginn des Zeitraums** anzulegen. Die einzelnen Sterbefälle sind darin **sofort nach ihrer Beurkundung** einzutragen.
2. In die Totenliste sind aufzunehmen
a) alle beurkundeten Sterbefälle nach der Reihenfolge der Eintragungen im **Sterberegister** [1. **[Bis 31.12.2008.:** *Sterbebuch*] .
b) die dem Standesbeamten glaubhaft bekanntgewordenen Sterbefälle im Ausland, und zwar von Deutschen und Ausländern, wenn sie beim Tod einen Wohnsitz oder ihren gewöhnlichen Aufenthalt oder Vermögen im Bezirk des Standesamts hatten.
3. Ausfüllen der Spalten:
a) Spalte 1 muß **alle Nummern des Sterberegisters** [2. **[Bis 31.12.2008.:** *Sterbebuchs*] in ununterbrochener Reihenfolge nachweisen. Die Auslassung einzelner Nummern ist in Spalte 7 zu erläutern. Auch der Sterbefall eines Unbekannten ist in der Totenliste anzugeben.
b) In den Spalten 5 und 6 ist der Antwort stets der Buchstabe der Frage voranzusetzen, auf die sich die Antwort bezieht.
c) Fragen, über die das **Sterberegister** [3. **[Bis 31.12.2008.:** *Sterbebuch*] keine Auskunft gibt, sind zu beantworten, soweit sie der Standesbeamte aus eigenem Wissen oder nach Befragen des Anmeldenden beantworten kann.
d) Bezugnahmen auf vorhergehende Angaben durch "desgl." oder durch Strichzeichen (") usw. sind zu vermeiden.
e) Spalte 8 ist nicht auszufüllen.
4. Einlagebogen sind in den Titelbogen einzuheften.
5. Abschluß der Liste:
a) Die Totenliste ist hinter der letzten Eintragung mit Orts und Zeitangabe und der Unterschrift des Standesbeamten abzuschließen.
b) Sind Sterbefälle der unter Nummer 2 Buchstabe b bezeichneten Art nicht bekanntgeworden, ist folgende Bescheinigung zu unterschreiben:
Im Ausland eingetretene Sterbefälle von Deutschen und Ausländern, die beim Tod einen Wohnsitz oder ihren gewöhnlichen Aufenthalt oder Vermögen im Bezirk des Standesamts hatten, sind mir nicht bekanntgeworden.

(Ort, Datum)   (Standesbeamter/Standesbeamtin)

c) Binnen **zehn Tagen** nach Ablauf des Zeitraums, für den die Liste aufzustellen ist, ist sie dem Finanzamt einzureichen. Sind in dem Zeitraum Sterbefälle **nicht** anzugeben, ist dem Finanzamt binnen zehn Tagen nach Ablauf des Zeitraums eine Fehlanzeige nach besonderem Muster zu erstatten.

An das
Finanzamt
- Erbschaftsteuerstelle -

(Seite 2)

a) Familienname
ggf. auch Geburtsname

Erbschaftsteuer-Durchführungsverordnung (ab 01.09.1998): Muster 3 (§ 4 ErbStDV)

Nummer des **Sterberegisters** [4] [Bis 31.12.2008.: *Sterbebuchs*]	b) Vornamen c) Beruf d) Anschrift e) Bei minderjährigen Kindern Name, Beruf und Anschrift (soweit von d) abweichend) des Vaters und der Mutter	a) Todestag b) Geburtstag c) Geburtsort des Verstorbenen	Name, Beruf, Geburtstag, ggf. abweichende Anschrift des anderen Ehegatten c) bei Verwitweten Beruf des verstorbenen Ehegatten
1	2	3	4
Lebten von dem Verstorbenen am Todestag a) Kinder ? Wie viele ? b) Abkömmlinge von verstorbenen Kindern ? Wie viele ? c) Eltern oder Geschwister ? (Nur angeben, wenn a) und b) verneint wird) d) Sonstige Verwandte oder Verschwägerte ? (Nur angeben, wenn a) bis c) verneint wird) e) Wer kann Auskunft geben ? Zu a) bis e) bitte Name und Anschrift angeben	(Seite 3) Worin besteht der Nachlaß und welchen Wert hat er ? (kurze Angabe) a) Land und forstw. Vermögen (bitte Lage und Größe der bewirtschafteten Fläche angeben) b) Grundvermögen (bitte Lage angeben) c) Betriebsvermögen (bitte die Firma und Art des Betriebs, z.B. Einzelhandelsgeschäft, Großhandel, Handwerksbetrieb, Fabrik angeben) d) Übriges Vermögen	Bemerkungen	Nummer und Jahrgang der Steuerliste
5	6	7	8

[1] Geändert durch Gesetz zur Reform des Personenstandsrechts (Personenstandsrechtsreformgesetz — PStRG) vom 19.02.2007. Anzuwenden ab 01.01.2009.
[2] Geändert durch Gesetz zur Reform des Personenstandsrechts (Personenstandsrechtsreformgesetz — PStRG) vom 19.02.2007. Anzuwenden ab 01.01.2009.
[3] Geändert durch Gesetz zur Reform des Personenstandsrechts (Personenstandsrechtsreformgesetz — PStRG) vom 19.02.2007. Anzuwenden ab 01.01.2009.
[4] Geändert durch Gesetz zur Reform des Personenstandsrechts (Personenstandsrechtsreformgesetz — PStRG) vom 19.02.2007. Anzuwenden ab 01.01.2009.

Muster 4 (§ 4 ErbStDV)

Standesamt und Ordnungsnummer

Firma

Erbschaftsteuer

An das
Finanzamt
- Erbschaftsteuerstelle -

_____

Fehlanzeige

Im
Standesamtbezirk
sind für die Zeit   bis   einschließlich
vom
Sterbefälle nicht anzugeben

Der letzte Sterbefall ist beurkundet im Sterberegister [1.] [Bis 31.12.2008.: _Sterbebuch_] unter Nr.

Im Ausland eingetretene Sterbefälle von Deutschen und von Ausländern, die beim Tod einen Wohnsitz oder ihren gewöhnlichen Aufenthalt oder Vermögen im Bezirk des Standesamts hatten, sind mir nicht bekanntgeworden.

Bemerkungen

Ort, Datum   Standesbeamter, Standesbeamtin

[1]   Geändert durch Gesetz zur Reform des Personenstandsrechts
      (Personenstandsrechtsreformgesetz — PStRG) vom 19.02.2007. Anzuwenden ab 01.01.2009.

Muster 5 (§ 7 ErbStDV)

Amtsgericht/Notariat

Erbschaftsteuer

An das
Finanzamt
- Erbschaftsteuerstelle -

Die anliegende... beglaubigte... Abschrift.../Ablichtung... wird/werden mit folgenden Bemerkungen übersandt:

1. Erblasser Name,
Vorname
Geburtstag
Anschrift

Beruf
Familienstand
Güterstand (bei Verheirateten)
Todestag und Sterbeort
Standesamt und
Sterberegister-Nr. [1] [Bis 31.12.2008.: *Sterbebuch-Nr.*]
Testament/Erbvertrag vom
Tag der Eröffnung

Die **Gebühr** für die ist berechnet nach einem Wert von	Errichtung EUR	Verwahrung EUR	Eröffnung EUR

Grund der Übersendung

Eröffnung einer	☐ Verfügung von Todes wegen*		
Erteilung eines	☐ Erbscheins*	☐ Testamentsvollstreckungszeugnisses*	☐ Zeugnisses über die Fortsetzung von Gütergemeinschaften*
Beurkundung einer	☐ Erbauseinandersetzung*		
Beschluß über die	☐ Einleitung oder Aufhebung einer Nachlaßpflegschaft*	☐ Einleitung oder Aufhebung einer Nachlaßverwaltung*	

☐ Die Namen und Anschriften der Beteiligten und das persönliche Verhältnis (Verwandtschaftsverhältnis **, Ehegatte oder Lebenspartner** [2]) zum Erblasser sowie Veränderungen in der Person der Erben, Vermächtnisnehmer, Testamentsvollstrecker usw. (durch Tod, Eintritt eines Ersatzerben, Ausschlagung, Amtsniederlegung des Testamentsvollstreckers und dergleichen) und Änderungen in den Verhältnissen dieser Personen (Namens?, Berufs?, Anschriftenänderungen und dergleichen)
☐ ergeben sich aus der beiliegenden Abschrift der Eröffnungsverhandlung.*
☐ sind auf einem gesonderten Blatt angegeben.*
☐ Zur Höhe und Zusammensetzung des Nachlasses ist dem Gericht/Notariat folgendes bekanntgeworden:*

☐ Ein Verzeichnis der Nachlaßgegenstände ist beigefügt.*
* Zutreffendes ist anzukreuzen

Ort, Datum   Unterschrift

[1] Geändert durch Gesetz zur Reform des Personenstandsrechts (Personenstandsrechtsreformgesetz — PStRG) vom 19.02.2007. Anzuwenden ab 01.01.2009.
[2] Angefügt durch Verordnung zur Änderung steuerlicher Verordnungen vom 17.11.2010. Anzuwenden ab 01.01.2011.

Muster 6 (§ 8 ErbStDV)

Amtsgericht/Notariat

Schenkungsteuer

An das
Finanzamt
- Erbschaftsteuerstelle -

Die anliegende beglaubigte Abschrift/Ablichtung wird mit folgenden Bemerkungen übersandt:

1. **Schenker** Name, Vorname
   Geburtstag
   Anschrift

2. **Beschenkter** Name, Vorname
   Geburtstag
   Anschrift

3. **Vertrag** vom   Urkundenrolle-Nr.

4. **Ergänzende Angaben** (§ 34 ErbStG , § 8 ErbStDV)

   Persönliches Verhältnis (Verwandtschaftsverhältnis , **Ehegatte oder Lebenspartner** [1]) des Erwerbers zum Schenker (z.B. *Ehegatte,* [2] Kind, Geschwisterkind, Bruder der Mutter, nicht verwandt)

Verkehrswert des übertragenen Vermögens	Bei Grundbesitz: letzter Einheitswert/Grundbesitzwert (Nichtzutreffendes ist zu streichen)	Wert, der der Kostenberechnung zugrunde liegt
EUR	EUR	EUR

5. **Sonstige Angaben**
   Zur Verfahrensvereinfachung und Vermeidung von Rückfragen werden mit Einverständnis der Urkundsparteien folgende Angaben gemacht, soweit sie nicht bereits aus dem Vertrag ersichtlich sind:

Valutastand der übernommenen Verbindlichkeiten am Tag der Schenkung	Jahreswert von Gegenleistungen wie z.B. Nießbrauch	Höhe der Notargebühren
EUR	EUR	EUR

Ort, Datum   Unterschrift

[1] Angefügt durch Verordnung zur Änderung steuerlicher Verordnungen vom 17.11.2010. Anzuwenden ab 01.01.2011.
[2] Gestrichen durch Verordnung zur Änderung steuerlicher Verordnungen vom 17.11.2010. Anzuwenden bis 31.12.2010.

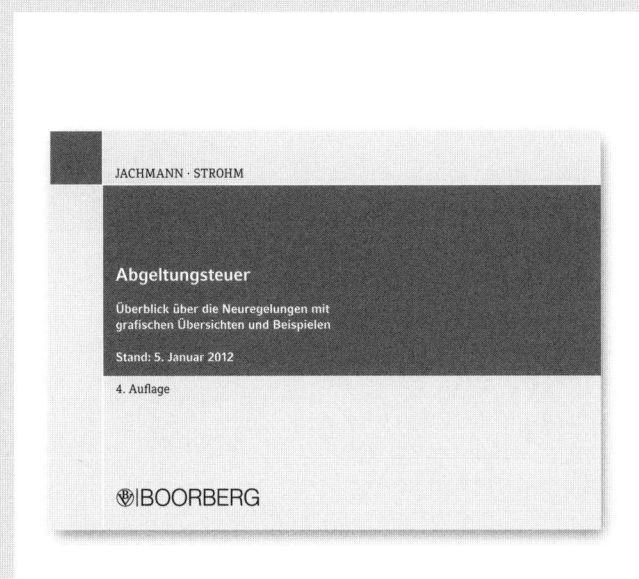

PRÄGNANT UND ANSCHAULICH.

WWW.BOORBERG.DE

Abgeltungsteuer
Überblick über die Neuregelungen mit grafischen Übersichten und Beispielen
Stand: 5. Januar 2012

von Professor Dr. Monika Jachmann, Richterin am Bundesfinanzhof, Ludwig-Maximilians-Universität München, und Dr. Joachim Strohm, Wiss. Mitarbeiter, Ludwig-Maximilians-Universität München

2012, 4., überarbeitete und erweiterte Auflage, ca. 175 Seiten, ca. € 20,–

ISBN 978-3-415-04833-1

Diese Broschüre bietet eine kurze, prägnante Darstellung mit grafischen Übersichten und **anschaulichen Beispielen** zu allen wesentlichen Fragen der am 1.1.2009 eingeführten Abgeltungsteuer.

Die 4. Auflage berücksichtigt alle wichtigen Änderungen, die die Abgeltungsteuer durch das **Jahressteuergesetz 2010** erfahren hat. Dazu zählen insbesondere Neuerungen bei der steuerlichen Behandlung von Kapitalmaßnahmen (§ 20 Abs. 4a EStG), die Auswirkungen der Einführung einer Steueridentifikationsnummer auf den Freistellungsauftrag (§ 44a Abs. 2a EStG), die Einschränkung der Regelungen zur Missbrauchsbekämpfung (§ 32d Abs. 2 Nr. 1 lit. a EStG), die Einführung einer materiell-rechtlichen Korrespondenz bei der Besteuerung von verdeckten Gewinnausschüttungen (§ 32d Abs. 2 Nr. 4 EStG) und die Beschränkung der Fehlerkorrektur beim Kapitalertragsteuerabzug (§ 20 Abs. 3a EStG). Abgerundet wird die 4. Auflage durch aktualisierte Hinweise auf weiterführende Literatur und eine Auswahl der wichtigsten Verwaltungsschreiben zur Abgeltungsteuer. Rechtsstand der Broschüre ist der 5. Januar 2012.

BOORBERG

RICHARD BOORBERG VERLAG   FAX 0711/7385-100 · 089/4361564   TEL 0711/7385-343 · 089/436000-20   BESTELLUNG@BOORBERG.DE

Steuergesetze 2012

mit allen aktuellen Änderungen einschließlich Steuervereinfachungsgesetz 2011 und Stichwortverzeichnis, inkl. Online-Service

hrsg. vom Deutschen Steuerberaterinstitut e.V.

2012, 1166 Seiten, € 8,50; ISBN 978-3-415-04753-2

DStI-Praktikertexte

Der Gesetzgeber hat die vom Deutschen Steuerberaterinstitut e.V. mit **Stand vom 1.1.2012** zusammengestellten Steuergesetze 2012 auch im Jahr 2011 wieder an vielen Stellen geändert, insbesondere durch das Steuervereinfachungsgesetz 2011 und das Gesetz zur Umsetzung der Beitreibungsrichtlinie sowie zur Änderung steuerlicher Vorschriften:

- Abgabenordnung
- Außensteuergesetz
- Bewertungsgesetz
- Einkommensteuergesetz
- Einkommensteuer-Durchführungsverordnung
- Erbschaftsteuergesetz
- Erbschaftsteuer-Durchführungsverordnung
- Finanzgerichtsordnung
- Gewerbesteuergesetz
- Gewerbesteuer-Durchführungsverordnung
- Grunderwerbsteuergesetz
- Grundsteuergesetz
- Investitionszulagengesetz 2010
- Körperschaftsteuergesetz
- Körperschaftsteuer-Durchführungsverordnung
- Lohnsteuer-Durchführungsverordnung
- Solidaritätszuschlaggesetz
- Sozialversicherungsentgeltverordnung
- Umsatzsteuergesetz
- Umsatzsteuer-Durchführungsverordnung
- Umwandlungssteuergesetz

Unverzichtbar für die praktische Arbeit sind das **GmbH-Gesetz** und – in Auszügen – das **Handelsgesetzbuch**.

Griff- und Sachregister erleichtern das Auffinden der gesuchten Vorschriften. Unter **www.steuergesetze-2012.de** erhalten die Käufer der Textausgabe kostenfrei Zugang zu einer komfortablen Online-Vorschriftensammlung, die alle in der Printausgabe enthaltenen Vorschriften recherchierbar und regelmäßig aktualisiert vorhält. Besitzer von Mobilgeräten erreichen die dafür optimierte Vorschriftensammlung einfach über die Fotofunktion – der im Buch abgedruckte Quick-Response-Code ruft die Seite auf dem Smartphone unmittelbar auf.

Steuergesetze 2012 auf USB-Stick

21 zentrale Gesetze und Verordnungen plus HGB und GmbHG
Stand 1.1.2012

2012, USB-Stick, € 27,80; ISBN 978-3-415-04752-5

Der USB-Stick enthält die oben genannten Steuervorschriften in digitaler Form. Er bietet eine komfortable Vorschriftenanwendung mit umfangreichen Recherche- und Ausgabefunktionen. Besonders nützlich sind die historischen Fassungen der Vorschriften, die miteinander verglichen werden können.

BOORBERG

RICHARD BOORBERG VERLAG WWW.BOORBERG.DE
FAX 0711/7385-100 · 089/4361564   TEL 0711/7385-343 · 089/436000-20   BESTELLUNG@BOORBERG.DE